U0818484

安徽省高等学校自然科学研究重点项目(KJ2021A0425)资助
安徽省自然科学基金青年项目(2108085QE251)资助
中国博士后科学基金面上项目(2021M703621)资助
安徽省博士后科学基金项目(2022B635)资助

大流速渗透地层人工冻结壁形成机理及其力学特性研究

王　彬　荣传新　陆鹏举　著

中国矿业大学出版社
·徐州·

内容提要

本书以水热耦合问题为研究主线，采用室内试验、模型试验、数值计算以及理论分析相结合的研究方法，重点对大流速渗透地层冻结管的传热机理、人工冻结壁的发展规律、人工冻结孔优化布置方法、稳态冻结温度场的理论解以及冻结壁的力学特性等方面开展系统的研究。

本书主要内容包括：绪论，渗透地层相似材料的热物理特性分析，大流速渗透地层冻结温度场发展规律模型试验研究，大流速渗透地层人工冻结壁发展规律预测及冻结孔优化设计研究，渗流场作用下人工冻结稳态温度场解析解，大流速渗透地层人工冻结壁力学特性分析以及本书主要研究成果、创新点与展望。

本书可以作为高校、科研单位等相关人员的参考用书。

图书在版编目(CIP)数据

大流速渗透地层人工冻结壁形成机理及其力学特性研究 /王彬，荣传新，陆鹏举著. —徐州：中国矿业大学出版社，2023.4

ISBN 978 - 7 - 5646 - 5779 - 6

Ⅰ. ①大… Ⅱ. ①王… ②荣… ③陆… Ⅲ. ①隧道施工—冻结法施工—研究 Ⅳ. ①U455.43

中国国家版本馆 CIP 数据核字(2023)第 057110 号

书　　名　大流速渗透地层人工冻结壁形成机理及其力学特性研究
著　　者　王　彬　荣传新　陆鹏举
责任编辑　杨　洋　满建康
出版发行　中国矿业大学出版社有限责任公司
（江苏省徐州市解放南路　邮编 221008）
营销热线　(0516)83885370　83884103
出版服务　(0516)83995789　83884920
网　　址　http://www.cumtp.com　**E-mail**:cumtpvip@cumtp.com
印　　刷　江苏淮阴新华印务有限公司
开　　本　787 mm×1092 mm　1/16　**印张** 9.5　**字数** 243 千字
版次印次　2023 年 4 月第 1 版　2023 年 4 月第 1 次印刷
定　　价　38.00 元
（图书出现印装质量问题，本社负责调换）

前　言

人工地层冻结法已经在深厚冲积层立井掘砌施工和沿海城市地铁建设中得到了广泛应用。地层中的地下水流速一直是影响冻结法施工效果的决定性因素之一，当地层中地下水流速较大时，不仅会延长冻结壁的交圈时间，还会降低冻结壁的承载力，严重危及施工安全，因此在大流速渗透地层中进行冻结法施工时面临着许多理论和关键技术难题，亟待开展相应的应用基础和工程技术研究，以满足工程设计与施工需要。为此，本书以水热耦合问题为研究主线，采用室内试验、模型试验、数值计算以及理论分析相结合的研究方法，重点对大流速渗透地层冻结管的传热机理、人工冻结壁的发展规律、人工冻结孔优化布置方法、稳态冻结温度场的理论解以及冻结壁的力学特性等开展系统研究。

本书采用粒径为(1±0.15)mm的圆粒砂来模拟渗透地层，采用核磁共振技术对砂样的未冻水含量随温度的变化规律进行试验研究。基于试验结果，对常用的4种砂土未冻水含量数学模型与本砂样试验结果的适用性进行了分析，并对模型的拟合参数对计算结果的影响规律进行了研究。通过对比发现Kozlowski模型可以较好地反映本砂样未冻水含量的变化规律。

基于自主研发的大型水热耦合物理模型试验系统对不同流速条件下的人工冻结温度场的时空演化规律进行了试验研究，试验结果表明：在多管冻结试验中，当相邻冻结锋面之间的距离减小至临界值L_c之后会产生“群管效应”，该效应会加快冻结锋面的扩展速度，缩短冻结壁的交圈时间。由于水流的对流传热作用会抵消部分群管效应，因此L_c会随着渗流速度的增大而减小：渗流速度小于3 m/d时，L_c为400 mm；渗流速度为6 m/d以及9 m/d时，L_c分别减小至154 mm和130 mm。

考虑冰水相变过程，构建水热耦合数学模型，并结合模型试验结果，对数学模型的合理性进行验证。基于构建的数学模型，通过COMSOL Multiphysic数值计算软件对不同流速条件下的单圈和双圈冻结温度场的发展规律进行了预测分析，计算结果表明：本研究中单圈冻结管的布置方案适用于地下水流速小于10 m/d的地层冻结，而双圈冻结管的布置方案适用于地下水流速小于20 m/d的地层冻结。针对单圈冻结，采取局部加密或者在水流上游增设辅助冻结管的优化方式后，冻结壁能够交圈的极限流速由11 m/d增大至12 m/d；针对双圈冻结，在保持冻结管数量不变的情况下，按照水流对冻结温度场的影响程度对不同区域的冻结管的间距进行优化调整，优化后冻结壁能够交圈的极限流速由20 m/d增大至26 m/d。

采用“分段等效”的方法对渗流场作用下单管冻结稳态温度场的冻结锋面的形状进行简化，基于稳态温度场的求解方法推导出了大流速渗透地层单管冻结稳态温度场的解析表达式；基于解析解，对不同流速条件下的单管冻结稳态温度场的分布规律进行了计算，结果显示：随着渗流速度的增大，单管冻结区域的面积减小，而低温区域面积增大，温度场的平均温度降低。

根据不同流速的地下水作用下冻结壁“危险截面”的温度分布规律，以最低温度点所在位置为分界点，将冻结温度场曲线等效为两段抛物线；根据冻土弹性模量、黏聚力与冻结温度场的线性关系，将冻结壁视为力学参数随着半径呈二次函数变化的材料；分别基于M-C准则、D-P准则、广义Tresca准则以及双剪统一强度准则，推导得出冻结壁的弹塑性应力计算公式。基于构建的应力计算公式，对不同流速条件下的人工冻结壁的极限承载力和弹塑性应力变化规律进行分析。

本书相关的研究工作得到了安徽省高等学校自然科学研究重点项目(KJ2021A0425)、安徽省自然科学基金青年项目(2108085QE251)、中国博士后科学基金面上项目(2021M703621)、安徽省博士后科学基金项目(2022B635)的支持，相关研究成果均是依托安徽理工大学的科研平台取得的，在此深表感谢。

著　者

2022年10月

目　录

1 绪 论

1.1 问题的提出及研究意义

人工地层冻结法由 Friedrich Poetsch 于 19 世纪首次提出，最初被应用在富水软土地层的立井掘砌施工过程中[1]。在该工法的实施过程中，外部制冷机组首先将低温冷媒降低至负温(盐水或者酒精的温度一般被降至－40 ℃，而液氮的温度可以降至－190 ℃)，随后低温冷媒被泵送至每根冻结管，冻结管中的低温冷媒通过管壁与周围的土层进行热量交换，以此实现对土层的冻结[2~11]。由于该工法对周围环境的影响较小，其形成的冻结壁具有良好的封水性，作为临时支护结构时具有较高的强度，因此该工法已经逐渐发展成为富水地层地下工程施工的主要工法之一。近些年，在天津、广州、深圳、宁波等沿海城市的地铁隧道建设中，冻结法在地铁联络通道施工、盾构进出洞口土层加固等工程中得到了广泛应用[12-24]。由于受海相沉积环境、海水浸渍和潮汐的影响，沿海城市的地层具有地下水矿化度高、流速大等特点，采用冻结法施工时，严重影响冻结壁的形成和发展，危及施工安全。例如，2003 年，深圳地铁 4A 标段中位于深圳市和平路与解放路交叉路口的地铁隧道，该处地层结构松散，地下水流速达到 15 m/d，在采用人工地层冻结法施工过程中，降温缓慢，每天降温仅为 0.1 ℃，有时甚至出现温度回升，严重影响施工进度。2006 年，天津地铁 2 号线南楼至土城区间联络通道采用人工地层冻结法施工，由于工程所处地层主要为第四系河漫滩相沉积层，其孔隙比大、含水丰富，且该区域存在海侵现象，地下水流速较高，导致该区域冻结壁的发展速度较慢。

工程中通常采用孔隙流速(即单位时间内通过单位孔隙面积的水流量)来描述地层中的水流速度。而在模型试验研究中，由于模型的截面面积和通过截面的水流量便于控制与测量，因此通常采用达西流速(即单位时间内通过单位截面面积的水流量)来描述水流速度。水流速度的表述方式的区别与联系如图 1-1 所示。工程实践表明：流速小于 5 m/d 的地下水不会对人工地层冻结法的效果产生明显影响，因此对于水热耦合问题的研究主要是针对地下水流速大于 5 m/d 的地层，本研究中将地下水流速大于 5 m/d 的地层定义为大流速渗透地层。

目前冻结法施工是大流速渗透地层地下工程施工的主要工法。由于渗流场作用人工冻结壁的形成机理以及力学特性与无流速时相比存在较大差异，如果沿用常规的冻结施工方案和分析方法，必定会给施工带来极大难度，因此针对大流速渗透地层人工冻结温度场的发展规律进行研究，进而为该类工程的实施提供指导性建议是推动该工法进一步发展的关键工作。

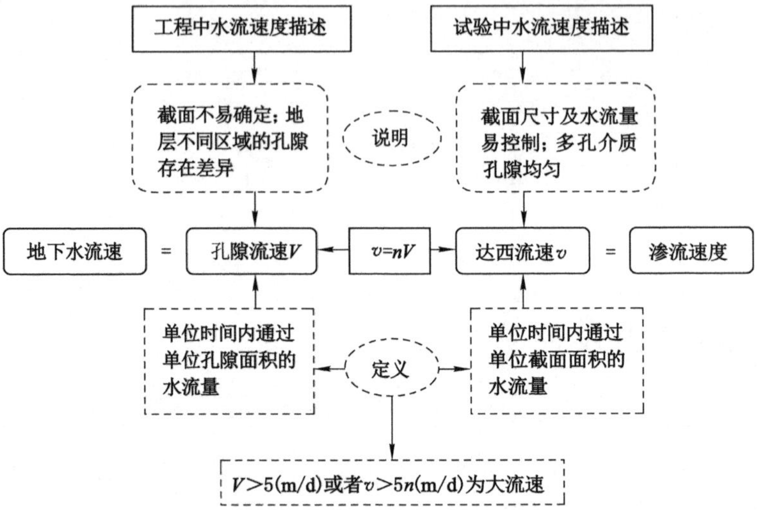

图 1-1 水流速度表述方式
（式中 n 为多孔介质孔隙率）

1.2 国内外研究现状

（1）土体可冻性及力学性能研究

邴慧、马巍等[25-26]研究了含水率和溶质对土壤冰点的影响，研究结果表明：土壤冰点随着初始含水率的增加而增大，随着溶质含量的增加而降低，并发现不同的阳离子和阴离子在土壤冻结中表现出不同的特性，同一含水率和含盐量时，土粒粒径越小，其冻结温度越低。M. S. Wu 等[27]进行了不同溶质种类、不同溶质含量、不同初始含水率的粉质土壤的冻结特性试验。张婷等[28]通过自制的冻结温度试验装置，以南京浅表土为研究对象，分析了淤泥质黏土、淤泥质粉质黏土、粉砂 3 种不同土质在不同含水率、盐分含量以及水质条件下的冻结温度规律。T. F. Azmatch 等[29]采用 TDR 与温度传感器相结合的方法获得了土壤冻结特性曲线，并比较了盐渍土和非盐渍土之间的土壤冻结特性曲线，研究结果表明盐渍土的土壤冻结特性曲线与非盐渍土相比有较大差异。邴慧等[30]选择土样底端温度相同情况下的单向冻结、正弦波曲线冻融循环和负温循环冻结 3 种冻结模式，分析了 3 种冻结模式下土体的冻胀量的变化、水分和盐分的重分布状况、土体干密度的变化规律。肖泽岸等[31]通过单向冻结试验，研究了冻结过程中的水盐运移过程和土体变形，并以青藏高原粉质黏土为研究对象，对洗盐后的素土分别加入质量分数不同的 Na_2SO_4 盐，研究了封闭系统下 Na_2SO_4 盐渍土在冻融循环作用下的变形规律。H. Y. Wen 等[32]列举了 6 个未冻结的含水率模型，并探讨了参数对模型计算结果的影响，同时研究了温度对未冻结水体积含量的影响。J. G. Lu 等[33]根据已发布的 250 个实验室数据和大约 5 年的现场观测数据，评估了 5 个广泛使用的未冻结水含量模型。F. Xu 等[34]建立了渐进冻结过程中未冻结水在饱和土壤中入渗的格子 Boltzmann 模型。D. Hu 等[35]对青藏高原风沙的未冻结水含量和土基质吸力进行了试验研究。H. P. Li 等[36]探索了使用电容技术来测量多年冻土的未冻结水含量，并提供了详细的电容传感器校准过程，数据和回归方程式用于描述体积水含量与传感器输出之间的关系。L. Y. Tang 等[37]、B. Liu 等[38]考虑到未冻结水在土壤冻结过程中的变化特征，并基于三元导电模型，提出了代表不同未冻结水含量的 4 种微单元，并在微观分析基础上建立了电阻率模型。杨成松等[39]基于饱和含盐冻结粉质黏土单轴抗压强度试验，建立了盐渍土和非盐渍土力学性质关系。陈锦等[40]采用取自甘肃省白银市平川区的典型天然盐渍粉土，在含水率为 20%的情况下，以 NaCl 和 Na_2SO_4 为研究对象，研究了含盐量对冻结粉土单轴抗压强度和破坏应变的影响。牛江宇等[41]通过对兰州盐渍砂土重塑土添加不同量的盐分来模拟不同含盐量的冻结盐渍砂土，分析其在不同含盐量、不同温度及不同速率的应变加载情况下的单轴抗压强度的变化规律。杨成松等[42]通过对含盐冻结粉质黏土进行三轴压缩试验，分析了该土质在加载至破坏过程中的应力-应变行为。D. W. Li 等[43]采用三轴剪切试验探究了冻结矿井开挖过程中深层人工冻结黏土的力学特性。D. D. Ma 等[44]为了研究人造冻结粉质黏土在高应变速率下的静动力耦合力学性能，借助改进的三轴 SHPB 系统对人造冻结粉质黏土在－10 ℃下进行了动态三轴压缩试验。

(2) 水热耦合模型试验研究

周晓敏等[45]进行了双管冻结正交模型试验，研究了常规盐水(温度为－26.0～－30.6 ℃)冻结工艺中，地下水渗流(流速分别为 2.21 m/d 和 3.16 m/d)、孔间距等对饱和砂层冻结交圈时间和上、下游温度场发展的影响。王朝晖等[46]采用模型试验方法研究了在液氮(温度分别为－57 ℃和－80 ℃)冻结条件下地下水流速对冻结温度场的影响，其研究结果表明：10 m/d 以上的动水对液氮冻结效果有显著影响，且水流速度对冻结效果的影响最显著。R. C. Huanga[47]在常规供冷温度(－30 ℃)条件下，对不同流速水流(最大流速为2 m/d)作用下单管冻结温度场的形成规律进行了研究。E. Pimentel 等[48]总结了之前学者在地下水作用下冻结温度场形成规律的研究成果，充分考虑了冻结冷量散失等问题，在前人研究基础上设计了新的试验装置，并分别进行了流速为 0 m/d、1 m/d、1.5 m/d、2.0 m/d、2.1 m/d 的渗流条件下人工地层冻结的大型模型试验，根据试验结果从相邻冻结柱状体的交圈时间和所需冷量的角度出发，对现有的冻结壁的交圈形式进行了讨论，为冻结法的数值计算和工程应用提供了重要依据。R. A. Sudisman 等[49]进行了一个小尺寸的室内试验，通过两个系列的冻结试验研究了不同沙层和流动情况下的热分布和水力传导行为。Y. L. Lao 等[50]在常规供冷(－25 ℃)条件下，对不同流速(0 m/d、7.5 m/d、15 m/d)下单排三管冻结温度场进行了研究。荣传新等[51]设计了一套监测渗流速度对冻结温度场的影响的试验装置，基于该装置对 5 m/d、10 m/d 流速影响下单管以及三管冻结温度场的变化规律进行了研究，并对多管冻结产生的群管效应进行了初步探索。李方政等[52]基于相似理论建立渗流作用下梅花形布置双排管冻结模型试验系统，对渗流地层中冻结壁形成的主要影响因素进行正交试验研究，并在相同条件下进行了单排管冻结对比试验，通过试验对孔间距和低温冷媒温度对冻结效果的影响规律进行了研究。刘伟俊等[53]为研究渗流作用下多排管局部水平冻结体温度场扩展规律，基于相似准则，设计北京砂卵石地层冻结模型试验，从迎水面长度、顺水流长度、厚度 3 个方面研究渗流作用下多排管局部水平冻结体温度场扩展规律。水热耦合模型试验研究已经持续了 50 余年，其中具有代表性的水热耦合模型试验见表 1-1。近些年人工地层冻结法在国内外地铁和立井掘砌工程中得到了广泛应用，地下水对人工冻结温度场的影响规律受到越来越多的学者的关注。通过对现有成果的总结分析可以发现目前的研究成果已经基本实现了地下水对人工冻结温度场的影响规律的定性分析，但是在研究过程中，模型的尺寸各不相同，低温冷媒的控制温度也存在一定差异，试验中涉及最大流速达到 159 m/d，而最小流速仅为 0.24 m/d，地层中的水流速度对冻结温度场的影响规律至今仍然没有得出一致结论。因此，水热耦合模型试验方面仍然需要开展深入、全面的研究。

表 1-1 水热耦合模型试验统计表

模型	时间/年	模型尺寸/cm×cm×cm	冻结管			水流		相似比
			半径/mm	间距/mm	温度/℃	方向	最大流速(试验)/(m/d)	
Stander	1967	100×30×90	2	单管	−30	垂直	0	—
Victor	1969		2.5	70	−16	水平	4.7	—
Berggren	1982	50×50×130	19	450	−25	水平	0.24	—
王朝晖	1998	70×50×60	20	100	−80	水平	119.52	8
周晓敏	2004	200×125×150	20	140	−30	水平	63	10
ETH	2009	120×130×100	20.5	322	−23	水平	2.1	—
R. C. Huang	2012	100×100×15	—	单管	−30	水平	2	—
Sudisman	2016	10.8×1.46×8.5	0.5	单管	−20	水平	14.82	—
L. Y. Lao	2017	120×80×100	—	110	−25	水平	15	—
荣传新	2018	240×150×100	21.6	120	−30	水平	50	5
李方政	2018	200×150×70	20	126	−30	水平	159	6.35
刘伟俊	2019	300×200×250	16	200	−30	水平	50	10

(3) 水热耦合数学模型与数值计算研究

20 世纪 70 年代 R. L. Harlan[54] 第一个提出了水热迁移耦合模型，随后国内外诸多学者在此基础上做了大量的拓展研究。徐光苗等[55-56]综合了国内外的研究成果，给出了含相变低温岩土体温度场-渗流场耦合数学模型。Y. M. Lai 等[57]给出了温度场和渗流场相互耦合问题的控制微分方程。周晓敏等[58]建立了冻土和融土统一的微分方程数学模型，给出了地下水平均渗流速度为 3.74 m/d 时井筒冻结温度场与渗流场的分布和发展规律。杨平等[59]利用多孔介质热运移理论和达西定律，建立了考虑地下水流作用下单根冻结管冻结峰面发展的数学模型，分析了冻结过程中温度场和地下水流场的变化规律。J. Gao 等[60]和 L. G. Liu 等[61]分别运用有限元方法对地下水作用下竖井和水平冻结的温度场形成规律进行了研究。S. B. Huang 等[62-64]通过考虑水/冰相变，开发了水热耦合模型来模拟水流对冻结过程的影响，并将该模型与基于 COMSOL 多物理场平台的 Nelder-Mead 单纯形法相结合，优化了圆形隧道周围冻结管的布置位置。A. Marwan 等[65]结合“蚁群算法”对小流速地下水作用下冻结管的布置位置进行了优化设计，从而加快了冻结壁的交圈时间，并使形成的冻结壁的强度更加均匀，为冻结方案的优化设计开拓新的思路。M. Vitel 等[66-68]为了模拟渗流条件下饱和不可变形多孔介质的人工地面冻结过程，构建了与热力学一致的水热数值模型，并对通常使用的限制性假设进行了简化，该模型在高渗流速度条件下的三维地面冻结试验中得到了很好的验证。M. A. Alzoubi 等[69-71]采用焓-孔隙度法构建了水热耦合的数值计算模型，并通过试验验证了模型的合理性。B. Wang 等[72]及 J. Lin 等[73]基于 COMSOL 数值计算软件，采用表观热容法构建了水热耦合的数学模型，并通过试验对数学模型的合理性进行了验证，随后利用该模型对受渗流场影响的立井冻结温度场的发展规律进行了研究。R. Hu 等[74]基于有限元方法在多孔介质中的传热和渗流理论，建立了一个全耦合数值模型来模拟分析温度场和地下水流场的变化。数值计算是研究渗流场作用下人工冻结温度场发展规律的有效方法，但是目前已有的研究成果涉及的流速较小，无法全面反映大流速渗透地层人工冻结壁的形成机理。针对渗流场对人工冻结温度场的作用机理所提出的优化冻结方案仍存在进一步改进的空间。

在表观热容法中，传热方程和渗流场方程分别见式(1-1)以及式(1-2)。

$$C_{\mathrm{ef}}\frac{\partial T}{\partial t}+\rho_l L\frac{\partial \theta_l}{\partial t}+\nabla[-\lambda_e\nabla T+\rho_l C_l\boldsymbol{u}(T)]=0 \tag{1-1}$$

$$\iint_{\Omega}\left[\frac{\partial(\rho_l w\varphi)}{\partial t}+\frac{\partial\rho_i(1-w)\varphi}{\partial t}\right]\mathrm{d}\Omega+\int_{\Omega}\nabla\left[-\rho_l\frac{k_r}{\eta}\vec{k}(\nabla p_l-\rho_l g)\right]\mathrm{d}\Omega=0 \tag{1-2}$$

由上述方程可知：当多孔介质中的温度降低至冻结温度时，多孔介质内部的液态水转变为固体状态，含水率逐渐趋近 0，此时多孔介质中的相对渗透率也趋近 0，因此多孔介质中的渗流速度逐渐趋近 0。

在焓-孔隙度法中，动量守恒方程为：

$$\frac{1}{\varphi}\frac{\partial}{\partial t}(\rho_l\boldsymbol{V})+\frac{1}{\varphi^2}[\nabla(\rho_l\boldsymbol{V}\boldsymbol{V})]=\frac{1}{\varphi}\nabla[\mu(\nabla\boldsymbol{V}+\nabla\boldsymbol{V}^{\mathrm{T}})]-\nabla P+S_{\mathrm{D}}+S_{\mathrm{E}}+S_{\mathrm{B}}+S_{\mathrm{m}} \tag{1-3}$$

式中，S_{D}，S_{E}，S_{B}，S_{m} 分别为 Darcy 项、inertial 项、buoyancy 项以及 mushy source 项。S_{D} 以及 S_{E} 为水流的抵消项，当无渗流场作用，或者渗流速度较小时，S_{E} 项可以忽略不计。S_{B} 项用来描述孔隙中的自然对流，其中 g 为重力加速度，β_l 为热扩散系数。S_{m} 为 Darcy 项的修正项，该项用来控制模糊项的冻结过程，在冻结过程中，随着冻结温度的逐渐下降，多孔介质中的液体含量 γ 逐渐降低至 0，S_{m} 在公式的各项中占据支配地位，此时只有流速等于 0 才能保证等式成立。

将在第 4 章对上述两种方法进行详细描述。

(4) 温度场理论解析解研究

冻结壁的厚度以及平均温度等重要参数与冻结温度场的分布规律存在密切联系[75-110]，因此对冻结温度场计算理论的研究尤为重要。人工地层冻结是一个随时间变化的过程，其过程描述需要采用瞬态导热理论，但是由于求解过程存在较大困难，人工地层冻结瞬态温度场解析解的求解至今仍主要集中在单管冻结问题上[111-114]。而考虑渗流场对冻结温度场的作用后，冻结锋面的形状、大小随着渗流速度、冻结时间、介质的性质而发生变化，并且冻结锋面作为相变边界需要考虑冰水相变的过程，因此瞬态解析解的求解难度很大，目前仅有 Victor(1979)进行了单管冻结温度场的相关推导[115-116]，但是在推导过程中仍然将冻结锋面的形状简化成圆形。人工地层冻结在进入稳定冻结阶段之后,热传导速率较慢,其温度场与稳态温度场非常接近。因此可以在该阶段假设热传导达到稳定状态,并采用稳态温度场来近似地等效瞬态温度场。当地层中存在渗流场作用时,进入稳定阶段后,在渗流速度不变的条件下,冻结锋面处水流与被冻土体之间的对流传热作用与冻结管的热传导作用达到相对平衡状态,此时的温度场与稳态温度场非常接近,因此也可以采用稳态温度场近似等效瞬态温度场。目前对于人工冻结稳态温度场解析解的研究主要集中在无渗流地层,苏联学者特鲁巴克和巴霍尔金分别于1954年和1963年提出了单管和单排、双排冻结管形成的冻结温度场的解析解[117-118];1968年,美国的F.J.Sanger[119]通过研究得出单排管冻结温度场的分布公式;1979年,日本学者戸部暢和秋元攻[120]提出了多管等间距直线形冻土帷幕稳态温度场解析解。胡向东[121-129]经过多年的研究与探索,建立了一套以势函数叠加原理为基础的人工地层冻结稳态温度场求解方法。采用该原理,结合一些数学方法,获得了一系列温度场解析解成果,主要有少量管(任意布孔)、排形布管(单排、双排、三排、多排,任意孔距和排距)、圈形布管(单圈、双圈)等类别。人工冻结稳态温度场的解析解见表1-2。经过几十年的发展,无流速条件下的人工冻结稳态温度场的解析解已经涵盖各种工况,能够很好地满足工程以及科研的需要,但是考虑渗流场影响的人工冻结温度场的解析解尚无相关成果。

(5)冻结壁力学特性研究

冻结壁作为拟开挖土体周围的临时支护结构,其受力特性分析一直是人工地层冻结法研究领域的重要问题(图1-2)。在研究该问题的初期,冻结壁被视为均质材料,其力学分析过程被简化为厚壁圆筒的受力问题[130],该分析方法较为简单,因此在工程上被广为应用[131-132]。然而由于受到冻结管热传导距离的影响,冻结壁内部的温度并不相等,而是随着与冻结管的距离的变化而变化,这导致冻结壁内部的强度是不均匀的,因此将冻结壁视为均质材料进行计算存在一定误差。同济大学胡向东教授首次提出将冻结壁视为功能梯度材料,并基于莫尔-库仑强度准则推导出了单排管和双排管冻结壁的应力计算公式[133-134],笔者根据该思路并基于D-P强度准则也对单排管以及双排管冻结壁的应力公式进行了推导[135-136],并首次提出了三排管非均质冻结壁的应力计算公式[137]。曹雪叶等[138-139]基于双剪统一强度准则推导得到了材料性质呈抛物线变化的FGM冻结壁的应力计算公式。由于冻结壁并不是单独存在于土体中,因此冻结壁周围的未冻土体与冻结壁之间存在相互作用,并且冻结壁内部土体开挖会对冻结壁的受力状态产生一定的影响。中国矿业大学杨维好[140-145]推导得出了考虑与围岩相互作用的冻结壁弹性、弹塑性以及塑性应力解;同济大学胡向东[146-148]推导得出了考虑开挖卸载作用的冻结壁承载力的计算公式;笔者基于上述理论和成果,推导得出了考虑卸载作用、与未冻土体的相互作用的非均质冻结壁的应力计算公式[149]。

1.3 本书研究内容与技术路线

1.3.1 本书研究内容

(1)渗透地层相似材料未冻水变化规律试验研究。

表 1-2 稳态冻结温度场解析解

名称	提出者(时间)	温度场模型	计算公式
单管冻结稳态温度场解析解	特鲁巴克(1954 年)	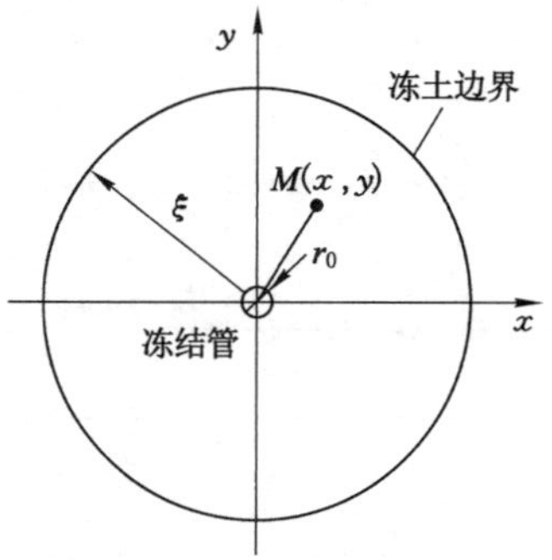	$T(t)=T_{ct}\dfrac{\ln\dfrac{\xi}{r}}{\ln\dfrac{\xi}{r_0}}+T_0\dfrac{\ln\dfrac{r}{r_0}}{\ln\dfrac{\xi}{r_0}}$
双管冻结稳态温度场解析解	Tobe(1979 年)	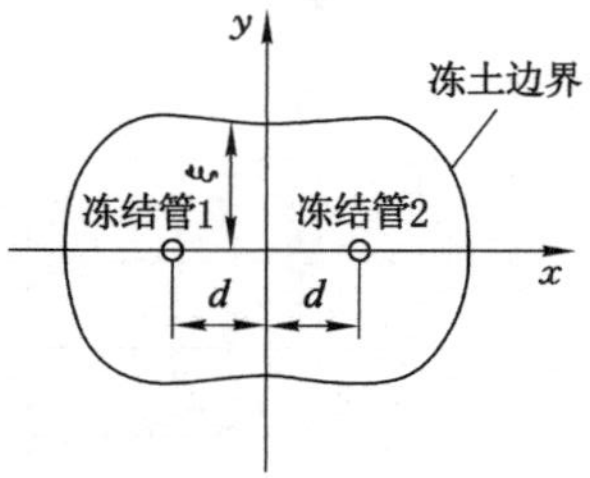	$T=T_0+\dfrac{\ln\dfrac{\sqrt{(x+d)^2+y^2}\sqrt{(x-d)^2+y^2}}{\xi^2+d^2}}{\ln\dfrac{2dr_0}{\xi^2+d^2}}(T_f-T_0)$
三管冻结稳态温度场解析解		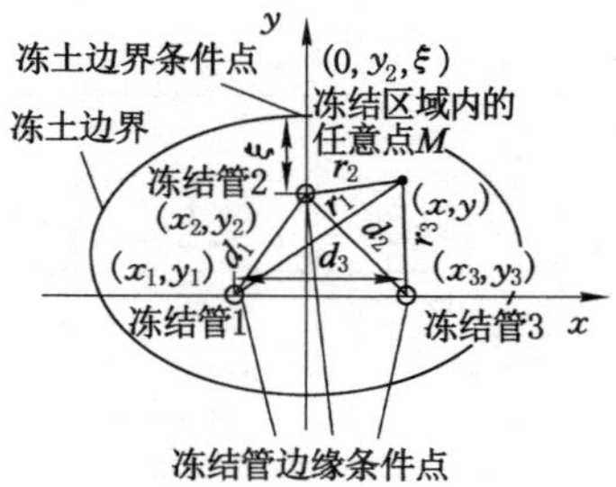	$T=T_0+\dfrac{\ln\dfrac{r_1}{A}+\eta_1\ln\dfrac{r_2}{\xi}+\eta_2\ln\dfrac{r_3}{\xi}}{\ln\dfrac{d_1}{A}+\eta_1\ln\dfrac{r_0}{\xi}+\eta_2\ln\dfrac{d_2}{\xi}}(T_f-T_0)$ 式中，$A=\sqrt{x_1^2+(y_2+\xi)^2}$，$B=\sqrt{x_3^2+(y_2+\xi)^2}$

表 1-2(续)

名称	提出者(时间)	温度场模型	计算公式
单排管稳态冻结温度场解析解	Бахолди (1963 年)	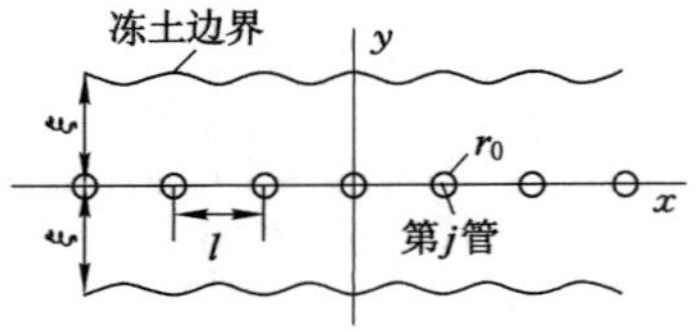	$T=\dfrac{T_c\left\{\dfrac{\pi\xi}{l}-\dfrac{1}{2}\ln\left[2\left(\mathrm{ch}\dfrac{2\pi}{l}y-\cos\dfrac{2\pi}{l}x\right)\right]\right\}}{\ln\dfrac{l}{2\pi r_0}+\dfrac{\pi\xi}{l}}$
双排管稳态冻结温度场解析解	Бахолди (1963 年)	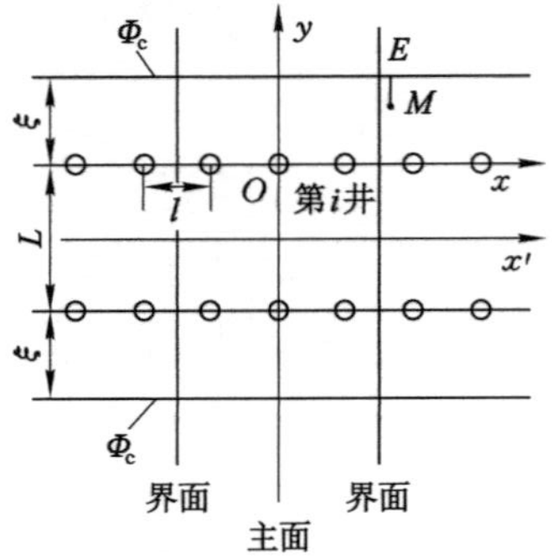	$T=\dfrac{T_f-T_0}{\ln\dfrac{2\pi r_0}{l}-\dfrac{2\pi\xi}{l}}\left[m_2(x,y)-\dfrac{\pi}{l}(2\xi+L)\right]+T_0$ $m_2(x,y)=\dfrac{1}{2}\ln\left\{4\left[\cos h\dfrac{2\pi(y+L/2)}{l}-\cos\dfrac{2\pi x}{l}\right]\right\}\cdot\left[\cos h\dfrac{2\pi(y-L/2)}{l}-\cos\dfrac{2\pi(x-\omega)}{l}\right]$ 当 $\omega=0$ 时,为双排管对齐排列的温度场解析解; 当 $\omega=l/2$ 时,为双排管交错排列的温度场解析解
三排管稳态冻结温度场解析解	胡向东 (2012 年)	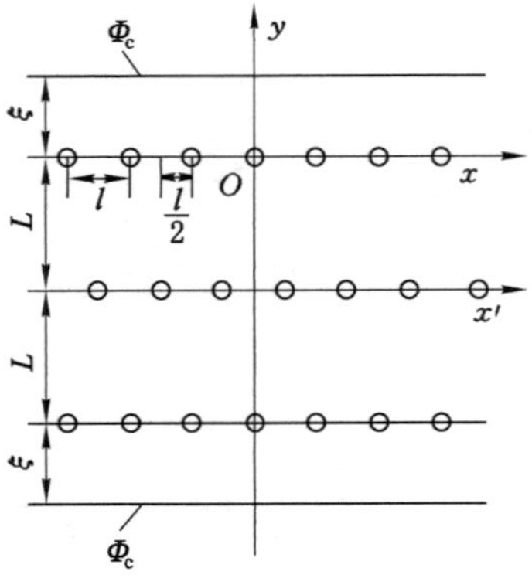	$T=\dfrac{T_{CT}}{\dfrac{(2+\eta)\pi\xi}{l}+\ln\dfrac{l}{2\pi r_0}}\left[\dfrac{(2+\eta)\pi(\xi+L)}{l}-C\right]$ $C=\dfrac{1}{2}\ln\left\{\begin{array}{l}2^{(2+\eta)}\left(\mathrm{ch}\dfrac{2\pi y}{l}-\cos\dfrac{2\pi x}{l}\right)\cdot\\\left[\mathrm{ch}\dfrac{2\pi(y+L)}{l}-\omega\cos\dfrac{2\pi x}{l}\right]^{\eta}\left[\mathrm{ch}\dfrac{2\pi(y+2L)}{l}-\cos\dfrac{2\pi x}{l}\right]\end{array}\right\}$ 当 $\omega=1$ 时,为三排管对齐排列的温度场解析解; 当 $\omega=0$ 时,为中间一排错开排布时的温度场解析解

表 1-2(续)

名称	提出者(时间)	温度场模型	计算公式
单圈管稳态冻结温度场解析解	胡向东 (2015 年)	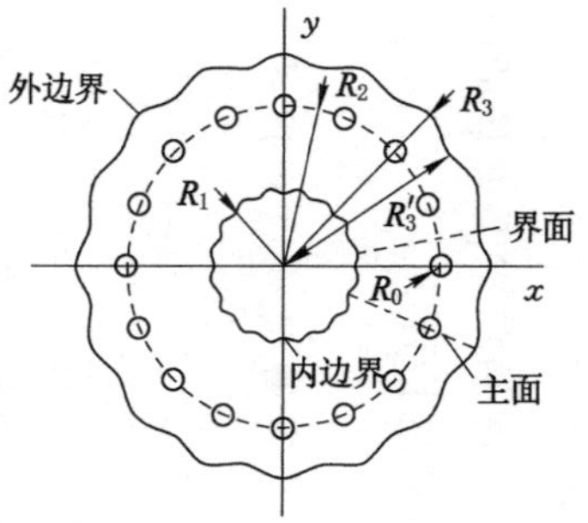	$T=T_M\left\{M-\frac{n\ln\frac{R_2}{R_1}\ln\frac{R_3}{R_2}}{\ln\frac{R_3}{R_1}}+\frac{n\ln\frac{R_2^2}{R_1R_3}}{2\ln\frac{R_3}{R_1}}\ln\frac{R}{R_2}\right\}+T_0$ 式中，$T_M=\frac{T_f-T_0}{\ln\frac{nR_0}{R_2}-\frac{n\ln\frac{R_2}{R_1}\ln\frac{R_3}{R_2}}{\ln\frac{R_3}{R_1}}}$ $M=\frac{1}{2}\ln\left[\left(\frac{R}{R_2}\right)^n+\left(\frac{R_2}{R}\right)^n-2\cos(n\beta)\right]$
双圈管稳态冻结温度场解析解	胡向东 (2017 年)	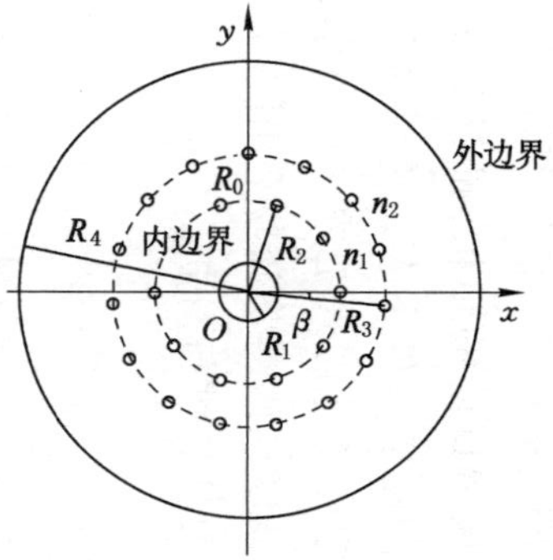	$T=(T_f-T_0)\frac{D_2-E_2}{D_1D_2-E_1E_2}\cdot\left[\ln\frac{R_4}{R_1}\ln\frac{\left(\frac{r}{R_2}\right)^{n_1}+\left(\frac{R_2}{r}\right)^{n_1}-2\cos(n_1\theta)}{\left(\frac{R_1}{R_2}\right)^{n_1}+\left(\frac{R_1}{R_2}\right)^{n_1}-2}-\ln\frac{r}{R_1}\times\ln\frac{\left(\frac{R_4}{R_2}\right)^{n_1}+\left(\frac{R_2}{R_4}\right)^{n_1}-2}{\left(\frac{R_1}{R_2}\right)^{n_1}+\left(\frac{R_2}{R_1}\right)^{n_1}-2}\right]+$ $(T_f-T_0)\frac{D_1-E_1}{D_1D_2-E_1E_2}\cdot\left[\ln\frac{R_4}{R_1}\ln\frac{\left(\frac{r}{R_3}\right)^{n_2}+\left(\frac{R_3}{r}\right)^{n_2}-2\cos(n_2\theta+n_2\beta)}{\left(\frac{R_1}{R_3}\right)^{n_2}+\left(\frac{R_3}{R_1}\right)^{n_2}-2}-\ln\frac{r}{R_1}\ln\frac{\left(\frac{R_4}{R_3}\right)^{n_2}+\left(\frac{R_3}{R_4}\right)^{n_2}-2}{\left(\frac{R_4}{R_3}\right)^{n_2}+\left(\frac{R_3}{R_1}\right)^{n_2}-2}\right]+T_0$

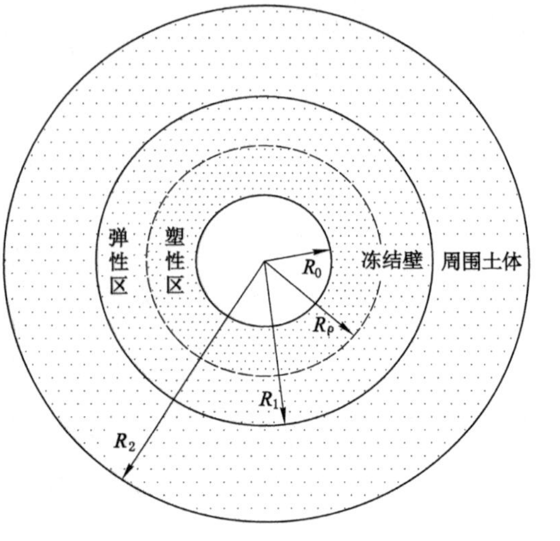

图 1-2 冻结壁各个应力区分布情况[149]

通过核磁共振试验技术对不同粒径的圆粒砂的未冻水含量随温度的变化规律进行研究，基于试验结果对常用的几种“未冻水含量-温度”数学模型进行评价。

(2) 大流速渗透地层人工冻结温度场形成机理研究。

采用模型试验的方法，研究不同流速地下水作用下单管以及多管冻结温度场的形成规律，得出渗流速度与冻结壁发展速率以及交圈时间的关系。

(3) 大流速渗透地层人工冻结壁发展规律预测及冻结孔优化设计方法研究。

基于模型试验以及室内试验的结果，建立水热耦合数学模型，结合实际工程参数对渗流场作用下人工冻结壁的发展规律进行预测分析，并根据计算结果提出冻结孔优化设计方法。

(4) 大流速渗透地层人工冻结稳态温度场解析解研究。

基于相似模型试验的结果，推导渗流场作用下人工冻结稳态温度场的解析表达式，运用该公式对不同流速条件下人工冻结温度场的分布规律进行计算。

(5) 大流速渗透地层人工冻结壁力学特性研究。

基于不同强度准则对渗流场作用下人工冻结壁应力计算公式进行推导，结合工程算例对冻结壁的受力特性进行分析。

1.3.2 研究目标

(1) 得出渗透地层相似材料适用的未冻水含量-温度数学关系式。

(2) 得出渗流速度与冻结壁发展速率以及交圈时间的关系。

(3) 得出不同流速作用下人工冻结温度场的发展规律。

(4) 提出大流速渗透地层人工冻结孔优化设计方案。

(5) 提出大流速渗透地层稳态冻结温度场的解析表达式。

(6) 提出大流速渗透地层人工冻结壁应力计算公式。

1.3.3 技术路线图

本书技术路线图如图 1-3 所示。

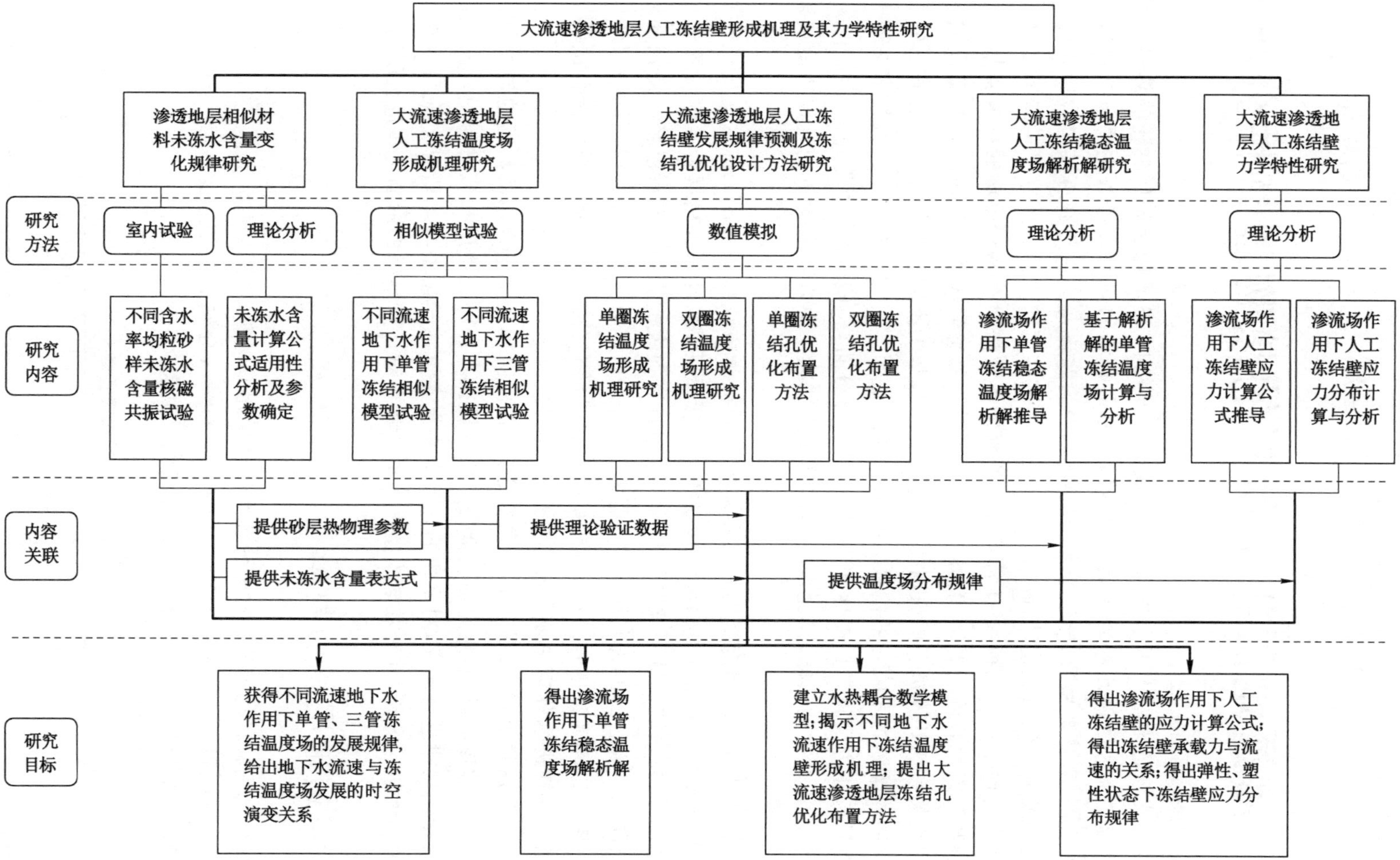
大流速渗透地层人工冻结壁形成机理及其力学特性研究
渗透地层相似材料未冻水含量变化规律研究
大流速渗透地层人工冻结温度场形成机理研究
大流速渗透地层人工冻结壁发展规律预测及冻结孔优化设计方法研究
大流速渗透地层人工冻结稳态温度场解析解研究
大流速渗透地层人工冻结壁力学特性研究
研究方法
室内试验
理论分析
相似模型试验
数值模拟
理论分析
理论分析
研究内容
不同含水率均粒砂样未冻水含量核磁共振试验
未冻水含量计算公式适用性分析及参数确定
不同流速地下水作用下单管冻结相似模型试验
不同流速地下水作用下三管冻结相似模型试验
单圈冻结温度场形成机理研究
双圈冻结温度场形成机理研究
单圈冻结孔优化布置方法
双圈冻结孔优化布置方法
渗流场作用下单管冻结稳态温度场解析解推导
基于解析解的单管冻结温度场计算与分析
渗流场作用下人工冻结壁应力计算公式推导
渗流场作用下人工冻结壁应力分布计算与分析
内容关联
提供砂层热物理参数
提供理论验证数据
提供未冻水含量表达式
提供温度场分布规律
研究目标
获得不同流速地下水作用下单管、三管冻结温度场的发展规律，给出地下水流速与冻结温度场发展的时空演变关系
得出渗流场作用下单管冻结稳态温度场解析解
建立水热耦合数学模型；揭示不同地下水流速作用下冻结温度壁形成机理；提出大流速渗透地层冻结孔优化布置方法
得出渗流场作用下人工冻结壁的应力计算公式；得出冻结壁承载力与流速的关系；得出弹性、塑性状态下冻结壁应力分布规律

图1-3 技术路线图

2 渗透地层相似材料的热物理特性分析

在大流速渗透地层人工冻结温度场形成机理研究中，渗透地层相似材料的热物理参数测定是模型试验和数值计算的基础。渗透地层相似材料的热物理参数主要包括材料的粒径、密度、孔隙率、渗透系数、导热系数、比热容以及含水率等。由于在冻结过程中未冻水的含量随着温度的变化而变化，因此未冻水含量的测试难度较大。目前常见的未冻水含量的测试方法主要包括以下几种：基于能量守恒原理的热量法[150]、基于土壤的介电常数与体积含水率函数关系的时域反射仪(TDR)法[151]、基于土壤对射线的吸收强度与其重度和水分含量的线性关系的计算机层析识别技术(CT)法[152]、基于不同状态的氢核在射频场的干扰下产生不同的豫驰时间(T_2)的核磁共振仪(NMR)法[153]等。其中，核磁共振技术在冻土的未冻水测试应用方面具有直接性和无损性，在水分分布与迁移测定中受外界干扰小，单次测试时间短，不会扰动试样，因此该技术是目前测试冻土中未冻水含量变化规律最快捷可靠的方法[154-157]。

基于未冻水含量随温度变化的试验结果，通过数学方法可以得出未冻水变化规律的计算公式，该公式不仅是冻土中未冻水含量预测的重要手段，也是水热耦合数值计算理论重要的组成部分，对数值计算的准确性和计算效率具有很大的影响。笔者已经在绪论部分对未冻水含量的计算公式的研究现状进行了总结，目前已经有大量学者针对不同类型的岩土体提出了多种未冻水含量的计算公式，在运用上述已有公式之前，首先需要结合试验结果对公式的适用性进行分析并确定公式参数。

因此在开展模型试验、数值计算研究之前，首先对模型试验选用的渗透地层相似材料进行基础热物理参数试验，重点通过低场核磁共振技术对渗透地层相似材料中未冻水含量随温度的变化规律进行研究，对常用的几种未冻水含量数学模型与本研究中饱和砂样试验结果的适用性进行分析，并对数学模型中的拟合参数对计算结果的影响规律进行研究。

2.1 渗透地层相似材料

本研究选用粒径均匀的圆粒砂作为渗透地层相似材料，如图 2-1 所示。

参照《土工试验方法标准》(GB 50123—2019)[158]，分别对圆粒砂的粒径、干密度、饱和密度、孔隙率以及渗透系数进行了测试，测试结果见表 2-1。

表 2-1 砂的物理参数

粒径/mm	干密度/(kg/m³)	饱和密度/(kg/m³)	孔隙率	渗透率/(cm/s)
1±0.15	1 612	2 480	0.33	2.28×10^{-2}

图 2-1 用来模拟渗透地层的等直径圆粒砂

渗透率试验如图 2-2 所示。

图 2-2 渗透率试验

砂的导热系数采用 Test Protocol Hot Disk TPS 2500S 型热常数分析仪进行测试，试验设备如图 2-3 所示，测试结果见表 2-2。

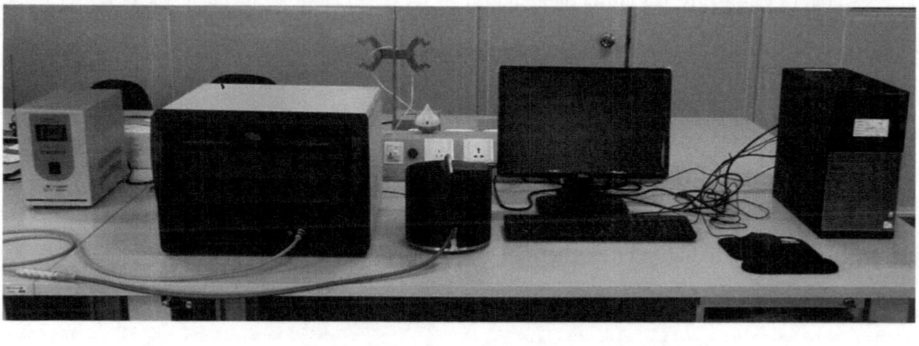

图 2-3 Hot Disk TPS 2500S 型热常数分析仪

表 2-2 砂的热物理参数

状态	导热系数/[W/(m·K)]	热扩散率/(m^2/s)
冻土	3.32	1.19×10^{-6}
未冻土	2.25	1.88×10^{-6}

2.2 渗透地层相似材料核磁共振试验

2.2.1 低场核磁共振弛豫原理

核磁共振是指原子核被外磁场磁化后对射频的响应[159]。多孔介质孔隙水中的氢原子是随机排布的，每个氢原子的磁矩方向具有随机性，当外部施加磁场时，氢原子会被磁化，磁化后的氢原子核会围绕磁场的方向转动。当自旋的氢原子核达到一定的运动频率时将会与外部的磁场形成相互作用，此时将会产生可测量的信号。

当撤销外加强磁场作用后，具有磁矩定向排布的氢原子又回到原来杂乱无章的状态，其能级降低，从高能级恢复到低能级的现象称为弛豫现象，所需要的时间称为弛豫时间 T[160]。弛豫过程分为纵向弛豫过程和横向弛豫过程，对应的时间分别是纵向弛豫时间 T_1 以及横向弛豫时间 T_2，横向弛豫具有快速性的特点，并且该过程能够反映多孔介质绝大多数的物理信息，因此 T_2 弛豫测量成为核磁共振技术表征低温多孔介质未冻水含量变化规律的优选方式[160]。

本研究的核磁共振 T_2 弛豫主要采用水-颗粒界面的表面弛豫，表面弛豫时间与多孔介质表面特性的关系式为：

$$\frac{1}{T_{2\text{表面}}}=m\left(\frac{S}{M}\right)_{\text{孔隙}} \tag{2-1}$$

式中，$T_{2\text{表面}}$ 为水、颗粒表面相互作用产生的横向弛豫时间；m 为弛豫强度常数；$\left(\frac{S}{M}\right)_{\text{孔隙}}$ 为孔隙表面积与流体体积之比。

由式(2-1)可知：当孔隙尺寸较小时，S/M 的数值较大，对应的弛豫时间较短；当孔隙尺寸较大时，S/M 的数值较小，对应的弛豫时间较长。已有学者证明了弛豫时间与多孔介质的孔隙尺寸存在一一对应关系[160-162]。

2.2.2 试验设备与参数

本试验所用的低场核磁共振仪(NMR)如图 2-4 所示，从左往右依次为高压低温控制箱、恒温低温箱、磁场保护恒温箱、核磁共振仪和测试设备。低场核磁共振仪(NMR)的主要技术参数见表 2-3。

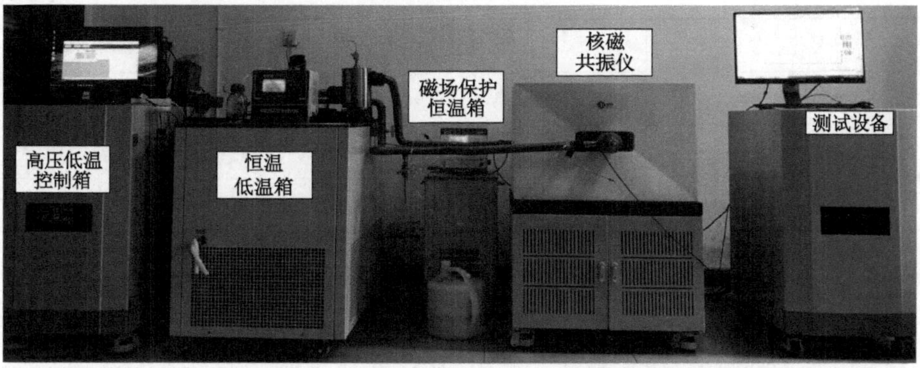

图 2-4　低场核磁共振仪(NMR)

表 2-3　低场核磁共振测试系统参数

名称	参数
主磁场强度/T	0.5
磁场均匀度/10^{-6}	≤20
磁场稳定性/(Hz/h)	≤300
射频脉冲频率/MHz	1～30
射频功率/W	300
最大采样脉宽/kHz	2 000

2.2.3　试验方法

(1) 试样配置

本次试验采用粒径为(1±0.15) mm 的圆粒砂，分别配置含水率为 8%、16%、24%、32%的 4 组试样。

(2) 温度控制

本次试验的温度区间为+18(室温)～-20 ℃。在测试过程中，考虑冰、水相变过程，在相变可能发生的温度区间(0～-5 ℃)将数据采集的间隔控制为 0.5～1 ℃；其他温度区间，数据采集的温度间隔控制为 5 ℃；一般认为正温条件下，多孔介质中的含水率变化较小，因此只在 5 ℃和 18 ℃进行数据采集。为了保证磁场的稳定性，磁体恒温系统始终保持在开启状态，且磁体温度保持在(18±0.1) ℃。低场核磁共振试验数据采集温度控制值见表 2-4。

表 2-4　低场核磁共振试验数据采集温度控制值

序号	温度区间	温度间隔
1	室温(+18 ℃)	—
2	0 ℃≤T<5 ℃	5.0 ℃

表 2-4(续)

序号	温度区间	温度间隔
3	-3 ℃$\leqslant T<0$ ℃	0.5 ℃
4	-5 ℃$\leqslant T<-3$ ℃	1.0 ℃
5	-20 ℃$\leqslant T<-5$ ℃	5.0 ℃

(3) CPMG 序列

试验开始前,利用标准油样寻找主频信号,在 90°脉冲宽度标定 CPMG 序列。试验开始时,把试样装进特制塑料盒,用热塑管全封闭,然后开始降温,当环境温度与测试温度相同时,在测试点保温 2 h,以使土体温度均匀恒定,利用已标定的同一 CPMG 序列开始采集数据。采用自感应衰减曲线 FID 的傅立叶变换反演软件获得 T_2 谱分布,并保存测试点的核磁信号数据。重复上述步骤,测定不同温度条件下的温度点数据,直到冻结试验完成。

表 2-5　CPMG 序列参数

射频信号频率/MHz	射频信号频率偏移量/Hz	采样起始点控制参数/ms	射频 90°脉冲宽度/μs	射频 180°脉冲宽度/μs	重复采样间隔时间/ms
21	210 213.72	0.08	16	35	6 000
采样点数	模拟增益	数值增益	放大增益	叠加次数/次	回波个数/个
100 072	20	3	3	4	8 000

2.3　渗透地层相似材料的未冻水变化规律分析

2.3.1　渗透地层相似材料 T_2 谱分布规律

通过低场核磁共振试验,分别得到初始含水率为 8%(25%饱和)、16%(50%饱和)、24%(75%饱和)以及 32%(100%饱和)的砂样在冻结过程中的 T_2 谱曲线,如图 2-5 所示。

由图 2-5 以及表 2-6、表 2-7 可知:初始含水率为 8%的砂样在室温(18 ℃)条件下,T_2 谱曲线有 3 个波峰:第一个波峰值出现在 0.248 ms 处,第二个波峰出现在 14.17 ms 处,第三个波峰出现在 200.92 ms 处。根据砂样的表观特性可以判断砂样的孔隙主要分为两种,分别是颗粒之间的大孔隙和颗粒表面的微小孔隙,部分水分会以结合水的形式吸附在微小孔隙中,而剩余水分则会以自由水的状态赋存于颗粒间的大孔隙中。由于核磁共振技术是基于对氢原子核的响应,因此可以认为波峰 1 是由颗粒表面的微孔隙中的结合水产生的,而波峰 2 和波峰 3 是由颗粒间隙的自由水产生的,由于微孔隙的尺寸远小于颗粒间的孔隙,因此波峰 1 与波峰 2 之间几乎无核磁信号,而波峰 2 与波峰 3 之间存在较强的核磁信号,说明颗粒之间的孔隙具有较好的连通性。同时,第一个波峰的信号强度最强,说明当多孔介质初始含水率较低时,水分主要赋存在颗粒表面的微小孔隙中。当初始含水率分别增大至

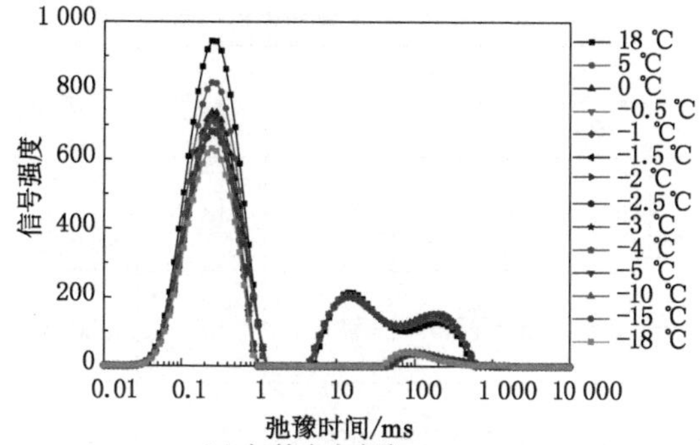

(a) 初始含水率为8%

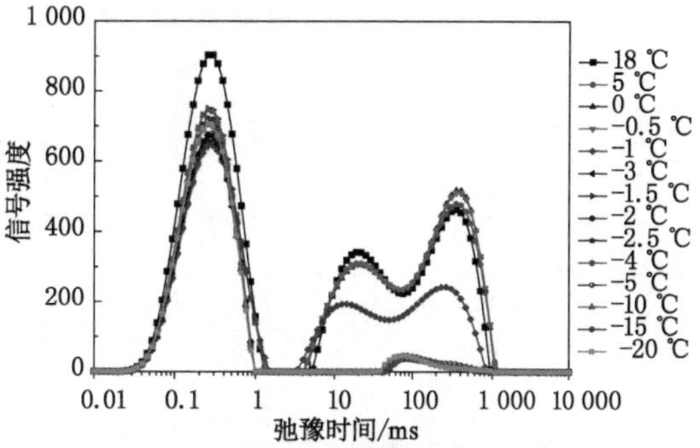

(b) 初始含水率为16%

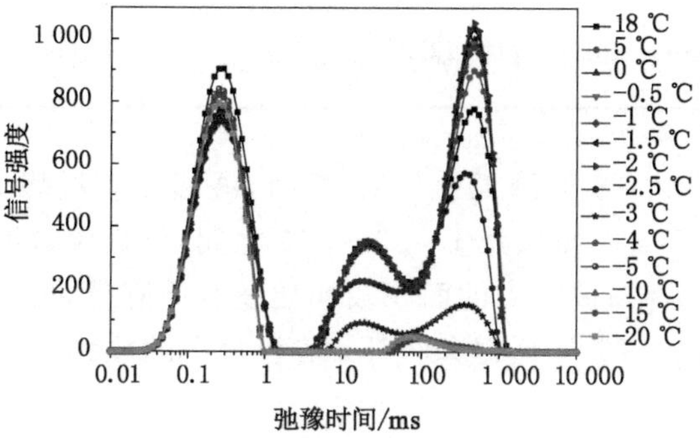

(c) 初始含水率为24%

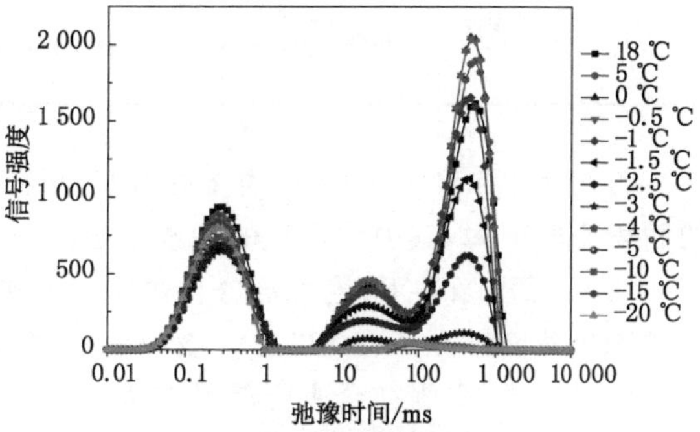

(d) 初始含水率为32%

图 2-5 不同初始含水率低温多孔介质 T_2 谱随温度的变化规律

16%、24%、32%时，T_2 谱曲线仍然有 3 个波峰，峰 1 的面积没有发生明显变化，峰 2 以及峰 3 的面积显著增大，说明多孔介质中的结合水的含量在达到一定值后不会继续增加，增加的水绝大部分都是以自由水的状态赋存在颗粒间隙中。

表 2-6 冻结前多孔介质低场核磁共振试验结果 T_2 图谱参数表(18 ℃)

初始含水率	波峰时间参数/ms						波峰面积参数			
	峰 1		峰 2		峰 3		峰 1	峰 2	峰 3	总面积
	起/终	峰顶	起/终	峰顶	起/终	峰顶				
8%	0.01	0.248	4.642	14.17	86.98	200.92	12 625.4	2 899.0	1 360.9	16 885.3
	1.322		75.646		613.59					
16%	0.01	0.248	4.642	18.74	86.98	351.12	12 253.6	4 900.4	5 774.9	22 928.9
	1.322		75.646		1 072.27					
24%	0.01	0.285	4.642	18.74	86.98	464.16	12 245.2	5 005.5	9 676.4	26 927.1
	1.322		75.646		1 417.47					
32%	0.01	0.285	4.642	21.54	100	533.67	12 729.6	6 049.0	17 718.0	36 496.6
	1.322		86.98		1 417.47					

表 2-7　冻结后多孔介质低场核磁共振试验结果 T_2 图谱参数表（−20 ℃）

初始含水率	波峰时间参数/ms						波峰面积参数			
	峰 1		峰 2		峰 3		峰 1	峰 2	峰 3	总面积
	起/终	峰顶	起/终	峰顶	起/终	峰顶				
8%	0.01	0.248	37.649	75.65	705.48	932.60	7 901.6	433.8	18.9	8 354.3
	1		613.59		2 154.44					
16%	0.01	0.248	32.75	75.65	—	—	8 959.9	511.3	—	9461.2
	1		1 232.8		—					
24%	0.01	0.248	32.75	75.65	811.13	932.60	10 017.9	520.2	23.9	10 562.0
	1		705.5		1 873.82					
32%	0.01	0.248	32.75	75.65	811.13	932.60	10 113.9	519.2	22.9	10 655.0
	1		705.5		2 154.44					

由表 2-6 和表 2-7 可知：当多孔介质的温度由 18 ℃降低至−20 ℃时，波峰 2 和波峰 3 的面积急剧下降，其中波峰 3 的面积接近 0，波峰 2 的面积介于 430～520 之间，该现象说明在−20 ℃低温条件下，绝大部分自由水已经被冻结；波峰 1 的面积较初始值有所降低，但是其面积仍然能够在 7 900 以上。该现象说明：在−20 ℃低温条件下，结合水中的弱结合水部分已经冻结，而强结合水仍然没有冻结。

由表 2-6 和表 2-7 可知：当多孔介质的温度由 18 ℃降至−20 ℃时，波峰 2 和波峰 3 的面积急剧下降，其中波峰 3 的面积接近 0，波峰 2 的面积介于 430～520，该现象说明在−20 ℃低温条件下，绝大部分自由水已经冻结；波峰 1 的面积较初始值有所降低，但是其面积仍然能够在 7 900 以上，该现象说明在−20 ℃低温条件下，结合水中的弱结合水部分已经冻结，而强结合水仍然没有冻结。

2.3.2　渗透地层相似材料未冻水变化规律

为了研究多孔介质中的未冻水在冻结过程中的变化规律，根据 T_2 谱波峰面积与含水率之间的对应关系，绘制不同初始含水率砂样的总含水率、微小孔隙含水率、中等孔隙含水率以及较大孔隙含水率与温度的关系曲线，如图 2-6 所示。

由图 2-6(a)可知：初始含水率为 8%时，多孔介质中的水分以吸附在颗粒表面微小孔隙中的结合水为主，中等孔隙以及大孔隙中的自由水的含量很少，因此微小孔隙含水率的变化对总含水率具有显著影响；当温度由 18 ℃降低至 0 ℃时，中等孔隙和大孔隙中的自由水含量没有发生明显变化，而微小孔隙中的结合水的含量略降低，因此总含水率也呈现下降趋势；当温度下降至−1 ℃时，未冻水的总含量并没有明显下降，其主要原因是多孔介质正处于冻结过程中的“过冷”阶段，虽然温度达到负温，但是自由水仍旧是液体状态；当温度达到−1.5 ℃时，中等孔隙和大孔隙中的自由水含量急剧减小至接近 0，总含水率也急剧降低至 4.5%，说明此时已经发生冰水相变，多孔介质中的绝大部分自由水都已经由液态转变成固态，由此可以判断该砂样的“冰点”介于−1～−1.5 ℃；当温度低于“冰点”之后，多孔介质的含水率依然维持在 4%左右，这部分水主要是吸附在微小孔隙中的结合水。

由图 2-6(b)可知：当初始含水率增大到 16%时，吸附在微小孔隙中的结合水的初始含

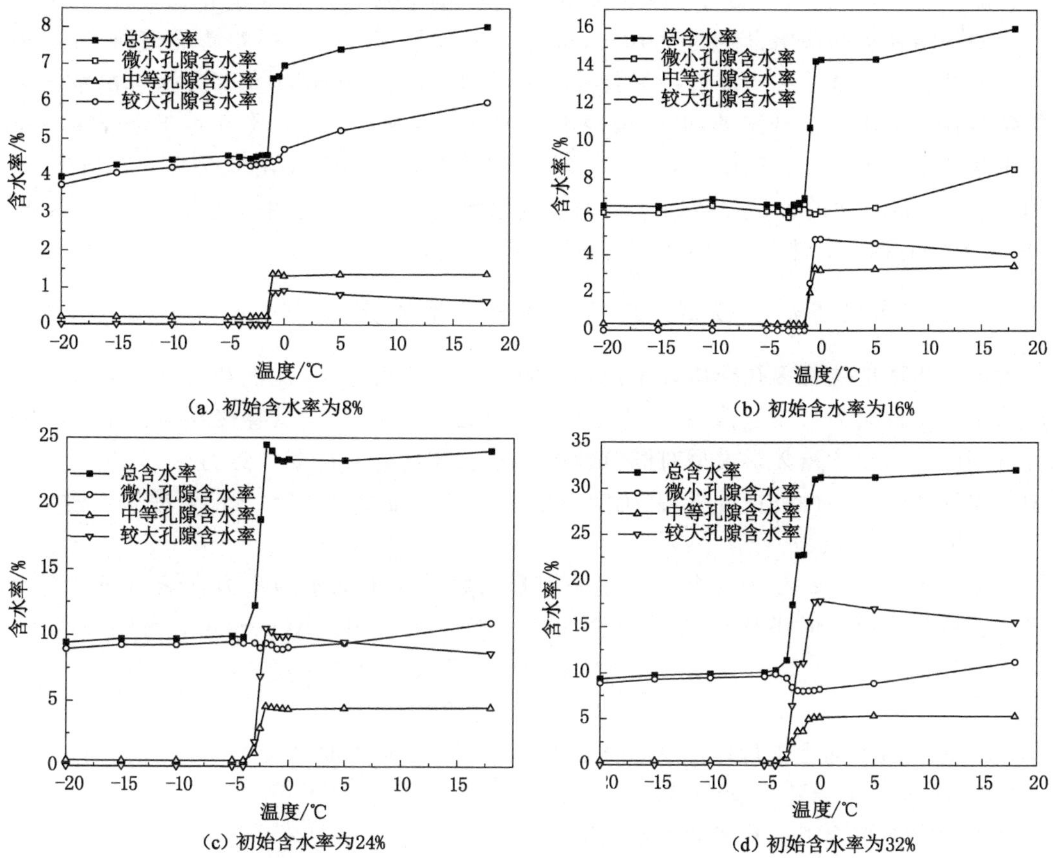

图 2-6　不同初始含水率低温多孔介质未冻水含量变化规律

量超过 8%，说明该状态下多孔介质中的水分仍然以结合水为主，当温度由 18 ℃降低至 0 ℃时，结合水的含量由 8.5%下降至 6.1%，总含水率由 16%下降至 14.2%，而自由水的含量略有增加，说明在降温过程中有一小部分结合水转变为自由水；当多孔介质的温度降低至 0 ℃以下时，结合水的含量稳定在 6%左右不再明显变化；当温度由－0.5 ℃降低至－1 ℃时，赋存在中等孔隙和较大孔隙中的自由水急剧减小，并导致总含水率急剧减小，说明此时已经发生相变，当温度进一步降低至－1.5 ℃时，自由水的含量趋近 0，而由于强结合水的存在，多孔介质的总含水率在降低至 6.5%时不再明显变化，由此可以判断该砂样的冰点介于－0.5～－1 ℃。

由图 2-6(c)可知：当初始含水率增大至 24%时，吸附在微小孔隙中的结合水的初始含量约为 10%，赋存在中等孔隙的自由水的含量约为 4.5%，赋存在较大孔隙中的自由水的含量约为 9.5%，说明该状态下多孔介质中的水分以自由水为主。在整个冻结过程中，结合水的含量一直维持在 10%左右，没有发生明显变化，自由水含量的变化规律决定了总含水率的变化规律，但是当温度下降至－2.5 ℃时；多孔介质的含水率才明显下降，说明该砂样的“冰点”介于－2～－2.5 ℃；当温度达到－4 ℃时，自由水的含量趋近 0，而由于强结合水的存在，多孔介质的总含水率降低至 10%之后不再发生明显变化。

由图 2-6(d)可知：当初始含水率增大至 32%时，即多孔介质达到饱和状态时，吸附在微小孔隙中的结合水的初始含量约为 10%，这与含水率为 16%的砂样的情况相同，说明多孔介质中的结合水含量达到一定值后不会再继续增加，增加的水分绝大部分是自由水。结合水的含量在 0 ℃附近出现波动，但是很快恢复到初始水平，自由水含量的变化规律决定了总含水率的变化规律。当温度达到－1 ℃时，多孔介质内的含水率出现明显下降趋势，但是直到－4 ℃时自由水的含量才趋近 0，此时总含水率约为 10%，说明多孔介质中含水率较大时，由于释放的相变潜热较多，因此相变阶段持续的时间较长。

2.3.3 未冻水含量数学模型适应性分析及参数确定

大流速渗透地层是多孔介质处于饱和时的一种特殊状态，因此饱和多孔介质未冻水含量的数学模型将会为大流速渗透地层人工冻结温度场的研究提供直接参考。本小节采用几种常用的未冻水含量数学模型对圆粒砂的未冻水含量的变化规律进行回归拟合，对数学模型与本砂样的适用性进行分析，并确定模型参数，为后面章节的数值计算提供依据。

(1) Anderson 模型[163]

Anderson 和 Tice 在 1972 年提出了采用幂函数描述未冻水的重力含量与冻结温度的关系式。该公式由于形式简单、参数较少，得到了广泛的应用。Anderson 模型的表达式为：

$$W_u = \begin{cases} \alpha(-T)^{\beta} & (T < T_f) \\ W_0 & (T \geqslant T_f) \end{cases} \tag{2-2}$$

式中，W_u 为重力未冻水含量；α，β 为公式的拟合参数；T 为温度，℃；T_f 为多孔介质的冰点；W_0 为多孔介质的初始重力含水率。

重力含水率与体积含水率的关系式为：

$$\theta_u = \frac{W_u \rho_d}{100\rho_w} \tag{2-3}$$

式中，θ_u 为多孔介质的体积未冻水含量；ρ_d，ρ_w 为多孔介质的干密度和水的密度，对于一种多孔介质，$\frac{\rho_d}{100\rho_w}$是一个常数，因此可以将式(2-2)转换成体积未冻水含量的表达式：

$$\theta_u = \begin{cases} \alpha'(-T)^{\beta} & (T < T_f) \\ \theta_0 & (T \geqslant T_f) \end{cases} \tag{2-4}$$

式中，$\alpha' = \frac{\rho_d}{100\rho_w}\alpha$；$\theta_0$ 为多孔介质的初始含水率。

(2) Mckenzie 模型[164]

Mckenzie 在 2007 年提出了描述多孔介质饱和度与温度关系的指数函数表达式：

$$S_w = S_{wres} + (1 - S_{wres})\exp\left[-\left(\frac{T - T_f}{\gamma}\right)^2\right] \tag{2-5}$$

式中，S_w 为多孔介质体积含水率的饱和度；S_{wres}为与不冻水含量对应的残余饱和度；T_f 为多孔介质的冰点；γ 为公式的拟合参数。

多孔介质饱和度与未冻水体积含量 θ_u 的关系式为：

$$S_w = \frac{\theta_u}{\theta_0} \tag{2-6}$$

残余饱和度与不冻水含量 θ_{res}的关系式为：

$$S_{wres} = \frac{\theta_{res}}{\theta_0} \tag{2-7}$$

将式(2-6)和式(2-7)代入式(2-5)可得到体积未冻水含量与温度的关系式：

$$\theta_u = \begin{cases} \theta_{res} + (\theta_0 - \theta_{res})\exp\left[-\left(\dfrac{T - T_f}{\gamma}\right)^2\right] & (T < T_f) \\ \theta_0 & (T \geqslant T_f) \end{cases} \tag{2-8}$$

(3) Zhang 模型[165]

Zhang 认为当温度降低至绝对零度，即 −273.15 ℃时，多孔介质中的含水率减少为 0，基于该假设 Zhang 提出了未冻水含量随冻结温度变化的预测公式：

$$\theta_u = \begin{cases} \theta_0\left[1 - \left(\dfrac{T_f - T}{T_{k0} + T_f}\right)^w\right] & (-T_{k0} < T < T_f) \\ \theta_0 & (T \geqslant T_f) \end{cases} \tag{2-9}$$

式中，$T_{k0}=273.15$；w 为拟合常数。

(4) Kozlowski 模型[166]

大量研究成果表明多孔介质中存在一部分强结合水，该部分水分无法冻结，因此当温度 T 降低至一定值后，多孔介质中含水率不再随着温度的降低而减小，此时对应的含水率 θ_{res} 称为剩余未冻水含量，对应的温度为 T_{res}。而当温度高于冻结温度 T_f 时，多孔介质中的含水率保持初始含水率 θ_0 不变。Kozlowski 基于上述理论提出了未冻水含量与冻结温度的关系式：

$$\theta_u = \begin{cases} \theta_0 & (T > T_f) \\ \theta_{res} + (\theta_0 - \theta_{res})\exp\left[\delta\left(\dfrac{T_f - T}{T - T_{res}}\right)^{\varepsilon}\right] & (T_{res} < T \leqslant T_f) \\ \theta_{res} & (T \leqslant T_{res}) \end{cases} \tag{2-10}$$

式中 δ，ε 为拟合参数。需要说明的是，Kozlowski 提出的未冻水含量的计算模型是由重力含水率表示的，在本研究中为了方便计算和对比，将公式转变成体积含量的表达方式。

基于上述常用的未冻水含量的数学模型，对试验结果进行拟合，并对参数对计算结果的影响规律进行分析，如图 2-7 所示。

由图 2-7(a)可知：在 Anderson 模型中，未冻水体积含量的计算结果受到 α' 和 β 两个参数的影响，对应相同的温度条件，未冻水的含量随着 α' 的增大而增大，随着 β 绝对值的增大而减小；当拟合参数 $\alpha'=0.24$，$\beta=-0.41$ 时，Anderson 模型的计算结果与试验结果的吻合度最高，但是由于该模型中没有单独考虑残余含水率的影响，多孔介质中的含水率随着温度的降低持续降低，因此对应不同的拟合参数，温度曲线的趋势相似，但是计算结果差异较大。

由图 2-7(b)可知：在 Mckenzie 模型中，未冻水体积含量的计算结果受拟合参数 γ 的影响，由于该模型考虑了残余含水率对计算结果的影响，因此模型的曲线在达到残余含水率后不再变化，拟合参数 γ 决定了含水率达到残余含水率时的温度，γ 越大，达到残余含水率对应的温度越低；当 $\gamma=4$ 时，Mckenzie 模型的计算结果与试验结果的吻合度最高。

由图 2-7(c)可知：在 Zhang 模型中，未冻水体积含量的计算结果受拟合参数 w 的影响，

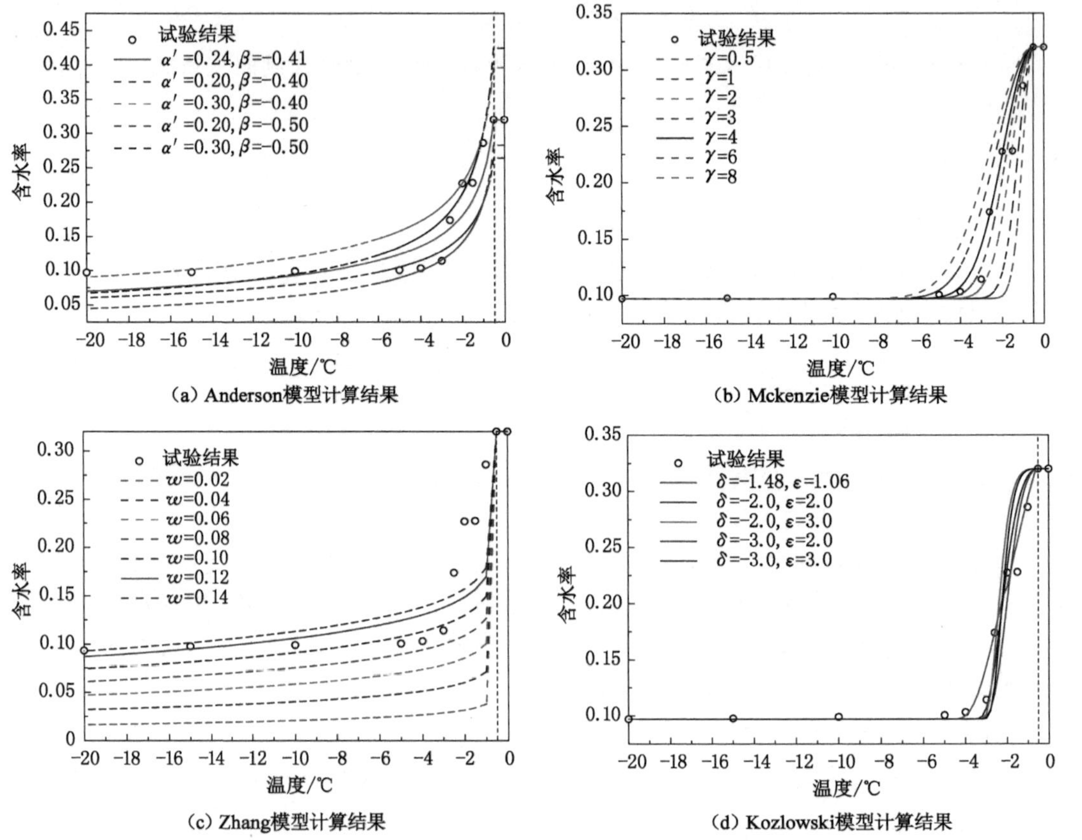

图 2-7　未冻水含量随温度变化规律的计算结果与试验结果对比

同一温度条件下，未冻水的含量随着 w 值的增大而增大；当拟合参数 $w=0.12$ 时，模型的计算结果与试验结果的吻合度最高。该模型与 Anderson 模型的计算类似，由于没有单独考虑残余含水率的影响，多孔介质中的含水率随着温度的降低持续降低，未冻水含量受拟合参数的影响较大，与本研究的砂样的试验结果的适应性较差。

由图 2-7(d)可知：在 Kozlowski 模型中，未冻水体积含量的计算结果受 δ 和 ε 的影响，该模型考虑了残余含水率对计算结果的影响，并且可以通过试验结果直接确定达到残余含水率的温度 T_{res}，因此拟合参数 δ 和 ε 只对 $T_{res}<T\leqslant T_f$ 温度区间内的未冻水含量变化曲线的形状产生影响。结果显示：在相同温度条件下，未冻水含量随着 δ 的绝对值增大而减小，随着 ε 值的增大而增大。

当拟合参数 $\delta=-1.48$，$\varepsilon=1.06$ 时，Kozlowski 模型的计算结果与试验结果的吻合度最高。

通过对比几种模型对试验数据的拟合结果可以发现：Kozlowski 模型的计算结果与试验结果的吻合度最高，因此在本书的数值计算章节中将采用该模型来描述冻结过程中未冻水的含量变化规律。

2.4　本章小节

（1）在模型试验中采用粒径为(1±0.15) mm 的圆粒砂来模拟大流速渗透地层，通过室内试验对砂样的物理参数进行了测试，重点通过核磁共振技术对砂样的未冻水含量随温度的变化规律进行了研究，为后续的模型试验和数值计算提供依据。

（2）砂样的 T_2 曲线有 3 个明显的波峰，表明砂样内部包含微小孔隙、中等孔隙、较大孔隙，部分水分会以结合水的形式吸附在微小孔隙中，而其余水分以自由水的形式赋存在中等孔隙和较大孔隙中；当初始含水率由 8%分别增大至 16%、24%、32%时，T_2 谱曲线峰 1 的面积没有发生明显的变化，而峰 2 和峰 3 的面积显著增大，说明多孔介质中结合水含量在达到一定值后不再继续增加，增加的水绝大部分都是以自由水的状态赋存在中等孔隙和较大孔隙中。当温度由室温降低至−20 ℃时，波峰 2 和波峰 3 的面积逐渐接近 0，而波峰 1 的面积较初始值略有下降后保持不变，说明多孔介质中有一部分强结合水无法冻结。

（3）不同初始含水率的砂样的“冻结温度”介于−0.5～−1 ℃，相变区间则随着初始含水率的增大而变长，不冻水的含量也随着初始含水率的增大而增加。其中，饱和(含水率为32%)砂样的冰点为−0.5 ℃，相变区间为[0.5 ℃，−4 ℃]，不冻水含量为 9.7%。

（4）对常用的 4 种未冻水含量数学模型与饱和砂样试验结果的适用性进行了分析，并对模型的拟合参数对计算结果的影响规律进行了研究。对比发现 Kozlowski 模型可以很好地反映本砂样未冻水含量的变化规律，并且当 $\delta=-1.48$，$\varepsilon=1.06$ 时，Kozlowski 模型的计算结果与试验结果的吻合度最高。因此，在后面的数值计算章节中，将选择 Kozlowski 模型作为未冻水含量的计算模型。

3 大流速渗透地层冻结温度场发展规律模型试验研究

近些年，在天津、广州、深圳、宁波等沿海城市的地铁隧道建设中，冻结法在地铁联络通道施工、盾构进出洞口土层加固等工程中得到了广泛应用[4-7]。由于受海相沉积环境、海水浸渍和潮汐影响，沿海城市的地层具有地下水矿化度高、流速大等特点，采用冻结法施工时，严重影响冻结壁形成和发展，危及施工安全。例如，2003年，深圳地铁4A标段中位于深圳市和平路与解放路交叉路口的地铁隧道，该处地层结构松散，地下水流速达到15 m/d，在采用人工地层冻结法施工过程中，降温缓慢，每天降温仅为0.1 ℃，有时甚至出现温度回升，严重影响施工进度。2006年，天津地铁2号线南楼至土城区间联络通道采用人工地层冻结法施工，由于工程所处地层主要为第四系河漫滩相沉积层，其孔隙比大、含水丰富，且该区域存在海侵现象，地下水流速较高，导致该区域冻结壁的发展速度较慢。目前冻结法施工仍然是大流速渗透地层地下工程施工的主要工法，但是沿用常规的冻结施工方案，必定会给施工带来极大的难度，因此针对大流速渗透地层人工冻结温度场的发展规律进行研究，进而为该类工程的实施提供指导性建议是推动该工法进一步发展的关键工作。

通过对常用的研究手段进行对比后发现理论解的物理概念清晰，但是局限性较大，目前仅有的关于渗流场作用下的冻结温度场的解析表达式是在大量简化之后得到的，并且求解过程需要多次迭代，应用难度较大；数值计算的运用范围比较广泛，但是其可靠性仍需要相应的试验来进行验证；模型试验的结果受到试验材料、初始条件、边界条件、测试条件等因素的影响，但是其仍然是目前最为可靠的研究手段，模型试验的结果是理论研究与数值计算的基础。笔者已经在绪论部分对已有的模型试验的研究成果进行了总结，可以发现由于受限于各种因素，现有的水热耦合物理模型试验研究涉及的流速较小、模型的尺寸较小，因此试验结果仍然不能准确反映渗流场作用下人工冻结温度场的发展规律。

本章将在已有研究成果的基础上，通过准确控制渗流场的流速和流向，并充分考虑水、热两场边界条件的影响，构建一套大型水热耦合物理模型试验系统，基于该系统对大流速渗透地层人工冻结温度场的形成机理进行试验研究，并基于热传导和对流传热的原理对试验结果进行分析。

3.1 模型试验设计

3.1.1 相似准则推导

渗流场作用下人工冻结的相似模型试验包括制冷系统、渗流系统以及多孔介质，各个系统的主要影响因素见表3-1。

表 3-1　模型试验的影响因素

系统	名称	符号	单位	量纲
制冷系统	冻结管直径	D_b	m	[L]
	冻结管壁温度	T_b	℃	[t]
	冻结管间距	S	m	[L]
	低温冷媒流速	v_y	m/s	$[LT^{-1}]$
	低温冷媒动力黏滞系数	u_b	kg/(ms)	$[ML^{-1}T^{-1}]$
	冻结管换热系数	h_b	kg/(s³·℃)	$[M T^{-3}\Theta^{-1}]$
	低温冷媒密度	ρ_y	kg/m³	$[ML^{-3}]$
	低温冷媒导热系数	λ_b	kg·m/(s³·℃)	$[MLT^{-3}\Theta^{-1}]$
	低温冷媒比热	C_b	m²/(s²·℃)	$[L^2T^{-2}\Theta^{-1}]$
	低温冷媒温度	T_y	℃	$[\Theta]$
	低温冷媒流量	Q	m³/s	$[L^3T^{-1}]$
渗流系统	水流速度	V_n	m/s	$[LT^{-1}]$
	水动力黏度系数	u_w	kg/(m·s)	$[ML^{-1}T^{-1}]$
	水的压强	ΔP	kg/(m·s²)	$[ML^{-1}T^{-2}]$
	渗透率	K	m²	$[L^2]$
	水力路径	ΔL	m	[L]
	水的导热系数	∂_w	m²/s	$[L^2T^{-1}]$
多孔介质	任一点坐标	(X,Y)	m	[L]
	地层温度	T	℃	$[\Theta]$
	地层初始温度	T_∞	℃	$[\Theta]$
	未冻土导热系数	∂_{su}	m²/s	$[L^2T^{-1}]$
	冻土导热系数	∂_{sf}	m²/s	$[L^2T^{-1}]$
	冻结时间	τ	s	[T]
	冻结壁厚度	E	m	[L]
	相变潜热	q	kg/(m·s²)	$[ML^{-1}T^{-2}]$

根据相似模型试验设计理论[167-170]得出：

$$f(D_b, v_y, u_b, h_b, \rho_y, \lambda_b, C_b, T_y, v_n, u_w, \Delta p, K, \Delta L, X, Y, T, S, T_\infty, T_b, \partial_{su}, \partial_{sf}, \partial_w, \tau, Q, E, q) = 0 \tag{3-1}$$

根据因次协调[167-168]原理建立以下方程式：

$$\pi = D_b^{x1} V_y^{x2} u_b^{x3} h_b^{x4} \rho_y^{x5} \lambda_b^{x6} C_b^{x7} T_y^{x8} V_n^{x9} u_w^{x10} \Delta p^{x11} K^{x12} \Delta L^{x13} X^{x14} Y^{x15} T^{x16} S_b^{x17} T_\infty^{x18} T_b^{x19} \partial_{su}^{x20} \partial_{sf}^{x21} \partial_w^{x22} \tau^{x23} Q^{x24} E^{x25} q^{x26} \tag{3-2}$$

将表 3-1 中各个影响因素的量纲代入方程式(3-2)，可得：

$$[L^0 M^0 T^0 t^0] = [L]^{x1}[LT^{-1}]^{x2}[ML^{-1}T^{-1}]^{x3}[MT^{-3}\Theta^{-1}]^{x4}[ML^{-3}]^{x5}[MLT^{-3}\Theta^{-1}]^{x6}$$
$$[L^2T^{-2}\Theta^{-1}]^{x7}[\Theta]^{x8}[LT^{-1}]^{x9}[ML^{-1}T^{-1}]^{x10}[ML^{-1}T^{-2}]^{x11}[L^2]^{x12}[L]^{x13}$$
$$[L]^{x14}[L]^{x15}[\Theta]^{x16}[L]^{x17}[\Theta]^{x18}[\Theta]^{x19}[L^2T^{-1}]^{x20}[L^2T^{-1}]^{x21}[L^2T^{-1}]^{x22}$$

$$[T]^{x23}[L^3T^{-1}]^{x24}[L]^{x25}[MT^{-2}L^{-1}]^{x26} \tag{3-3}$$

根据因次齐次原则[167-168]得到物理量指数间的联立方程，求解、整理后得到模型试验相关的相似准则，见表 3-2。

表 3-2 模型试验中的相似准则

相似准则	π_1	π_2	π_3	π_4	π_5	π_6	π_7	π_8
表达式	$\frac{D_b V_y \rho_y}{u_b}$	$\frac{D_b h_b}{\lambda_b}$	$\frac{u_b C_b}{\lambda_b}$	$\frac{V_y^2}{C_b T_y}$	$\frac{E}{S}$	$\frac{V_n}{V_y}$	$\frac{u_w}{u_b}$	$\frac{\Delta P}{\rho_y V_y^2}$
相似准则	π_9	π_{10}	π_{11}	π_{12}	π_{13}	π_{14}	π_{15}	π_{16}
表达式	$\frac{K}{D_b^2}$	$\frac{\Delta l}{D_b}$	$\frac{X}{D_b}$	$\frac{Y}{D_b}$	$\frac{T}{T_y}$	$\frac{S}{D_b}$	$\frac{T}{T_\infty}$	$\frac{T}{T_b}$
相似准则	π_{17}	π_{18}	π_{19}	π_{20}	π_{21}	π_{22}		
表达式	$\frac{\partial_{su}\tau}{S^2}$	$\frac{\partial_{sf}\tau}{S^2}$	$\frac{\partial_w\tau}{S^2}$	$\frac{V_n\tau}{S}$	$\frac{Q}{S^2V_n}$	$\frac{q}{C_b T_y}$		

其中，π_1、π_2、π_3、π_4、π_6、π_7、π_8、π_9、π_{10}、π_{11}、π_{12}、π_{13}、π_{14}、π_{15}、π_{16}、π_{21}、π_{22}（共 17 个）为定性准则，π_5、π_{17}、π_{18}、π_{19}、π_{20}（共 5 个）为非定性准则。

3.1.2 相似比确定

（1）几何相似比

在相似模型试验中，几何相似比越大，模型试验对真实工况的还原度越高，但会造成试验工作量增加、实施难度增大、花费增加等问题。而几何相似比越小，模型所占空间越小，但是对试验操作的要求越高，并且模拟试验结果容易失真。综合考虑试验条件、模型结果精度、模型加工工艺等因素，最终选取几何相似比 $C_l=1/3$。

根据相似准则 π_5、π_{10}、π_{11}、π_{12}、π_{14}，得到冻结孔布置间距、冻结壁厚度、冻结温度场坐标等几何缩比均为 1/3。

（2）地层温度相似比

模型和原型的单值条件相似，由相似准则 π_{13}、π_{15} 以及 π_{16} 可以得到 $C_T=C_{T_y}=C_{T_\infty}=C_{T_b}=1$，即模型温度和原型温度相等。

（3）时间相似比

根据相似准则 $\pi_{17}=a_{su}\tau/S^2$、$\pi_{18}=a_{sf}\tau/S^2$、$\pi_{19}=a_w\tau/S^2$，得到时间相似比 $C_\tau=C_l^2=1/9$，即试验冻结 1 h 相当于工程中冻结 9 h。

（4）流体相似比

根据相似准则 $\pi_{20}=(v_n\tau)/S$，得到模拟渗流速度相似比 $C_{v_n}=3$，即试验中 3 m/d 的流速对应工程中 1 m/d 的流速。

根据相似准则 $\pi_{21}=Q/(S^2v_n)$，得到模拟低温冷媒（酒精）流量相似比 $C_Q=1/3$，试验中低温冷媒（酒精）流量 1 m^3/h 相当于工程中 3 m^3/h 的流量。

3.1.3 试验系统

整个试验系统由多孔介质试验区、冻结系统、渗流场模拟系统、数据采集系统组成。试验系统的设计图如图 3-1 所示。

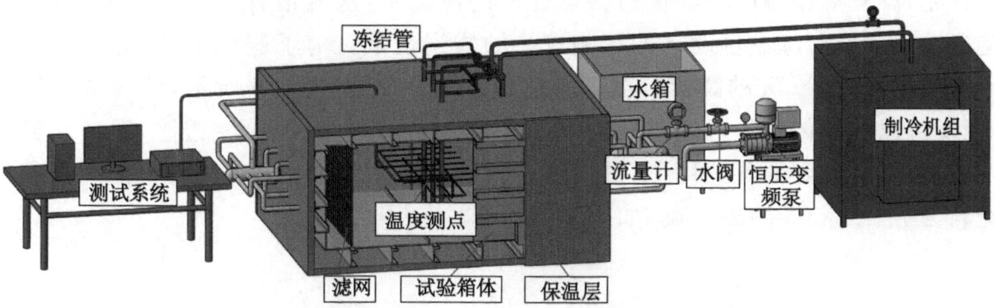

图 3-1 试验系统 3D 图

试验箱体的尺寸为 2 500 mm×2 000 mm×1 000 mm，箱体两端各安装 8 个规格为 ϕ40 mm×2 mm 的钢管，分别作为进水管和出水管。箱体沿着长度方向被两道 100 目的滤网分成 3 个部分，中间部分为主体实验室，其长度为 2 000 mm，该部分用来容纳多孔介质；在箱体的两端各设置一段长度为 250 mm 的缓冲室，缓冲室内填满石子，从水管中流出的水流会通过缓冲层的缝隙流向中间区域的多孔介质，从而保证水流能够沿着箱体截面均匀地进入中间的主体试验区。

在多孔介质与箱体边界的接触面上会形成“边界效应”，并且随着试验次数的增加，多孔介质可能会与箱体上盖之间形成缝隙，水流会向阻力小的方向流动，最终导致多孔介质中的渗流速度与试验的设计值存在较大偏差，为了消除该效应对渗流场带来的影响，在箱体的底面、侧面以及盖板上设置直径为 25 mm 的阻水条(底板及上盖各设置 2 根、两个侧面各设置 3 根)，防止水流沿着箱体边界流动，如图 3-2 所示。

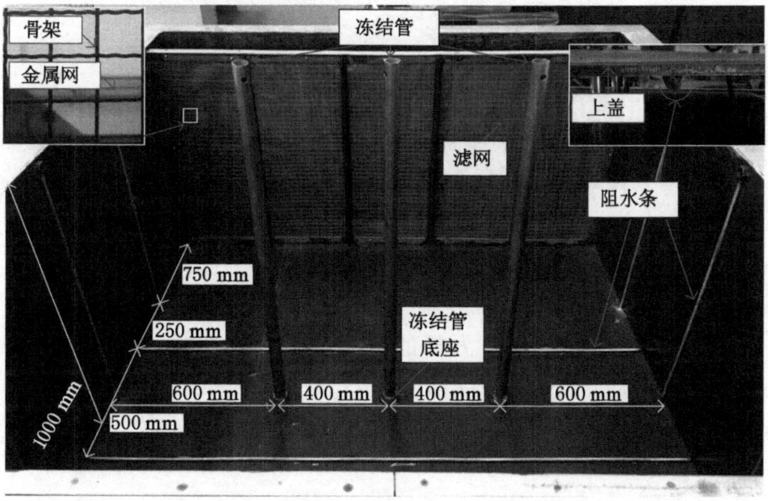

图 3-2 试验箱体内部空间示意图

在本书绪论部分，通过对比已有的研究成果可以发现：试验中设定的流速差别较大(最大流速达到 119.52 m/d，而最小流速仅为 0.24 m/d)，因此最终得出的流速对冻结温度场的影响规律存在较大的差距。其主要原因是多孔介质的选择存在较大差异，在多孔介质的渗透性较差、没有对箱体的边界进行特殊处理的情况下，水流很有可能会沿着边界流动，因此会造成渗流速度对冻结温度场的影响较小的错误现象。为了避免上述现象，本次试验选用粒径为(1±0.15) mm 的圆粒石英砂来模拟多孔介质，如图 3-3 所示，该种类的砂粒径均匀，经压实可以在箱体中形成均匀孔隙率的多孔介质，具有较好的渗透性，同时该类砂的石英含量较高，具有较好的导热性能，其热物理参数见表 2-1、表 2-2。试验箱体两端缓冲室的填充材料为 7～12 mm 的碎石英，如图 3-4 所示。

图 3-3　用来模拟多孔介质的均粒砂

图 3-4　缓冲层石子

低温冷媒选用纯度为 97%的工业乙醇(冰点为－110 ℃，沸点为 78 ℃)。冻结管采用套管的形式，其中外管的直径为 42 mm，内管的直径为 20 mm。在试验过程中，冻结机组将酒精降低至设定温度，通过水泵将低温酒精泵送至每根冻结管中，结合耐低温流量计的读数，通过调节球形阀实现对低温冷媒流量的精确控制，通过多次循环实现与周围多孔介质热量交换，直至试验结束。

渗流模拟系统由恒压变频泵、流量计、灵敏球形阀、恒温水箱、水管管路组成。恒压变频泵能够以稳定的压力输出，通过调节灵敏水阀和结合流量计的读数实现对水流量的精确控制，进而实现对渗流速度的控制。在试验过程中，水流通过水泵被泵送至试验箱体的进水口，再流经进口缓冲层、多孔介质砂层(大流速渗透地层)、出口缓冲层后，通过出水口流出，经回水管路流回水箱，整个循环过程中水温保持不变。渗流模拟系统如图 3-5 所示。

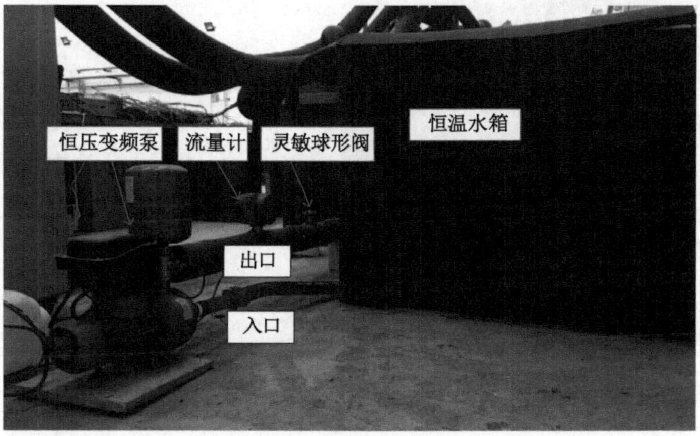

图 3-5 渗流模拟系统

为了全面监测整个冻结区域的温度发展规律，同时为了防止测点布置过于密集而给渗流场带来不利影响，分别在箱体高度方向的 500 mm 位置以及 400 mm 位置处设置主测试平面和辅助测试平面，其中主测试平面包括 A～G 共计 7 条轴线，每个轴线上布置 13 个测点，测点间距为 50 mm，轴线之间的间距为 200 mm，辅助测试平面包括 H～J 共计 3 条轴线，每个轴线上布置 27 个测点，测点的间距为 50 mm，轴线的间距为 150 mm，上述 172 个测点可以覆盖整个冻结区域，测点的布置如图 3-6 所示。除此之外，分别设置水温检测点 1 个、环境温度检测点 1 个以及冻结干管的进液口和回液口测温点各 1 个。系统包括 TDS-630 主机箱和 3 个测点拓展箱，共计 180 个测试通道，整个测试系统可以实现自动采集，采集的频率为5 min/次。

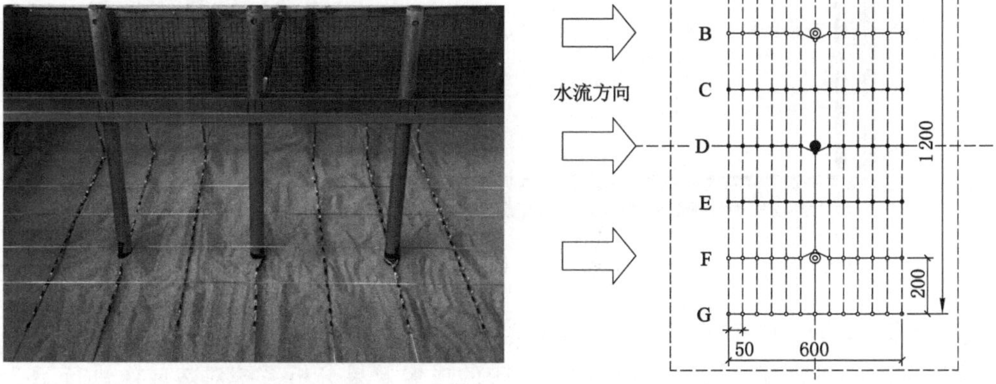

(a) 主测试面

图 3-6 温度测点布置示意图

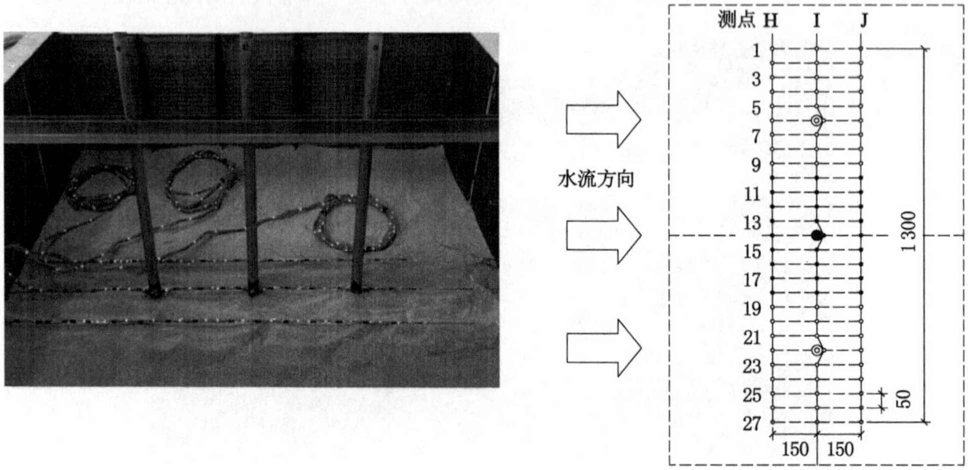

(b) 辅助测试面

图 3-6 （续）

为了防止环境温度对冻结过程产生干扰，对箱体外表面和冻结管路进行保温处理：紧贴箱体外表面布置一层 30 mm 的橡塑保温板，随后采用 40 mm 的聚氨酯保温板将整个箱体包裹在其中，接缝处用氯丁胶紧密黏合，外露的冻结管和冻结干管表面包裹一层 30 mm 的橡塑保温层。保温层的布置如图 3-7 所示。

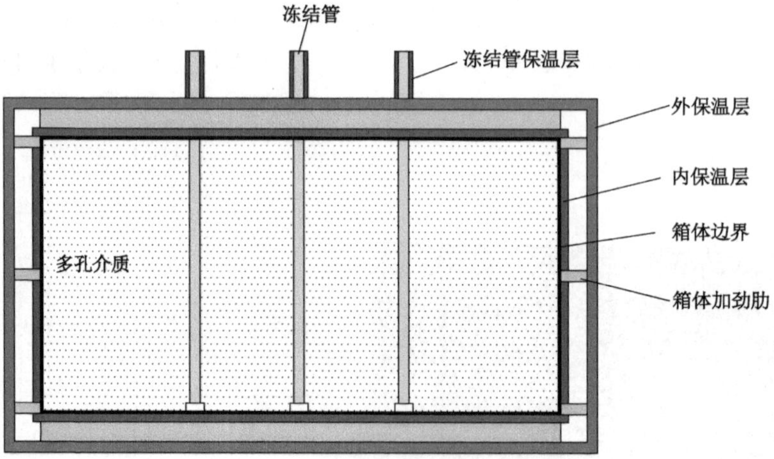

图 3-7 箱体表面保温层

为了验证箱体外表面的保温效果，通过红外热成像仪对冻结试验中箱体外表面的温度进行感应，如图 3-8 所示，采用红外成像仪自带的成像效果分析系统对热成像进行了 3 条线分析（L01～L03），以及 5 个点分析（P01～P05），分析结果见表 3-3。由分析结果可知：箱体保温板外表面的温度分布比较均匀，且接近室内温度的实时测试结果，由此可以说明箱体外表面的保温板隔绝了箱体内部与外界环境之间的热交换，因此外界环境温度不会对本试验结果产生不利影响。

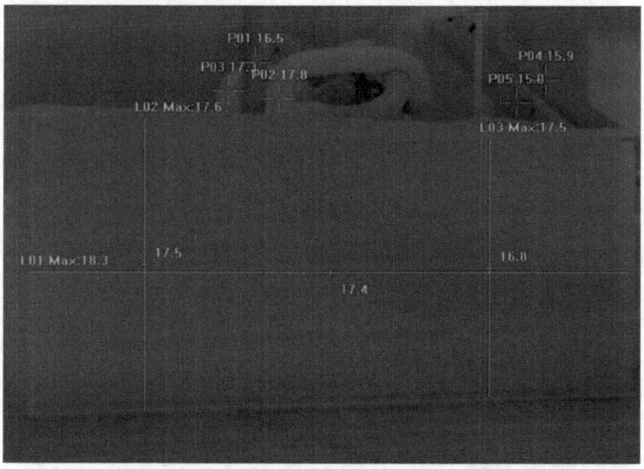

图 3-8　箱体表面红外成像效果图

表 3-3　红外成像分析结果

分析方法	点分析					线分析		
编号	P01	P02	P03	P04	P05	L01	L02	L03
位置	G1	G2	G3	进液管	回液管	长度方向	宽度方向	高度方向
温度/℃	17.3	16.5	17.8	15.0	15.9	$T_{max}=18.3$	$T_{max}=17.6$	$T_{max}=17.5$
						$T_{ave}=17.4$	$T_{ave}=17.5$	$T_{ave}=16.8$
环境温度/℃	18.0							

注：表中室内温度是温度计的测试结果；T_{max}为线分析中的最低温度，T_{ave}为线分析中的平均温度。

安装完成的试验系统如图 3-9 所示。

图 3-9　试验系统整体布置图

3.1.4　试验控制参数

（1）渗流系统的控制参数

试验中两个监测平面都是水平的，并且砂层的均匀性较好，因此可以认为水流是沿着水平方向均匀流动的，根据达西定律可得：

$$v = \frac{K_{(T)}}{\mu_w}\left(\frac{\Delta P}{\Delta L}\right) \tag{3-4}$$

式中，v 为渗流速度；$K_{(T)}$ 为砂层的渗透率，其数值与砂层自身的结构和温度有关；μ_w 为水的黏度系数；ΔP 为渗流水压力；ΔL 为水力路径。

工程中常使用地下水流速 V 来对描述水流速度的大小，其物理意义是单位时间内流过孔隙的水流量，v 与 V 的关系式如下：

$$v = nV \tag{3-5}$$

式中，n 为多孔介质的孔隙率。

由式(3-5)可知：v 的数值远小于 V。本研究模型试验所述的流速均指渗流速度 v。

在本次试验中，恒压变频泵能够以设定的压力值稳定输出，因此可以通过调整与水泵相连的灵敏球形阀结合流量计的读数来实现对水流量的控制，进而实现对渗流速度的精确控制。试验中流量与渗流速度的对应关系见表 3-4。

表 3-4　渗流速度与控制水流量的关系

	渗流速度	控制水流量	水温
1	0	0	
2	3 m/d	0.25 m^3/h	15 ℃
3	6 m/d	0.50 m^3/h	15 ℃
4	9 m/d	0.75 m^3/h	15 ℃

在试验过程中，对水温的变化规律进行了监测，监测结果如图 3-10 所示。由图 3-10 可知：在试验过程中，水温在 15 ℃上下波动，整体温度略有下降，水温的波动对试验结果的影响较小。

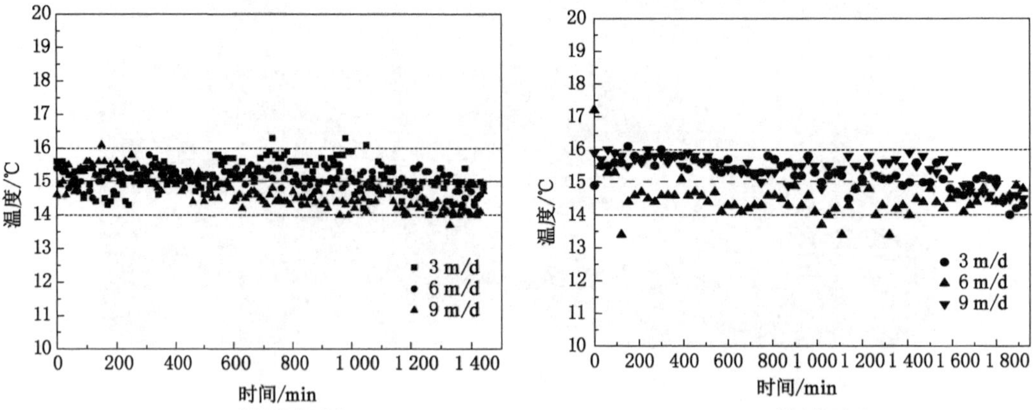

(a) 单管冻结试验　(b) 三管冻结试验

图 3-10　试验中水温的实时监测结果

(2) 冻结系统的控制参数

在试验中，以冻结管进液管的管壁温度为主要参考依据，该处的温度控制在－30 ℃。为了达到该温度，考虑管路中冷量的损失，将制冷机组的酒精温度设定为－32 ℃，单管试验中酒精的流量控制为 2.5 m^3/h，三管试验中酒精的流量控制为 7.5 m^3/h。

3.2　渗流场作用下单管冻结温度场时空演化机理

3.2.1　单管冻结温度场随时间的变化规律

由图 3-6 可知：D 轴线与箱体长度方向的中轴线重合，该轴线上布置有 13 个测点，且上述测点关于冻结管对称分布，测点的间距为 50 mm。不同流速地下水作用下，D 轴线上的测点的温度随时间的变化规律如图 3-11 所示。

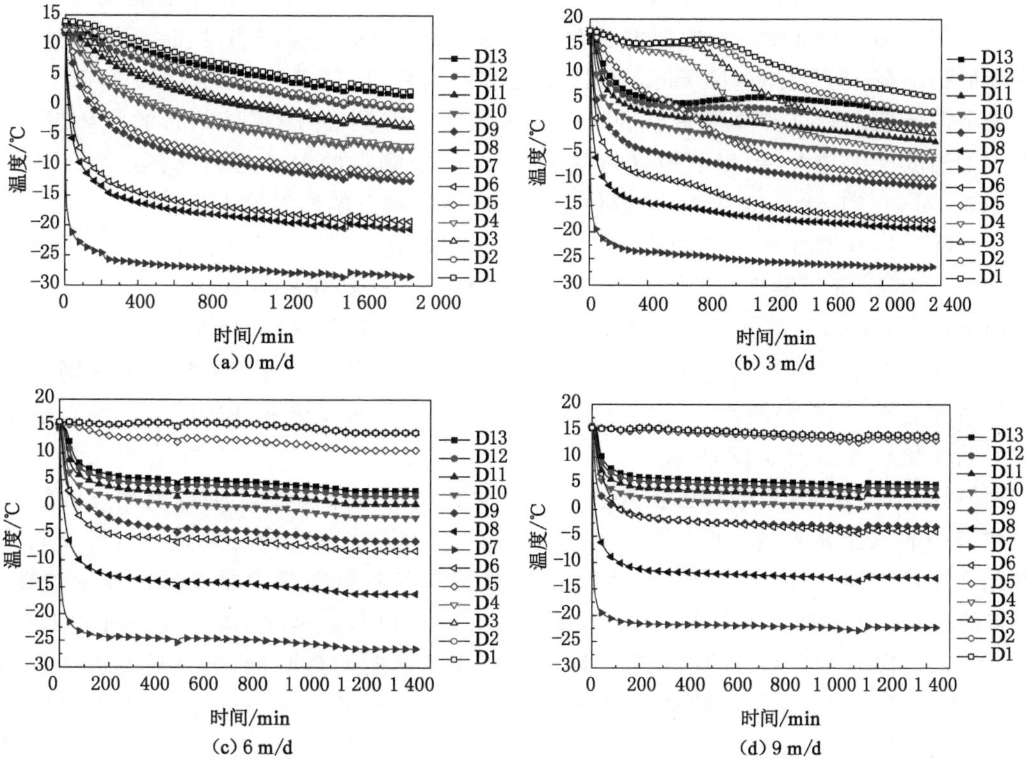

图 3-11　D 轴线测点温度的变化规律

由图 3-11(a)可知：饱和多孔介质在无流动的地下水作用下，测点的温降速率随着与冻结管的距离的增加而减小；位于冻结管上游和下游对称位置的测点的温度发展规律基本一致；进入稳定冻结阶段之后，相邻测点间的温度的差值随着与冻结管距离的增大而逐渐减小，其中 D7 与 D8 的温差为 8.0 ℃，而 D12 与 D13 的温差仅为 2.3 ℃。由图 3-11(b)可知：当 v＝3 m/d 时，位于冻结管上游位置的测点与位于冻结管下游位置的测点的温度随时间的变化规律具有明显的差异性，其中，位于冻结管下游位置的 D8～D13 测点的温度的变化规律与无流速时较为接近，在经历了初始阶段的快速温降之后，温降速率逐渐降低，并最终进入稳定冻结阶段；位于冻结管上游位置且距离冻结管较近的测点(D5、D6)在冻结初期的温降速率明显低于对称测点 D8 和 D9 的温降速率，但是上述 2 个测点在比较长的一段时间内始终保持较高的温降速率，在进入稳定冻结阶段之后，D5、D6 测点与对称测点 D8、D9 的温度大致相等；距离冻结管较远的 D1-4 测点的温度在冻结初期的降低速率较低，随后进入相对稳定阶段，在该阶段冻结管传递的冷量与水流的对流传热作用相互抵消，因此测点的温度没有发生明显变化，随着冻结时间的持续增加，冻结区域的范围逐渐扩大，D5、D6 测点的温度逐渐降至 0 ℃以下，水流与冻结柱状体的对流传热的热边界层进一步向外扩展，在形成封闭的冻结柱状体之后，多孔介质内部不再受到水流的影响，对外已经形成一个稳定的冷源，此时 D4、D3、D2、D1 先后进入快速温降阶段，在温度下降至一定的值之后进入稳定冻结阶段。在进入稳定冻结阶段之后距离冻结管较远的 D1、D2 测点的温度高于下游的对称测点 D13、D12，其他位于对称位置的测点的最终温度都比较接近。由图 3-11(c)可知：当 v=6 m/d 时，水流的对流传热作用更剧烈，冻结管对上游区域的影响范围明显减小，主要体现在上游位置的 D1～D4 测点的温度没有发生明显变化，D5 测点的温度在经历了较短时间的降温后稳定在 13 ℃左右，位于冻结管上游的测点只有 D6 测点的温度达到0 ℃以下；位于冻结管下游区域的测点的温度明显低于上游区域的对称测点，距离冻结管的距离越近，相邻测点的温度梯度越大，位于下游区域的 D8、D9 两个测点的温度可以达到0 ℃以下。由图 3-11(d)可知：当 v=9 m/d 时，上游位置的 D1～D5 测点的温度没有发生变化，下游区域的 D10～D13 测点的温度仅在冻结的初始阶段有所降低，上游位置仅有 D6 一个测点的温度达到 0 ℃以下，而下游区域的 D8、D9 测点的温度可以达到 0 ℃以下。

由测点布置图 3-6 可知：I 轴线与 3 根冻结管的连线重合，在单管冻结试验过程中，仅 I10～I18 共计 9 个测点的温度发生变化，因此只对上述 9 个测点进行分析。上述测点关于冻结管对称分布，测点的间距为 50 mm。不同流速的地下水作用下，I 轴线上的测点的温度随时间的变化规律如图 3-12 所示。

由图 3-12(a)可知：当饱和多孔介质中无流动的地下水作用时，I 轴线上测点的温度变化规律与 D 轴线上测点的温度变化规律基本一致，即沿着水流方向与垂直于水流方向的温度变化规律是相同的，位于冻结管两侧对称位置的测点的温度变化曲线吻合程度较高，说明测点的布置较为准确。由图 3-12(b)可知：当 v=3 m/d 时，距离冻结管 200 mm 和 150 mm 处的 I10(I18)以及 I11(I17)的初始的温降速率较无流速时明显降低，但是随着冻结时间的增加，在冻结管周围的冻结柱状体的体积扩展到一定范围时，上述几个测点进入快速温降阶段，最终在进入稳定冻结阶段时，I10(I18)以及 I11(I17)的测点的温度与无流速状态时的温度大致相同。结合 D 轴线的温度随时间的变化规律的分析结果可知：当渗流速度为 3 m/d 时，冻结范围仍然可以发展至与无流速状态时较为接近的水平，但是冻结的速率降低。由图 3-12(c)可知：当 v=6 m/d 时，距离冻结管 200 mm、150 mm 处的 I10(I18)以及 I11(I17)的温度没有发生明显变化，I11(I17)的温度曲线整体略低于 I10(I18)的温度变化曲线，表明冻结管仍然能够对 150 mm 处的测点产生一定的影响，但是影响比较微弱；距离冻结管 100 mm 处的 I13(I15)测点的温度最终稳定在 5 ℃左右，整个轴线上除了管壁处的测点 I14 之外，仅有距离冻结管 50 mm 处的 I13(I15)测点的温度可以发展至 0 ℃以下，该测点的温度最终稳定在－12.5 ℃。由图 3-12(d)可知：当 v=9 m/d 时，距离冻结管 200 mm、150 mm 处的 I10(I18)以及 I11(I17)的温度变化曲线重合，表明冻结管已经无法对 150 mm

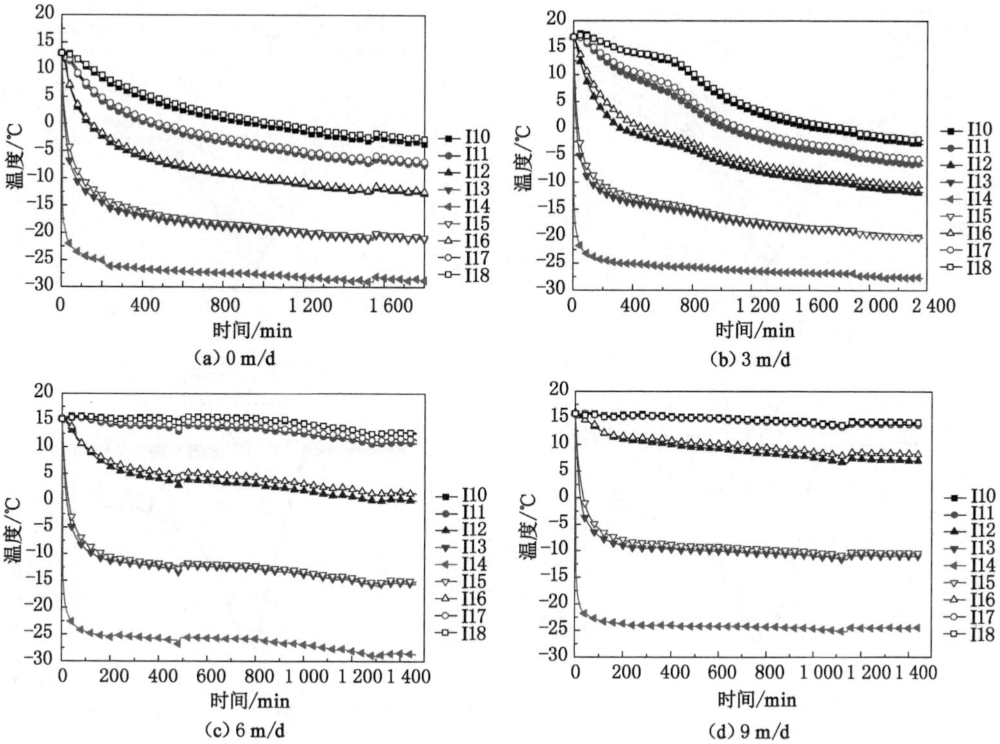

图 3-12　I 轴线测点温度的变化规律

以外区域产生影响,距离冻结管 100 mm 处的 I13(I15)测点的温度最终稳定在 10 ℃左右,整个轴线上除了管壁处的测点 I14 之外,仅有距离冻结管 50 mm 处的 I13(I15)测点的温度可以发展至 0 ℃以下,该测点的温度最终稳定在−8.5 ℃。

3.2.2　单管冻结温度场空间分布规律

将 D 轴线上的各个测点(D1～D13)的温度的空间分布规律绘制成曲线,如图 3-13 所示。

由图 3-13 可知:当饱和多孔介质中无流动的地下水作用时,对应同一时刻,位于 D 轴线上对称位置的测点的温度基本相等,表明测点布置的位置比较准确,砂层比较均匀,冻结后期相邻两条曲线之间的间距逐渐减小,说明在冻结后期进入相对稳定阶段后冻结温度场的扩展速度变慢。当 $v=3$ m/d 时,位于下游区域的测点的温度低于上游区域的测点,说明水流的对流传热作用改变了冻结区域的冷量的空间分布,水流在流经上游区域时被冷却,在流至下游区域时水流与多孔介质之间的温差变小,对流传热作用变弱,因此在冻结前期下游区域的测点的温降速率较大,随着冻结时间的增加,下游区域逐渐进入冻结稳定阶段,冻结范围不再发生变化,而上游区域的测点的温度则持续降低,在冻结后期上游区域的测点的温度逐渐接近下游对称测点的温度,但是整体温度仍大于下游区域。当 $v=6$ m/d 时,上游区域 D1～D4 测点的温度维持在 15 ℃左右,表明在该流速条件下,冻结管无法对上游 150 mm 之外的区域产生影响,下游区域的测点的温度随着与冻结管距离的减小而逐渐降

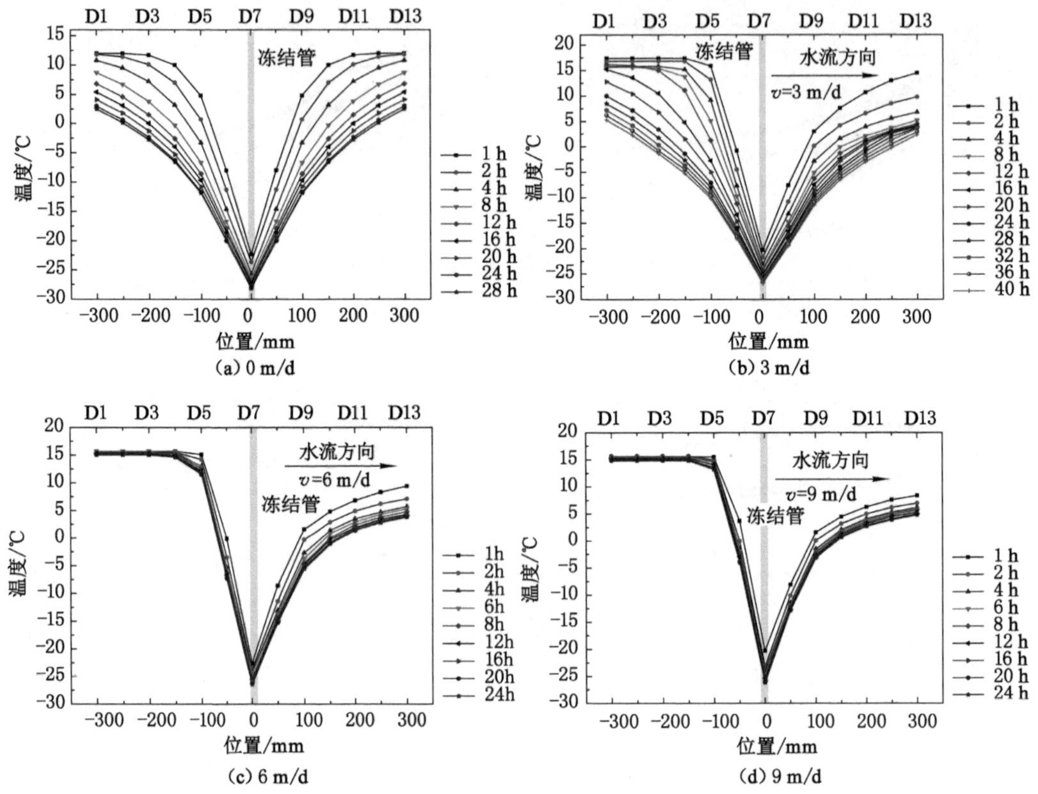

图 3-13　D 轴线测点温度的空间分布规律

低，且距冻结管越近温度梯度越大，不同时刻的温度空间分布曲线的上游部分几乎是重合的，而下游部分的曲线则呈现逐渐降低的变化规律，表明在该流速条件下，上游区域的温度在 4 h 后不再发生变化，而下游区域的温度持续降低，冻结时间为 20 h 以及 24 h 的两条曲线重合，表明已经进入冻结温度阶段，冻结温度场不再发生变化。当 $v=9$ m/d 时，在冻结初始阶段，位于冻结管上游区域的 D1～D5 测点的温度大致相等，在冻结后期 D5 测点的温度略有下降，表明在该流速条件下，冻结管对上游 100 mm 以外的区域的影响已经比较微弱；下游区域的测点的温度随着与冻结管距离的减小而逐渐降低，且距离冻结管距离越近温度梯度越大；16 h、20 h、24 h 3 条温度曲线重合，表明在冻结 16 h 之后温度场不再变化。

将 I 轴线上的测点(I8～I20)的温度的空间分布规律绘制成曲线，其中每条曲线的时间间隔为 4 h，如图 3-14 所示。

由图 3-14 可知：I 轴线上位于冻结管两侧对称位置的测点的温度较为接近，由此说明 I 轴线上的测点布置准确，砂层的均匀性较好，并且模拟渗流场的效果较好。

当饱和多孔介质中无渗流场作用时，I 轴线上的温度分布曲线由冻结管位置向两侧的斜率逐渐减小，说明相邻测点之间的温度梯度随着测点与冻结管之间的间距的增大而逐渐减小。随着冻结时间的增加，I 轴线上的温度曲线整体降低，相邻曲线上同一个测点之间的温差随着时间的增加而逐渐减小，说明测点的温降速率随着冻结时间的增加而逐渐降低，

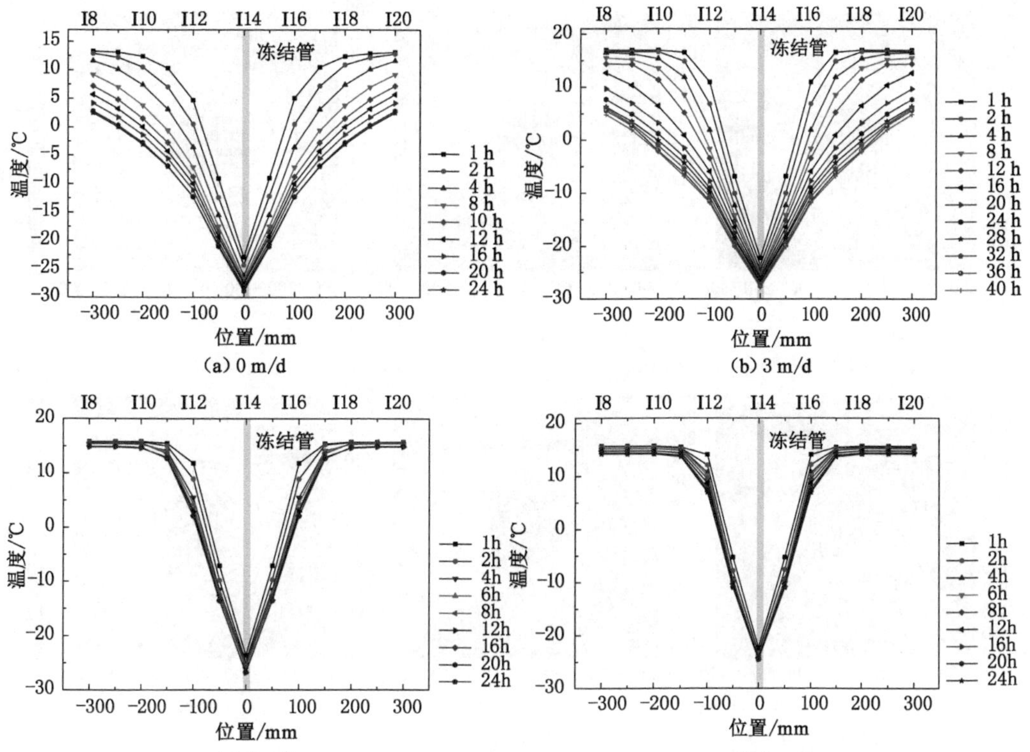

(a) 0 m/d (b) 3 m/d (c) 6 m/d (d) 9 m/d

图 3-14 I 轴线测点温度空间分布规律

24 h 的温度曲线与 28 h 的温度曲线大致是重合的，表明已经进入稳定冻结阶段，在该阶段测点的温度以及冻结锋面所在的位置不再发生变化。当 v=3 m/d 时，I 轴线上温度分布曲线与无流速时较为接近，但是冻结 4 h 以及 8 h 时的温度曲线上远离冻结管的测点 I8(I20) 与相邻测点 I9(I19)之间的温度梯度为 0，并且测点的温度维持在初始温度，没有发生变化，说明水流与多孔介质之间的对流传热作用将冻结管传递至该位置的冷量抵消。随着冻结时间的增加，I 轴线的温度曲线逐渐降低，温度曲线的形状与无渗流场作用时较为接近，但是整体的温度较高，表明 3 m/d 的渗流速度会降低冻结区域的温降速率，但不会对最终的冻结效果产生显著影响。当 v=6 m/d 以及 v=9 m/d 时，冻结 4 h 后的温度分布曲线的差别较小，并且距离冻结管较远的测点温度梯度为 0，说明在较大流速的地下水作用下，冻结区域的扩展范围缩小，冻结温度场的发展很快进入相对稳定阶段。

结合主测试平面和辅助测试平面的测试数据，基于 surfer 软件中的克里金插值法，将不同渗流条件下单根冻结管形成的冻结温度场绘制成等温线，如图 3-15 所示。

由图 3-15 可知：饱和多孔介质中无渗流场作用时，冻结温度场以冻结管为中心向周围扩散，等温线接近圆形，越靠近冻结管，温度梯度越大。当 v=3 m/d 时，0 ℃等温线的形状接近椭圆形，冻结锋面向冻结管的下游扩展的范围大于上游区域，且整个冻结温度场的下游区域的温度明显低于上游区域。造成该现象的主要原因：冻结管向上游区域传导的冷量被水流的对流传热作用抵消，来自上游的水流被冷却后在流经下游区域时与多孔介质之间

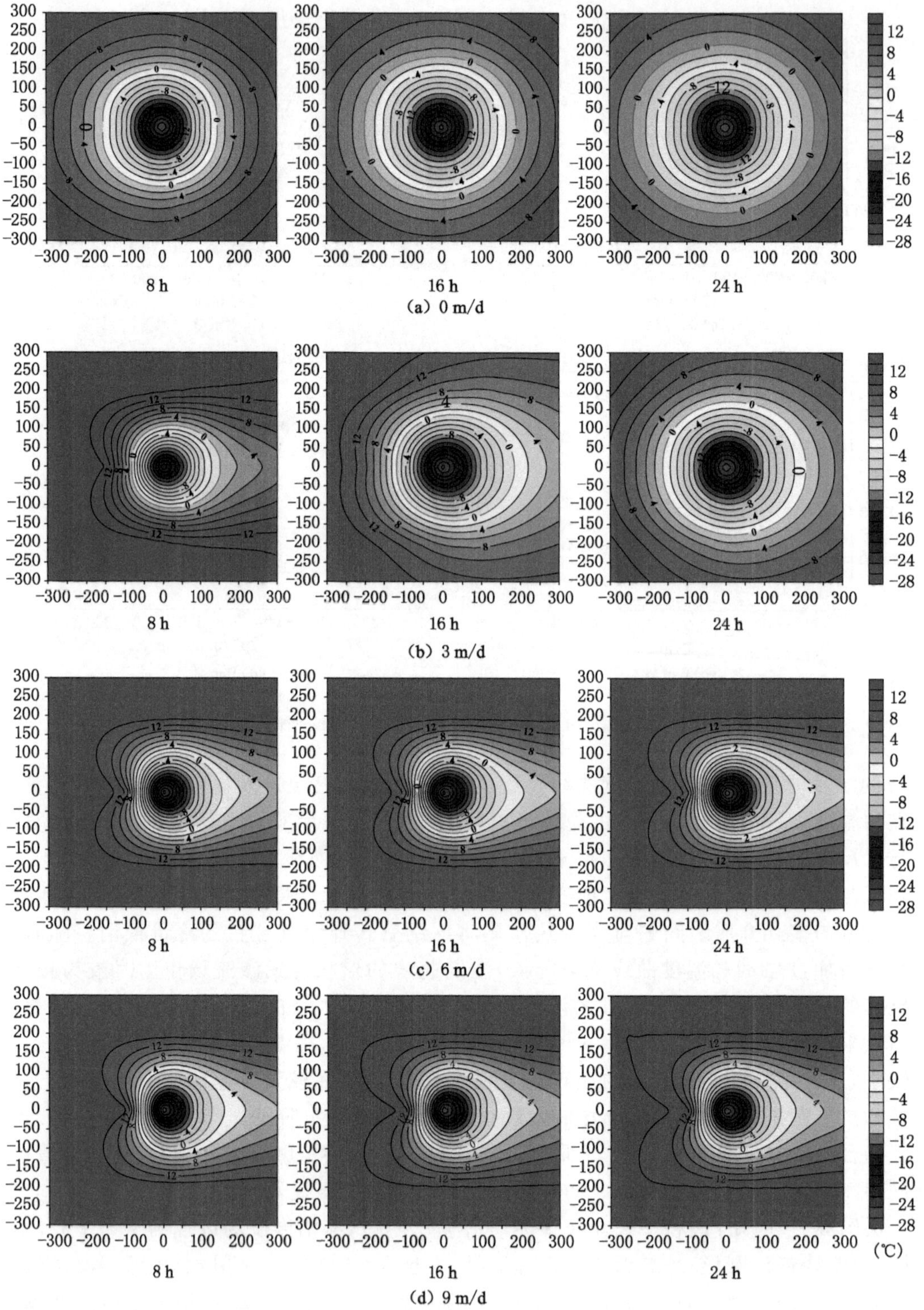

图 3-15　单管冻结温度场分布规律

的对流传热作用变弱，且水流对下游区域没有正面的冲击作用，因此位于冻结管的下游区域的冻结效率高于上游区域。需要指出的是，虽然下游区域的冻结效率较高，但是渗流场的存在降低了整个冻结温度场的冻结效率，因此当多孔介质中存在渗流场作用时，位于冻结管上游的冻结区域以及下游的冻结区域的范围都明显小于无渗流场作用下的多孔介质。当 v=6 m/d 时，水流与多孔介质之间的对流传热作用更加强烈，此时 0 ℃等温线的形状接近“心形线”，在下游区域沿着水流方向存在一个明显的“尖角”，与 3 m/d 的渗流场作用下形成冻结温度场相比，0 ℃等温线所包含的范围进一步减小，随着冻结时间的增加，冻结区域的尖角逐渐向下游区域延伸，而冻结区域向上游和两侧的扩展速度较慢。当多孔介质中的渗流速度达到 9 m/d 时，冻结温度场的发展速率进一步降低，0 ℃等温线下游区域的尖角消失。

对冻结区域向上游、下游以及两侧扩展的范围进行比较，如图 3-16 所示。结合图 3-16 和表 3-5 对冻结锋面的扩展范围受渗流速度的影响规律分析发现：渗流场的存在导致冻结锋面的扩展范围变小，其中冻结锋面向下游的扩展范围受到渗流速度的影响较小，向上游的扩展范围受到渗流速度的影响较大，在冻结时间为 24 h 时 3 m/d 的渗流速度作用下 R_u、R_s、R_d 较无流速时分别降低了 34.87%、25.76%、13.87%，6 m/d 的渗流速度作用下 R_u、R_s、R_d 较无流速时分别降低了 69.75%、51.97%、14.71%，9 m/d 的渗流速度作用下 R_u、R_s、R_d 较无流速时分别降低了 76.89%、55.89%、39.07%。R_s 随流速的变化规律是大流速渗透地层中冻结管设置间距的重要参考依据，由图 3-16(d)可知：当无渗流场时，R_s 与时间的变化曲线的斜率逐渐降低，表明 R_s 的增加速率随着时间的增加逐渐变小，当冻结时间达到 28 h 时，R_s 与时间的变化曲线的斜率趋近 0，表明 R_s 不再增大，此时 R_s 为 236 mm；当 v=3 m/d 时，R_s 在前 4 h 的发展速率明显低于无渗流场作用时，随后 R_s 保持较高的增长速率至 36 h，此时 R_s 达到最大值 199 mm；当 v=6 m/d 以及 v=9 m/d 时，R_s 在 0～8 h 呈上升趋势，随后 R_s 随时间的变化曲线逐渐趋于平缓，当冻结时间为24 h，v=6 m/d 以及 v=9 m/d 对应的 R_s 分别是 110 mm 和 101 mm。通过对比发现：在距离冻结管 100 mm 范围内，热传导作用远大于对流传热作用，因此随着渗流速度的增大，该范围内冻结区域的扩展速率没有出现明显减小的趋势。

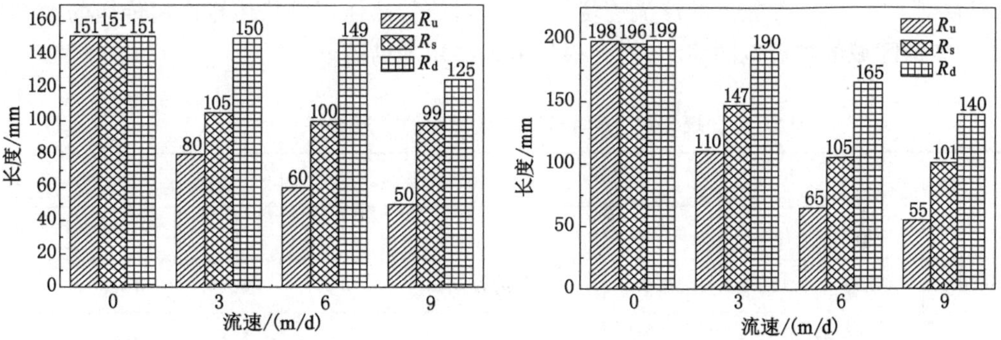

(a) 冻结8 h　　(b) 冻结16 h

图 3-16　冻结温度场向各个方向的扩展范围对比

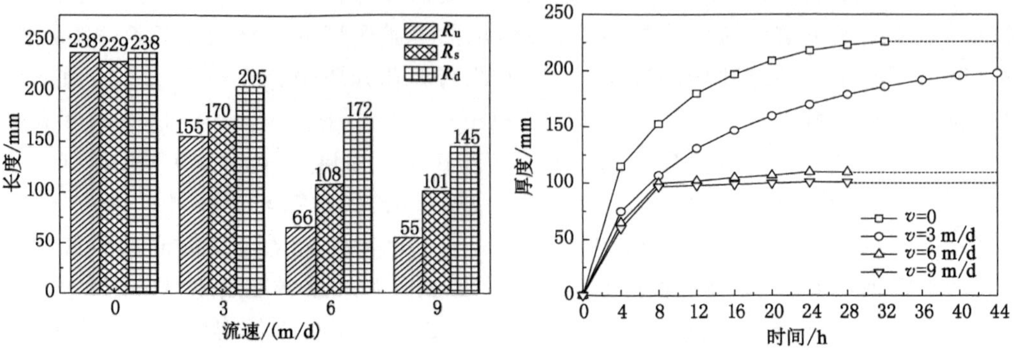

(c) 冻结24 h

(d) R_d随温度的变化规律

图 3-16 (续)

表 3-5　不同渗流速度作用下冻结锋面扩展范围的减小比例

渗流速度	8 h			16 h			24 h		
	R_u	R_s	R_d	R_u	R_s	R_d	R_u	R_s	R_d
0 m/d	0	0	0	0	0	0	0	0	0
3 m/d	47.02%	30.46%	0.67%	44.44%	25.0%	4.52%	34.87%	25.76%	13.87%
6 m/d	60.26%	33.77%	1.31%	67.17%	46.43%	17.07%	72.27%	52.83%	27.73%
9 m/d	66.89%	34.44%	17.22%	72.22%	48.47%	29.65%	76.89%	55.89%	39.07%

不同渗流速度作用下，冻结区域向各个方向的扩展速率见表 3-6。当无渗流场作用时，R_u、R_s、R_d 的增长速率较接近，随着冻结时间的增加，三个方向的增长速率都呈现下降趋势；当 v=3 m/d 时，R_s、R_d 的增长速率随着冻结时间的增加而降低，而 R_u 在 16～24 h 时间段内的增长速率较前一阶段升高，结合图 3-11(b)进行分析发现该阶段与上游区域的冻结温度场的第二次快速温降阶段相对应；当 v=6 m/d 和 v=9 m/d 时，在 0～8 h 时间段内，冻结范围的增长速率较高，但是 R_u 的增长速度明显低于 R_s 和 R_d，在 8 h 以后，各个方向的增长速率都急剧下降，说明在较大的渗流速度作用下，对流传热作用将热传导作用传递的大部分冷量抵消，冻结区域的扩展范围缩小，因此很快进入稳定冻结阶段。

表 3-6　不同时期冻结锋面的扩展速率　　单位：mm/h

渗流速度	0～8 h			8～16 h			16～24 h		
	R_u	R_s	R_d	R_u	R_s	R_d	R_u	R_s	R_d
0 m/d	18.88	18.88	18.88	5.88	5.63	6.00	5.00	4.13	4.90
3 m/d	10.00	13.13	18.75	3.75	5.25	5.00	5.63	2.88	1.88
6 m/d	7.50	12.50	18.63	0.63	0.63	2.00	0.13	0.25	0.88
9 m/d	6.25	12.38	15.63	0.63	0.25	1.88	0	0	0.63

3.3　渗流场作用下三管冻结温度场形成机理

3.3.1　冻结壁交圈时间随渗流速度的变化规律

在无渗流地层的冻结过程中，未冻水不断向冻结锋面迁移，大量的未冻水聚集在两个冻结锋面之间，当两个冻结锋面即将相交的时候，该部分未冻水将会释放大量的相变潜热，冻结锋面吸收该部分热量需要持续一段时间，因此该区域的温度将会稳定在 0 ℃不变，相变潜热释放结束后，温度曲线会降低至冰点以下，此时该处的冻结壁已经交圈；当地层中存在渗流时，两个冻结锋面之间的区域不仅受到水的相变潜热，还受到水流的对流传热作用，因此冻结管的热传导作用被进一步削弱，从而延长了冻结壁的交圈时间。

本试验中，C、E 轴线位于相邻冻结管的中间位置，因此 C、E 轴线上的测点温度的变化曲线是判断测点所在位置冻结壁是否交圈的主要依据。将不同渗流速度作用下相邻冻结管中间轴线上测点的温度随时间的变化规律绘制成曲线，如图 3-17 所示。由第 2 章中低温饱和多孔介质的低场核磁共振试验可知模型试验中多孔介质的冰点温度为－0.5 ℃，因此当测点的温度低于－0.5 ℃时，则认为测点所在位置已经冻结，以此为依据对不同流速作用下相邻冻结管中间区域的冻结时间（交圈时间）进行了统计，见表 3-7 和表 3-8。

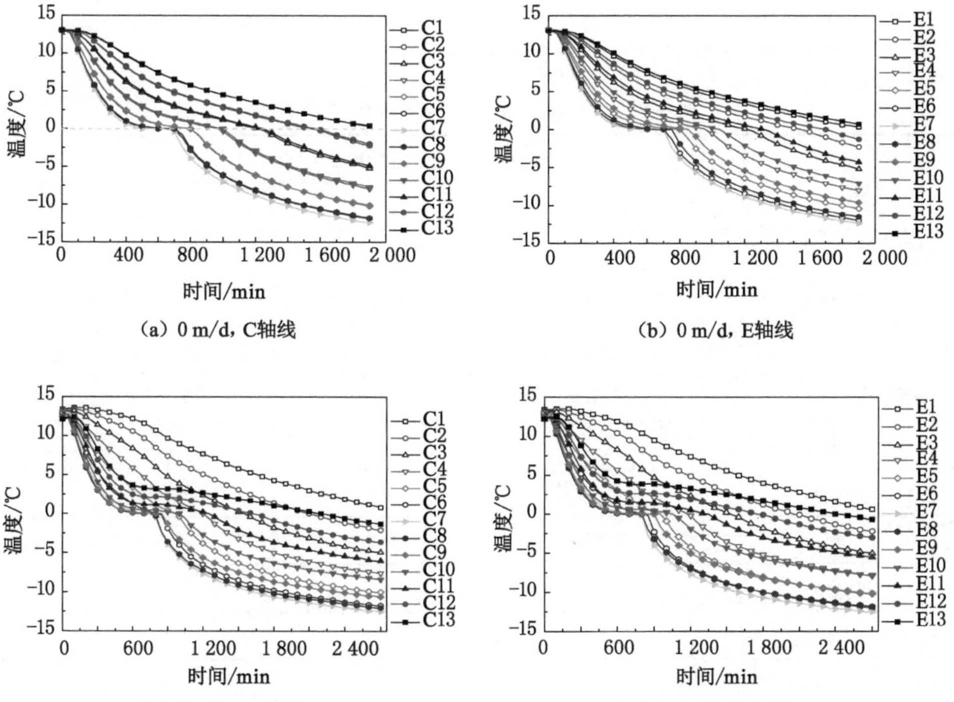

(a) 0 m/d, C轴线　　(b) 0 m/d, E轴线

(c) 3 m/d, C轴线　　(d) 3 m/d, E轴线

图 3-17　不同渗流速度作用下相邻冻结管中间轴线上测点的温度变化规律

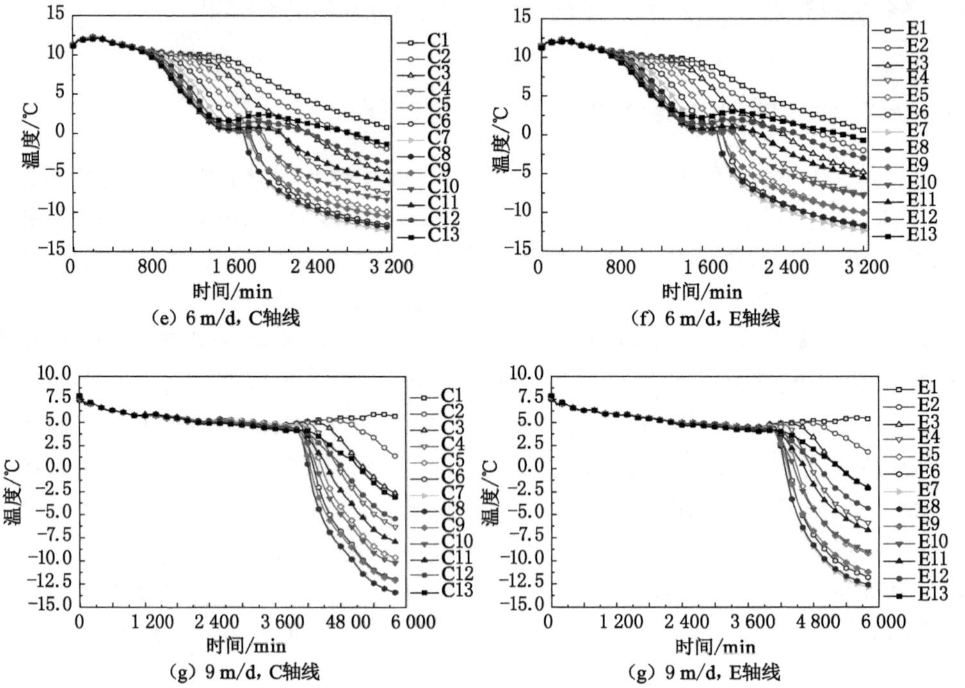

(e) 6 m/d，C轴线　(f) 6 m/d，E轴线

(g) 9 m/d，C轴线　(g) 9 m/d，E轴线

图 3-17 （续）

表 3-7　C 轴线不同位置处交圈时间统计表

测点	渗流速度/(m/d)			
	0	3	6	9
C1(－300 mm)	—	—	—	—
C2(－250 mm)	1 635	2 220	2 915	—
C3(－200 mm)	1 270	1 610	2 465	5 335
C4(－150 mm)	1 005	1 240	2 165	4 815
C5(－100 mm)	835	1 005	1 960	4 495
C6(－50 mm)	730	860	1 830	4 330
C7(0 mm)	700	800	1 770	4 240
C8(＋50 mm)	740	805	1 760	4 225
C9(＋100 mm)	840	875	1 805	4 275
C10(＋150 mm)	1 030	1 045	1 935	4 400
C11(＋200 mm)	1 295	1 310	2 160	4 605
C12(＋250 mm)	1 665	1 720	2 510	4 900
C13(＋300 mm)	—	2 360	2 975	5 235

表 3-8 E 轴线不同位置处交圈时间统计表

测点	渗流速度/(m/d)			
	0	3	6	9
E1(−300 mm)	—	—	—	—
E2(−250 mm)	1 625	2 180	2 890	
E3(−200 mm)	1 270	1 605	2 460	5 370
E4(−150 mm)	1 000	1 215	2 140	4 810
E5(−100 mm)	830	985	1 940	4 525
E6(−50 mm)	740	855	1 820	4 375
E7(0 mm)	720	805	1 760	4 300
E8(+50 mm)	770	820	1 760	4 290
E9(+100 mm)	880	910	1 825	4 345
E10(+150 mm)	1 090	1 100	1 975	4 470
E11(+200 mm)	1 370	1 395	2 235	4 675
E12(+250 mm)	1 770	1 875	2 630	4 970
E13(+300 mm)	—	2 605	3 150	5 390

由图 3-17 和表 3-7、表 3-8、表 3-9 可知：当无渗流场作用时，相邻冻结管的中间位置(C7/E7 测点)最先交圈，其交圈时间约为 700 min/720 min，随后各个测点按照距离中间点由近及远顺序依次交圈，在温度变化曲线中，冰、水相变阶段的持续时间随着与中间点的距离的增大而逐渐变短，当测点与中间点的距离大于 200 mm 时，对应的温度曲线已经没有明显的相变阶段。当渗流速度达到 3 m/d 时，由于受到水流对流传热作用的影响，位于中间点的对称位置的上游、下游测点的温度变化曲线不再重合，位于下游区域的测点的温降速率高于上游对称测点的温降速率，并且测点与中间点的距离越大，温降速率的差值越大。在该流速条件下，相邻冻结管的中间位置处(C7/E7 测点)最先交圈，其交圈时间为 800 min/805 min，上游以及下游距离中间点 50 mm 的 C6/E6 和 C8/E8 测点的温度变化曲线与 C7/E7 测点的基本一致，其余测点的交圈时间随着与中间点距离的增大而延长，并且位于上游区域的测点与下游对称位置处的测点的交圈时间的差值随着与中间点距离的增大而增大。当渗流速度达到 6 m/d 时，水流与多孔介质之间的对流传热作用进一步加剧，C 轴线上 C8 测点的交圈时间(1 760 min)略早于中间点 C7 测点的(1 770 min)，E 轴线上 E7 测点与 E8 测点的交圈时间相等，都是 1 760 min，这表明在该流速条件下冻结壁的最早交圈的位置向冻结管的中间点的下游位置偏移；其余测点所在位置的交圈时间随着与中间点距离的增大而延长，并且位于上游区域的测点与下游对称位置的测点的交圈时间的差值随着与中间点距离的增大而增大。当渗流速度达到 9 m/d 时，温度随时间的变化曲线与 3 m/d 和 6 m/d 时的出现较大变化，温度曲线没有明显的相变阶段，整个轴线上测点的温度在冻结开始后较长时间内保持相对稳定，当冻结时间达到 4 100 min 时，温度变化曲线出现“拐点”，两条轴线上距离中间点 50 mm 处(C8/E8)的下游位置最早交圈，其交圈时间为 4 225 min/4 290 min，随后相邻冻结管中间位置处(C7/E7)交圈，交圈时间为 4 240 min/4 300 min，下游区域的测点

按照与 C8/E8 测点距离从小到大的顺序依次进入快速温降阶段，并且对应测点的温度快速发展至 0 ℃以下，上游测点也按照与 C8/E8 测点距离从小到大的顺序依次进入快速温降阶段，当冻结时间达到 5 800 min 时，下游区域的全部测点的温度均达到 0 ℃以下，而上游区域的 C2(E2)、C1(E1)的温度仍未降至 0 ℃。

表 3-9 不同渗流速度作用下冻结壁交圈时间对比

渗流速度(m/d)	最早交圈位置	交圈位置与中间点的距离	交圈时间/min	延长时间/min
0	C7/E7	0	700/720	—/—
3	C7/E7	0	800/805	100/85
6	C8/E8	50 mm(下游)	1 770/1 760	970/955
9	C8/E8	50 mm(下游)	4 240/4 300	2 470/2 540

对不同渗流速度作用下，相邻冻结管中间位置的测点温度随时间的变化规律进行对比，如图 3-18 所示。与无流速时相比，当多孔介质中的渗流速度达到 3 m/d 时，相邻冻结管中间位置处的交圈时间并没有受到显著影响；当渗流速度达到 6 m/d 时，该区域的交圈时间增长明显，但测点温度随时间的变化规律并没有发生明显变化；当渗流速度达到 9 m/d 时，相邻冻结管中间位置处的交圈时间急剧增加，并且温度变化规律发生明显变化，在该流速条件下，位于相邻冻结管中间位置处温度的测点的温度在经历了较长时间的相对稳定阶段之后快速下降至 0 ℃以下，整个温度曲线没有明显的相变阶段。

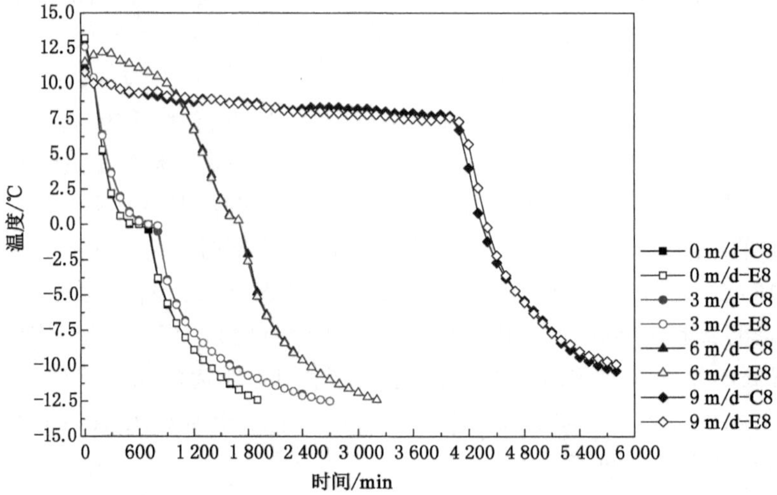

图 3-18 不同渗流速度作用下相邻冻结管中间测点的温度变化曲线

为了研究渗流速度对冻结壁交圈时间的影响机理，结合主测试平面和辅助测试平面的测试结果，对渗流场作用下冻结管的传热规律进行分析。

B 轴线沿着水流方向且经过冻结管所在位置，该轴线上测点的温度变化规律反映了冻结管沿着水流方向的传热规律。由图 3-19 可知：当无渗流场作用时，位于冻结管上游的测点与下游对称位置处的测点的温度变化规律基本一致，相邻测点之间的温差随着与冻结管距离的增大而增大；当渗流速度达到 3 m/d 时，冻结管上游以及下游 100 mm 范围内测点温度曲线受渗流场的影响并不明显，当测点与冻结管的距离大于 150 mm 时，上游测点的温度高于下游测点的；当渗流速度达到 6 m/d 时，在冻结的开始阶段，上游测点的温降速率明显低于下游测点的，随着冻结时间的增加，上游测点的温降速率加快，并逐渐达到与下游对称位置处测点的温度；当渗流速度达到 9 m/d 时，各个测点的温降速率进一步降低，除了距离冻结管较近的 B6、B8 测点之外，其余上游测点的温降速率明显低于下游测点的，当冻结时间达到5 800 min 时，上游测点与下游对称测点的温差较大，且上游区域的 B1、B2 测点的温度曲线仍未出现下降趋势。

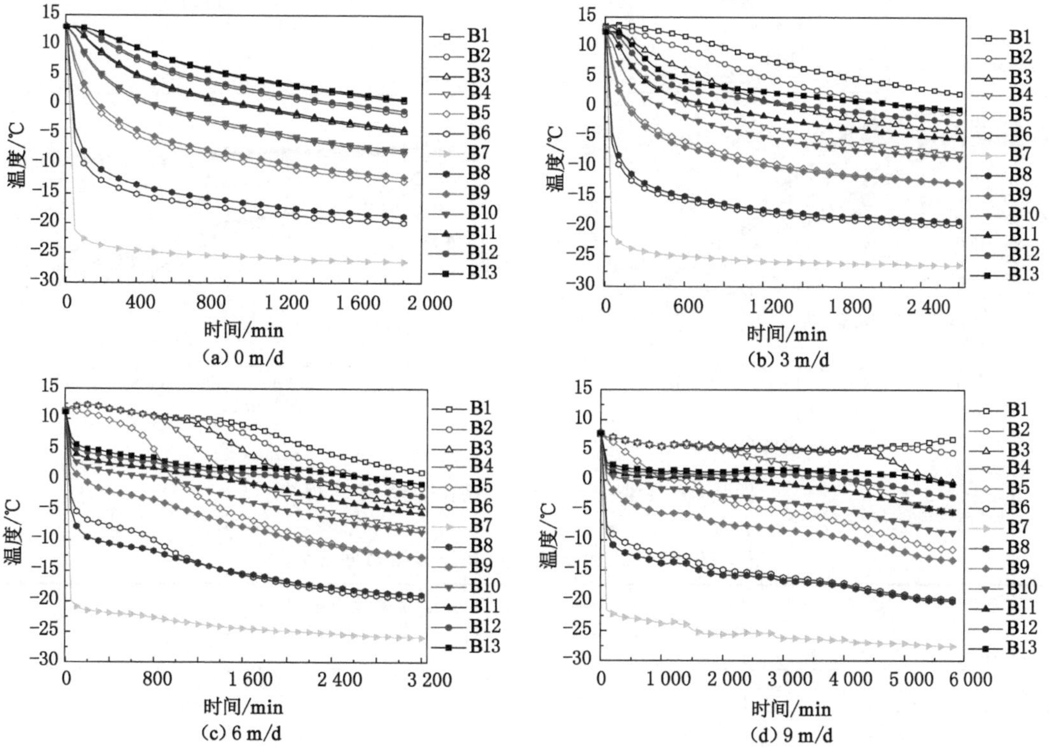

图 3-19　B 轴线上测点温度随时间的变化规律

I 轴线经过冻结管所在位置，该轴线上测点的温度变化规律反映了冻结管向相邻冻结管中间方向的传热规律。由图 3-20 和表 3-10 可知：冻结管两侧测点的温度变化规律和测点所在位置处的冻结时间大致相同。随着渗流速度的增大，距离冻结管 50 mm 处的测点的温度变化规律没有受到明显的影响，而距离冻结管较远的测点的温降速率明显变慢。同一流速条件下，相邻测点的冻结时间的差值随着与冻结管距离的增大而增加，说明与冻结管的距离越大，冻结锋面的扩展速度越慢。对应同一个测点，测点所在位置处的冻结时间随着渗流速度的增大而急剧增加，说明冻结锋面的扩展速度随着与渗流速度的增大而急剧降低。当渗流速度达到 9 m/d 时，测点的温度变化规律与 0、3 m/d、6 m/d 时的存在较大差异，除冻结管壁处的测点外，其他测点的温度变化曲线存在明显的“拐点”，并且位于相邻冻结管中间区域的测点的温度变化曲线没有明显的相变阶段。

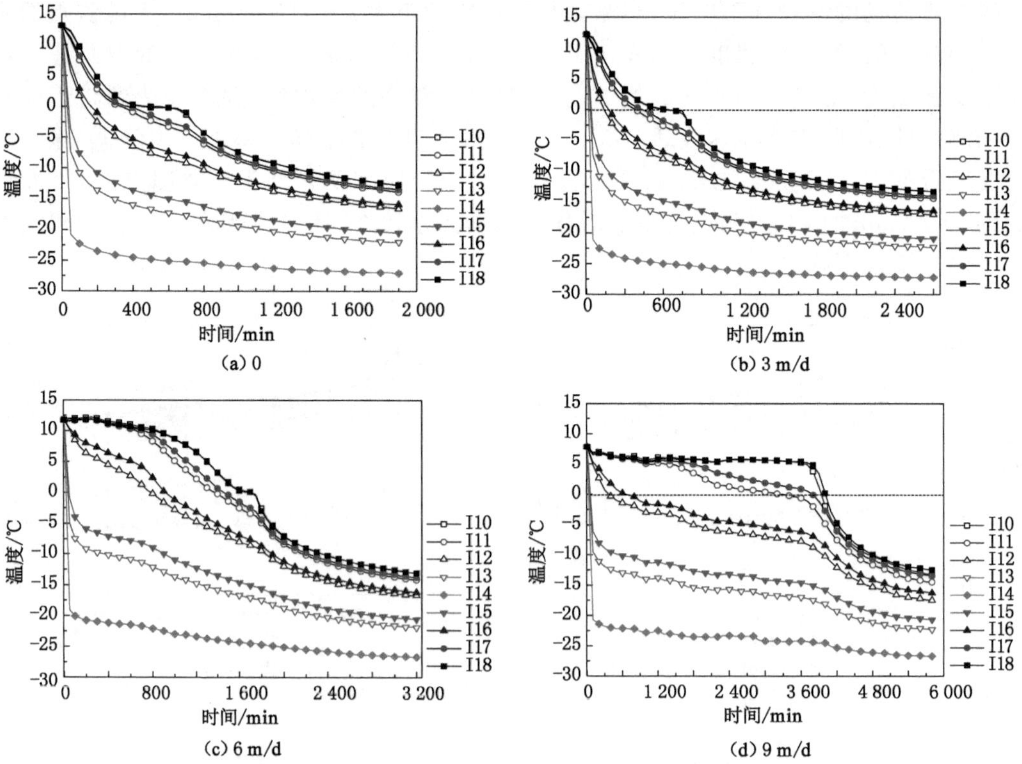

图 3-20　I 轴线上测点温度随时间的变化规律

表 3-10　I 轴线测点所在位置处冻结时间统计表

测点	渗流速度/(m/d)			
	0	6	9	15
I1	1 735	2 640	2 875	—
I2	925	1175	1 960	5 095
I3	425	475	550	2050
I4	105	110	550	190
I5	10	10	10	10
I6(冻结管)	5	5	5	5
I7	50	50	—	60
I8	230	250	1 115	1 605
I9	480	565	1 600	3 895
I10(中间点)	645	740	1 775	3 950
I11	370	420	1 420	3 840
I12	145	150	815	—
I13	20	20	25	—
I14(冻结管)	5	5	5	5
I15	30	30	45	35

表 3-10(续)

测点	渗流速度/(m/d)			
	0	6	9	15
I16	180	190	950	820
I17	430	490	1510	3 840
I18(中间点)	680	760	1 750	4 015
I19	415	475	1 485	3 885
I20	165	170	875	565
I21	20	25	30	25
I22(冻结管)	5	5	5	5
I23	20	20	25	20
I24	170	80	850	425
I25	550	630	1 475	2 710
I26	1 190	1 545	2 240	—
I27	1 940	—	3 190	—

对造成大流速渗流场作用下测点温度变化规律出现较大变化的原因进行分析：在冻结过程中，随着冻结时间增加，相邻冻结管形成的冻结锋面扩大，冻结锋面处的多孔介质同时受到冻结管的热传导作用、水流的对流传热作用以及冰水相变潜热释放的影响，冻结锋面的发展过程实际上是冻结管吸收多孔介质中的初始热量、水的相变潜热以及对流传热产生的热量的过程，同时在多管冻结过程中，相邻冻结管的冷量叠加会产生群管效应，加快冻结锋面的扩展速度。在无渗流作用以及渗流速度较小时，对流传热作用的影响较小，冻结管的热传导作用在整个冻结过程中占据主导地位，因此整个冻结区域的温降速率较快，在临近冻结柱状体交圈时刻，由于未冻水聚集，相邻冻结管的中间区域的温度曲线会出现明显的相变阶段。随着水流速度的增大，水流对冻结锋面之间的对流传热作用加剧，这不仅降低了冻结管的热传导的效率，还缩短了群管效应的作用半径。当渗流速度达到 9 m/d 时，在冻结初始阶段，两个冻结锋面之间的距离较大，单个冻结柱状体无法感应到相邻冻结管的作用，因此测点的温降速率以及冻结锋面的扩展速度变慢，当相邻冻结锋面之间的距离减小至一定值后，单根冻结管形成的冻结柱状体受到相邻冻结管的群管效应的影响，冻结温度场的温降速率加快，此时相邻冻结柱状体之间的间距较小，水流在流经冻结锋面的间隙时，不断与冻结锋面进行热量交换，水流在流动过程中温度逐渐降低，并释放相变潜热。当相变潜热释放结束后，多孔介质中的流体相变为固体，相邻冻结锋面交圈。因此当渗流速度达到一定值后，相邻冻结管的中间测点在冻结过程中没有明显的相变阶段。

3.3.2　渗流场作用下三管冻结温度场分布规律

由温度测点布置示意图可知：A 轴线位于冻结管布置区域的右侧，该轴线测点的温度曲线反映了单侧冻结条件下距离冻结管 200 mm 处的温度分布规律。将 A 轴线上的各个测点的温度的空间分布规律绘制成曲线，如图 3-21 所示。

由图 3-21 可知：当多孔介质中无渗流场作用时，位于 A 轴线两侧的温度关于轴线中点

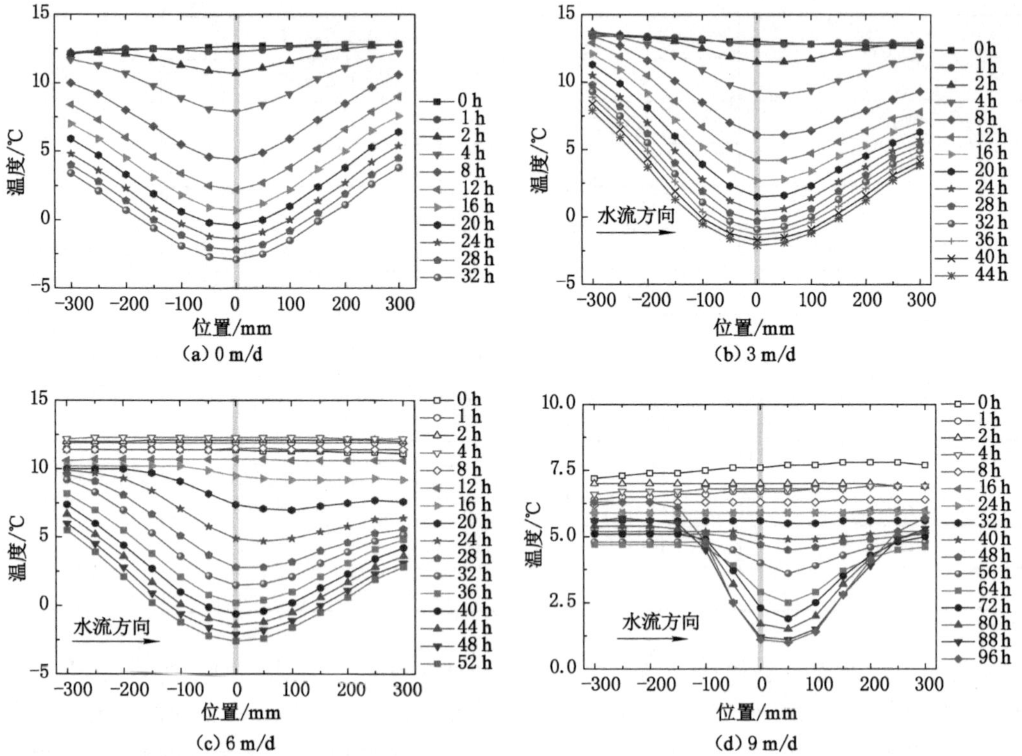

图 3-21　不同渗流速度作用下 A 轴线上温度分布规律

对称分布，冻结前期温度曲线的间隔较大，说明前期的温降速率较高，由相邻测点之间的温差随着与中间点距离的增大而减小，说明与冻结管的距离越小，温度场的温度梯度越大。当多孔介质中存在渗流场时，冻结初期 A 轴线上测点的温度没有发生变化，并且渗流速度越大，A 轴线测点温度保持不变的时间越长。当冻结锋面扩展至临近 A 轴线所在位置时，A 轴线上的测点的温度开始降低，对应相同的冻结时间，下游对称位置处的测点的温度明显低于上游测点，当渗流速度达到 9 m/d 时，整个 A 轴线上温度的最低点由轴线的中间点变为距离中间点 50 mm 的下游测点。

由温度测点布置示意图可知：B 轴线经过冻结管所在位置，该轴线测点的温度曲线反映了渗流场作用下单根冻结管沿着水流方向的热传导规律。将 B 轴线上的各个测点温度的空间分布规律绘制成曲线，如图 3-22 所示。

由图 3-22 可知：当多孔介质中无渗流场作用时，位于 B 轴线上的测点温度关于冻结管对称分布，相邻测点之间的温差随着与中间点距离的增大而减小，说明与冻结管的距离越小，温度场的温度梯度越大。当多孔介质中的渗流速度达到 3 m/d 时，冻结初期冻结管上游测点的温度与下游测点的温差较小，当冻结时间达到 4 h 时，下游区域的测点温度与上游对称位置处的测点温度差值变大，随着冻结时间的增加，上游测点与下游测点的温差逐渐减小，当冻结时间达到 52 h 时，距离冻结管最远的上游测点和下游测点的温差仅为 2.7 ℃。当多孔介质中的渗流速度达到 6 m/d 时，B 轴线上温度的分布规律与流速低于 3 m/d 时的存在明显差异，冻结初期下游的测点温度明显低于上游对称测点的温度。随着冻结时间的

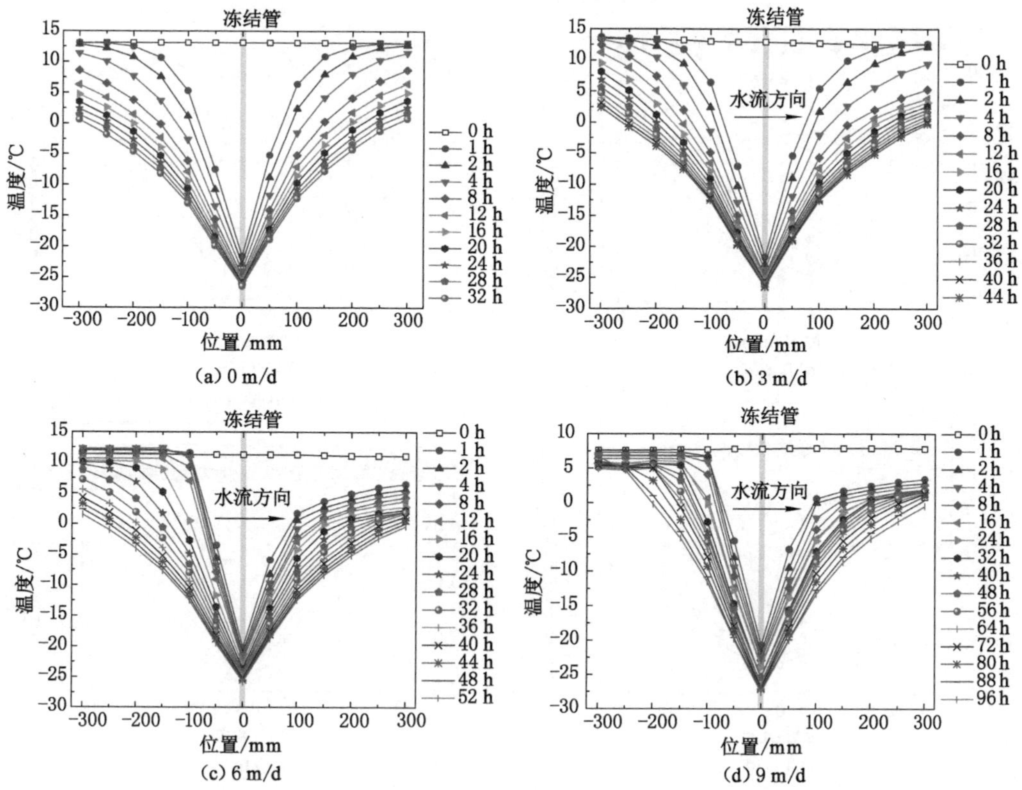

图 3-22　不同渗流速度作用下 B 轴线上温度分布规律

增加，冻结管上游和下游测点的温差逐渐减小，当冻结时间达到 52 h 时，距离冻结管最远的上游测点和下游测点的温差仅为 1.9 ℃。当多孔介质中的渗流速度达到 9 m/d 时，位于冻结管上游的测点与下游测点的温度变化规律的差异进一步增大。在整个冻结过程中，上游位置处测点的温度始终低于下游对称位置处测点的，当冻结时间达到 52 h 时，冻结管下游区域的测点的温度全部降至－0.5 ℃以下，而上游区域距离冻结管 250 mm 以外的冻结管仍未达到 0 ℃，表明在该流速条件下，冻结锋面向水流上游的扩展范围小于向下游的扩展范围。

由温度测点布置示意图可知：C 轴线位于相邻冻结管的中间位置，该轴线测点的温度曲线反映了两根冻结管对中间区域的冻结规律。将 C 轴线上各个测点的温度的空间分布规律绘制成曲线，如图 3-23 所示。

由于受到两根冻结管的影响，因此 C 轴线上测点的温降速率低于 A 轴线上的测点的，当多孔介质中无渗流场作用时，位于 C 轴线两侧的温度关于轴线中点对称分布，冻结前期温度曲线的间隔较大，说明前期的温降速率较高，其中 12 h 的温度曲线中间测点与上游 50 mm 以及下游 50 mm 处测点的温度都维持在 0 ℃左右。结合图 3-17 进行分析可知：此时相邻冻结管的中间位置刚刚完成交圈，因此 C7 测点在较长一段时间内维持在 0 ℃左右，当该位置处的相变潜热释放结束后，相邻冻结锋面完成交圈，此后该测点的温度急剧下降，因此 12 h 的温度曲线与 16 h 的温度曲线中间测点处的差距较大，随后相邻温度曲线之间的间距逐渐减小，表明温降速率逐渐降低。当渗流速度达到 3 m/d 时，对应同一时刻，位于

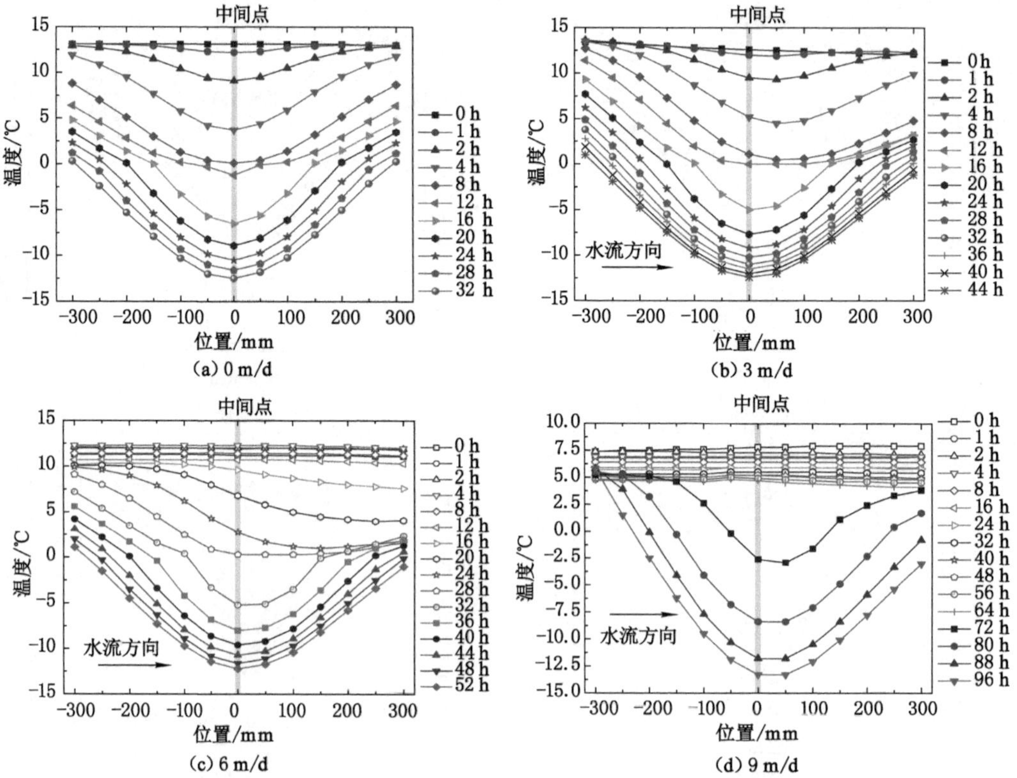

图 3-23　不同渗流速度作用下 C 轴线上温度分布规律

下游区域的测点的温度明显高于上游测点的，在冻结 2～12 h 内，整个 C 轴线上温度最低点出现在中间点下游 50 mm 处；由于冰水相变过程的影响，8 h 和 12 h 的温度分布曲线的中间部分差距较小，当相变潜热释放结束，测点进入快速温降阶段，此后 C 轴线的中点成为整个轴线温度最低点。当渗流速度达到 6 m/d 时，在冻结前 12 h，轴线上测点的温度没有发生明显变化，不同位置处的测点温度大致相等；当冻结时间达到 16 h 时，轴线下游测点温度明显降低，并且距离中间点距离越大，温度越低，造成该现象的主要原因：在较大流速下，在相邻冻结锋面的中间区域，冻结锋面与未冻结区域的热传导作用被水流的对流传热作用抵消，水流在由上游流到下游的过程中不断释放热量，当流经下游区域时温度明显降低，因此在该阶段 C 轴线上距离中间点越远的测点的温度越低。随着冻结时间增加，相邻冻结锋面之间的距离不断减小，冻结锋面对未冻结区域的热传导作用逐渐变强，因此中间区域的测点逐渐成为温度最低点；当相邻冻结锋面交圈之后，中间区域不再受到水流的对流传热作用，因此该区域测点的温度快速降低。当渗流速度达到 9 m/d 时，在冻结前 64 h，测点的温降速率较低，轴线上测点的温度没有发生明显变化，受水流对流传热作用的影响，下游区域的测点略低于上游区域，在相邻冻结壁交圈之后，轴线上中间区域的测点温度急剧下降，在冻结壁交圈之后，整个轴线上温度的最低点出现在距离中间点下游 50 mm 处。

由温度测点布置示意图可知：I 轴线垂直于水流方向且经过 3 根冻结管所在位置，该轴线测点的温度分布曲线整体上反映了 3 根冻结管对相邻冻结管中间区域和两侧区域的冻结规律。将 I 轴线上的各个测点的温度的空间分布规律绘制成曲线，如图 3-24 所示。

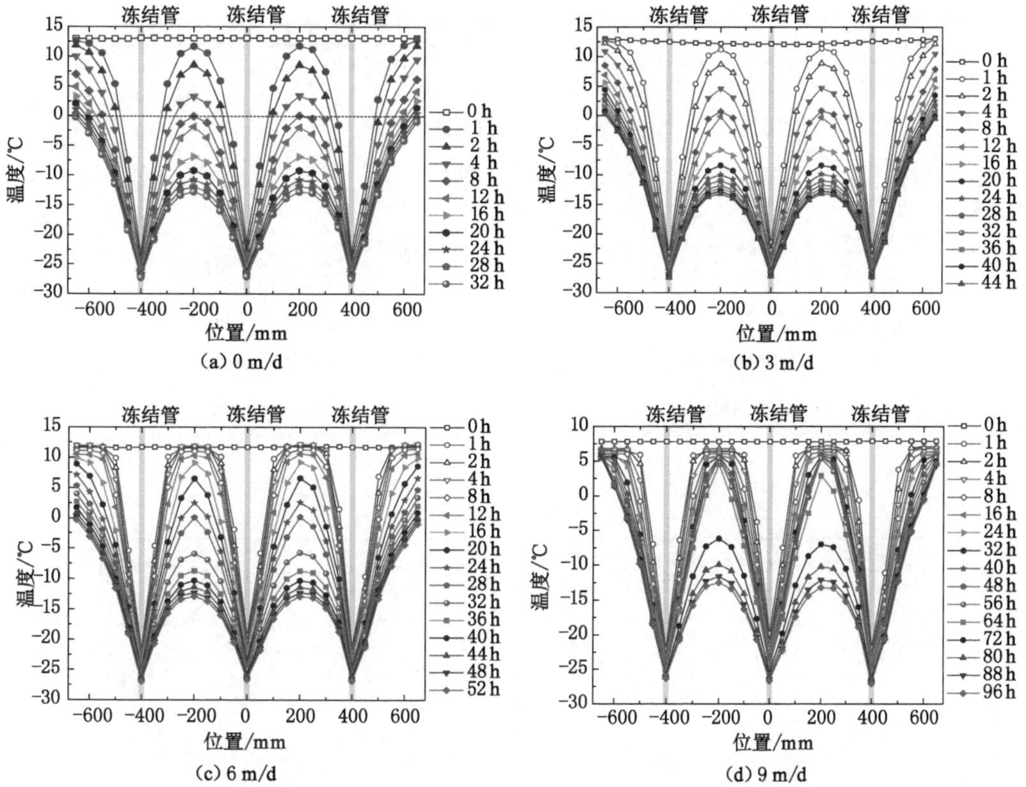

(a) 0 m/d　(b) 3 m/d　(c) 6 m/d　(d) 9 m/d

图 3-24　不同渗流速度作用下 I 轴线上温度分布规律

由图 3-24 可知：当多孔介质中无渗流场作用时，在冻结初期，位于相邻冻结管中间的测点与位于冻结管外侧的测点温度没有明显差异，随着冻结时间增加，冻结管形成的冻结柱状体逐渐扩大，相邻冻结锋面之间的间距逐渐减小，位于相邻冻结管中间区域的测点同时受到两侧冻结锋面的热传导作用，因此该区域的测点的温降速率明显高于冻结管外侧的测点，并且当相邻冻结管形成的冻结柱状体交圈之后，冻结区域内部的热传导效率进一步提高，因此该中间区域的测点与冻结管外侧的测点的温差逐渐增大。当多孔介质中存在渗流场作用时，由于受到水流对流传热作用的影响，整个冻结温度场的测点的温降速率降低，在相邻冻结管形成的冻结柱状体交圈之前，位于相邻冻结管中间区域的测点的温度与冻结管外侧对称位置的测点的温度差异较小，并且渗流速度越大，该阶段持续的时间越长；在相邻冻结管形成的冻结柱状体交圈之后，中间区域测点温度不再受到水流的对流传热作用，因此该区域的测点与冻结管外侧的测点的温差逐渐变大，并且冻结管外侧区域仍然受到水流的对流传热作用，因此该状态下，中间区域的测点温度较无流速时的差值更大。

H、J 轴线垂直于水流方向，分别位于冻结管所在轴线的上游 150 mm 以及下游 150 mm 处，两条轴线上测点温度分布的差异性反映了渗流场对冻结温度场的作用特点，将 H、J 轴线上的各个测点的温度的空间分布规律绘制成曲线，如图 3-25 所示。

由图 3-25 可知：当多孔介质中无渗流场作用时，H 轴线与 J 轴线上测点的温度分布规律基本一致，在冻结开始阶段，冻结管正对位置的测点的温度明显低于其他测点的，随着冻

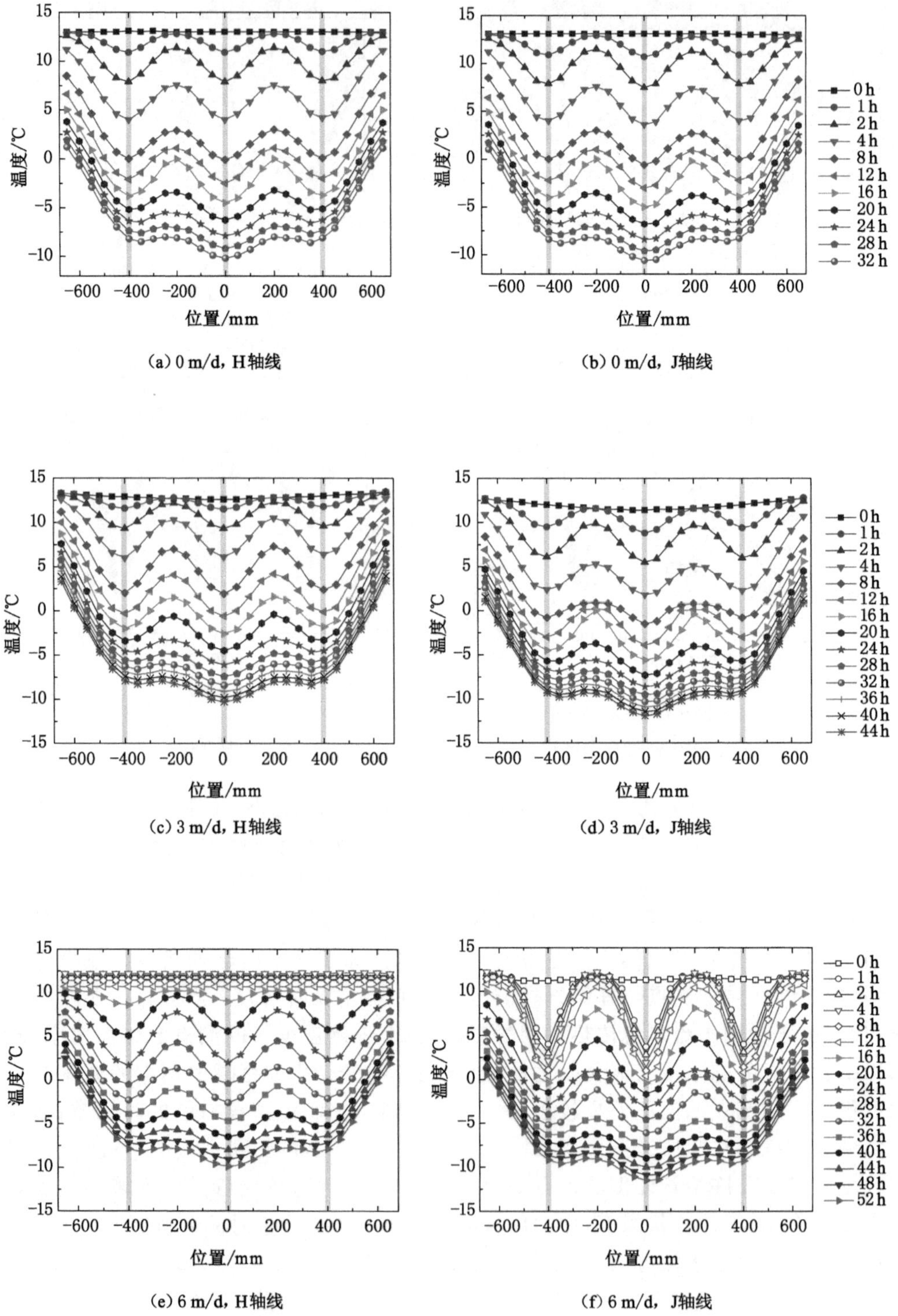

(a) 0 m/d，H轴线　(b) 0 m/d，J轴线

(c) 3 m/d，H轴线　(d) 3 m/d，J轴线

(e) 6 m/d，H轴线　(f) 6 m/d，J轴线

图 3-25　不同渗流速度作用下 H 轴线以及 J 轴线上温度分布规律

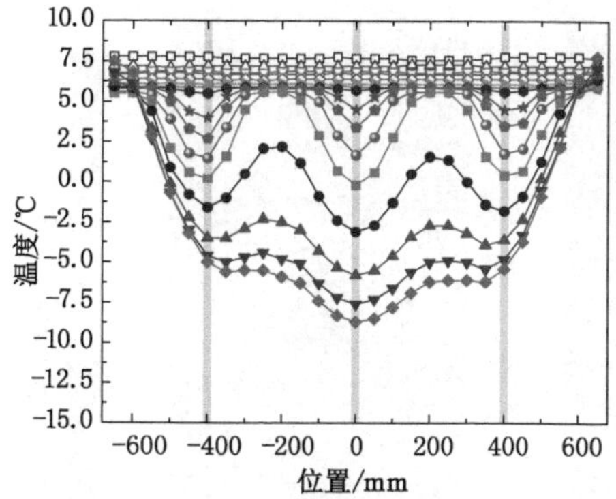

(g) 9 m/d, H轴线

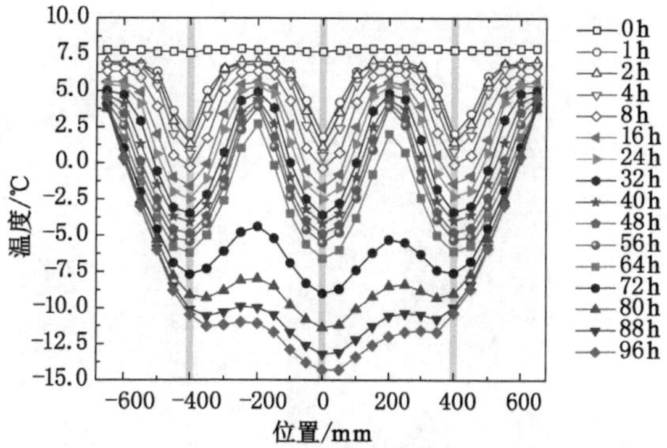

(h) 9 m/d, J轴线

图 3-25　(续)

结时间增加，在相邻冻结管形成的冻结柱状体交圈之后，中间区域的温降速率加快，当冻结时间达到 32 h 时，冻结区域两侧的温度明显低于中间区域的温度。当多孔介质中存在渗流场时，位于水流上游的 H 轴线的测点温度明显低于水流下游的 J 轴线上测点的温度，并且随着渗流速度的增大，两条轴线上测点的温差逐渐增大，当渗流速度达到 9 m/d 时，上游 H 轴线测点的最低温度约为−8 ℃，下游 J 轴线上测点的最低温度约为−15 ℃，由此说明在较大渗流速度作用下，人工冻结壁在冻结管下游区域的范围较大且强度较高。在冻结开始后，J 轴线上测点的温度快速降低，并且位于 3 根冻结管下游位置的测点的温降速率明显高于其他位置的测点，而 H 轴线上测点的温度在冻结开始后较长一段时间内保持不变，并且渗流速度越大，该阶段持续的时间越长。

结合主测试平面和辅助测试平面的测试数据，基于 surfer 软件中的克里金插值法，将不同流速条件下 3 根冻结管形成的冻结温度场绘制成等温线，如图 3-26 至图 3-29 所示。由第 2 章中渗透地层相似材料的热物理参数的试验结果可知：砂层的冰点介于−0.5～−1 ℃，由于只有当相邻冻结锋面之间的砂层的温度低于冰点温度时冻结壁才会交圈，因此在温度场中−1 ℃等温线的形状可视为冻结壁的形状。

由图 3-26 可知：在无渗流场作用时，在三管冻结过程中，由于受到相邻冻结管的冷量叠加作用，单根冻结管形成的冻结锋面的形状接近“椭圆形”，冻结锋面向相邻冻结管中间区域的扩展半径明显大于向其他方向的扩展半径。随着冻结时间的增加，相邻冻结管形成的冻结锋面逐渐相交，并连接成一个整体，随后冻结壁的厚度逐渐均匀。

由图 3-27 可知：当多孔介质中的渗流速度达到 3 m/d 时，冻结锋面的形状发生了明显变化，位于冻结管连线下游区域的冻结范围大于上游区域的，受到相邻冻结管冷量叠加以及水流对流传热作用的影响，在冻结初期，中间冻结管形成的冻结锋面向下游和两侧的扩展半径较大，而两侧冻结管形成的冻结锋面向下游和中间区域的扩展半径较大，该流速条件下，相邻冻结锋面的最早交圈位置仍位于中间，但是冻结锋面的形状有明显向下偏移的趋势。随着冻结时间的增加，冻结壁的厚度逐渐增大，当冻结时间达到 44 h 时，位于中轴线下游的冻结壁厚度与上游的冻结壁厚度大致相等，表明试验中 3 m/d 的渗流速度虽然会延缓冻结壁的交圈时间，但是不会对冻结壁的最终形状产生明显影响。

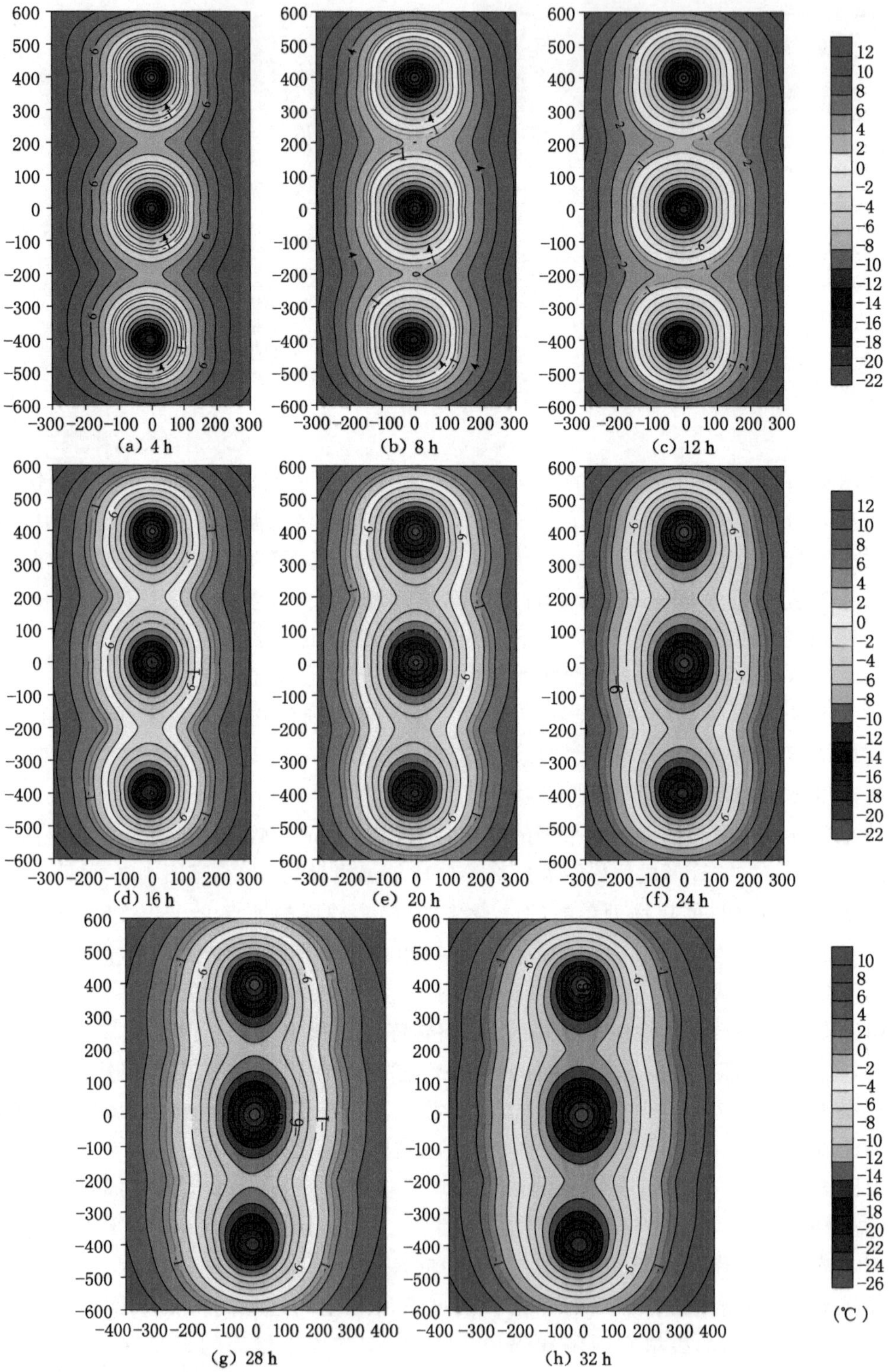

图 3-26　无渗流场作用时冻结温度场分布规律

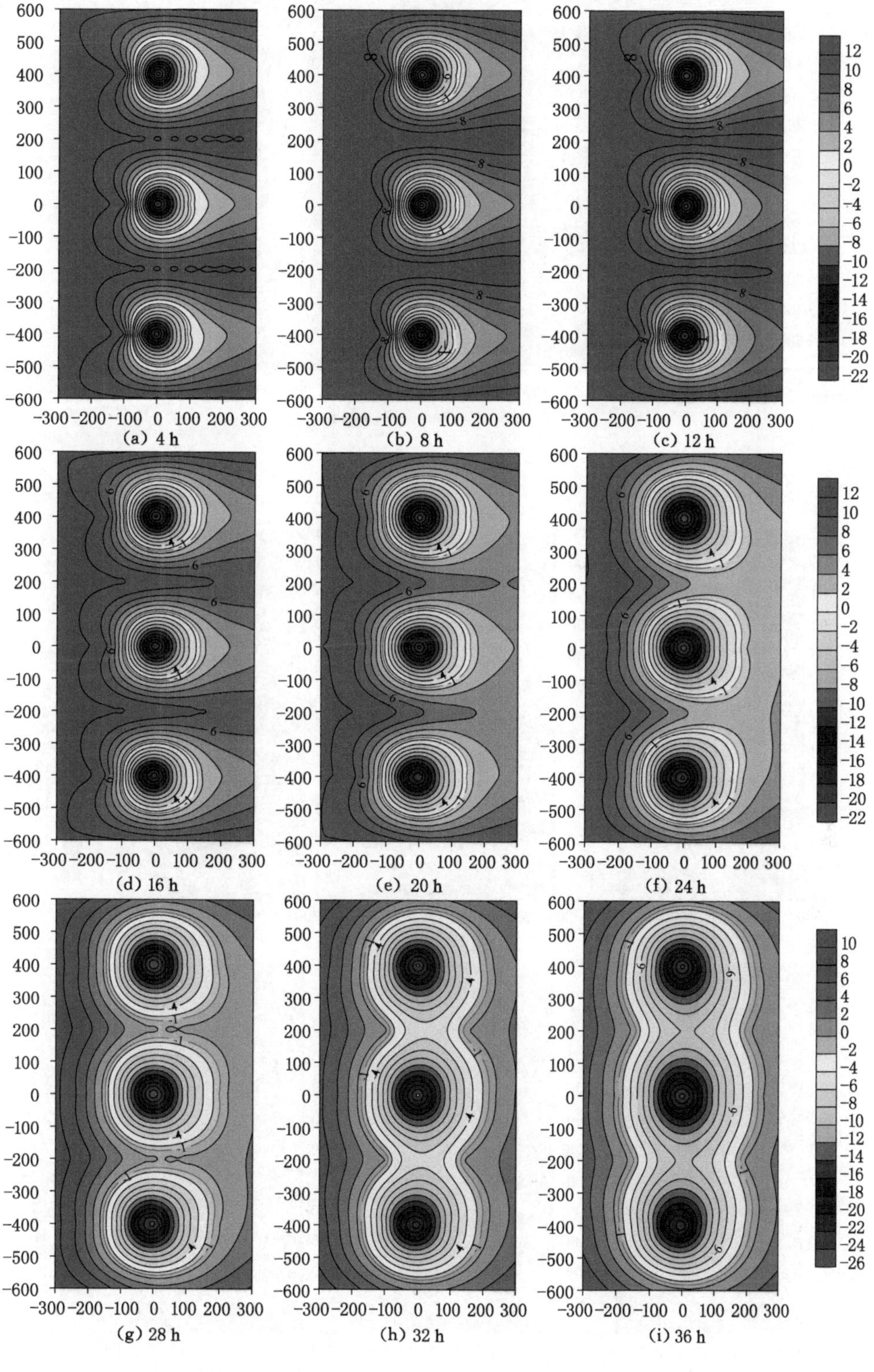

图 3-27　渗流速度为 3 m/d 时冻结温度场分布规律

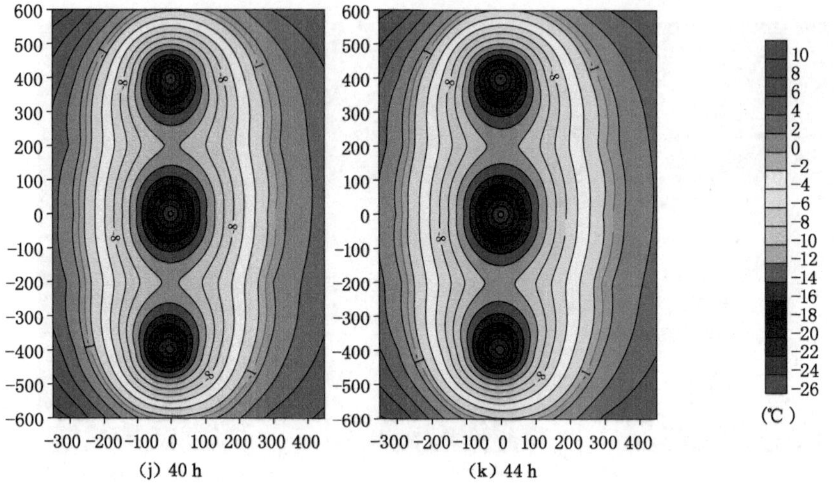

图 3-27 （续）

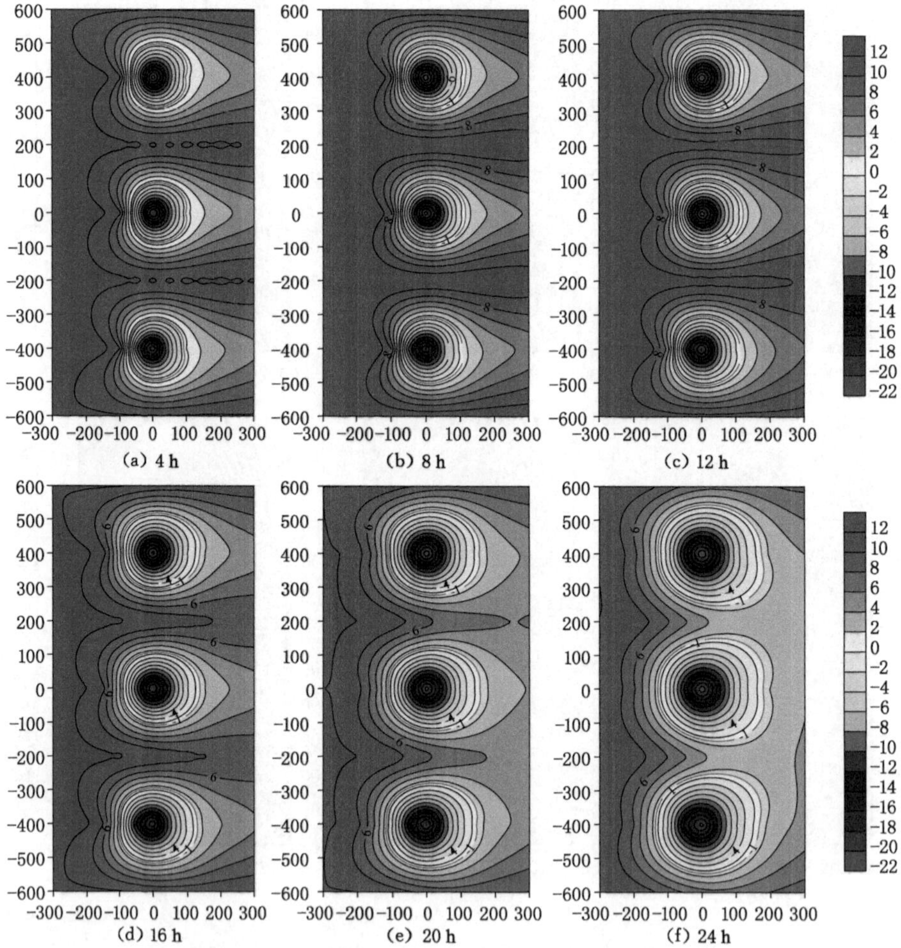

图 3-28　渗流速度为 6 m/d 时冻结温度场分布规律

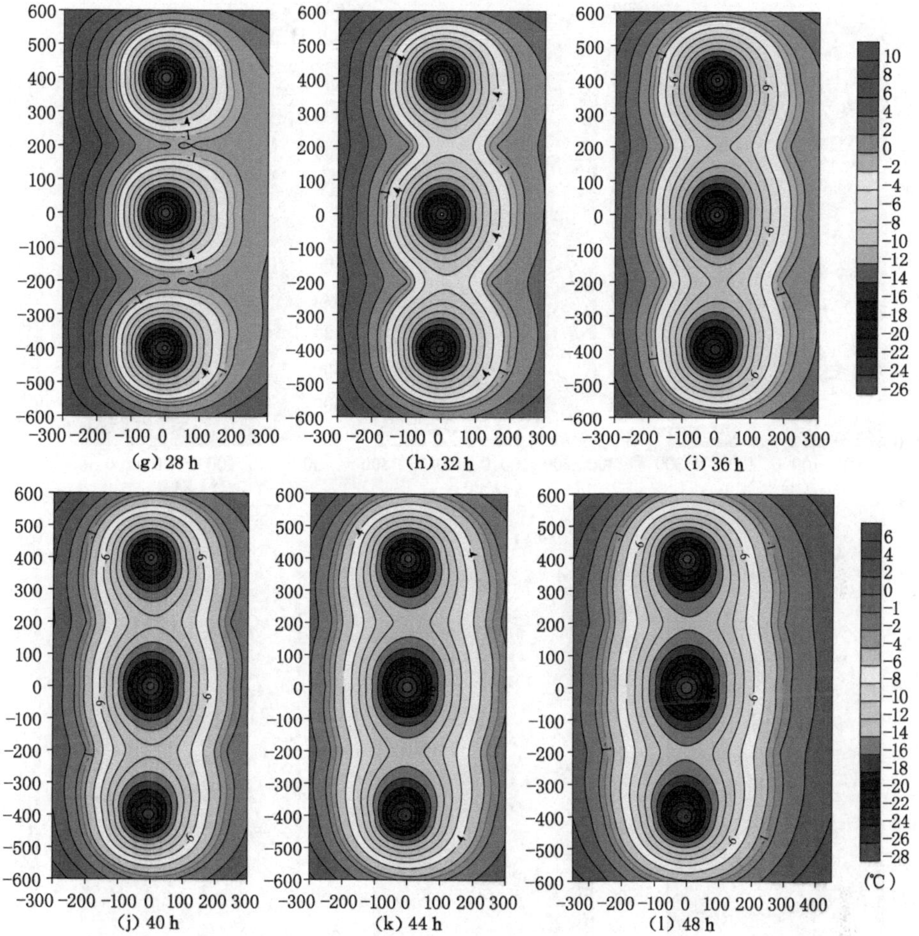

图 3-28 （续）

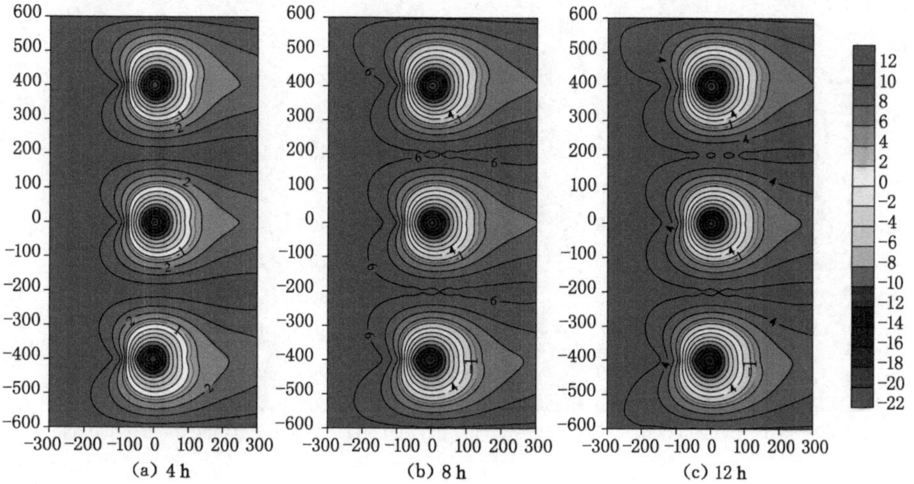

图 3-29 渗流速度为 9 m/d 时冻结温度场分布规律

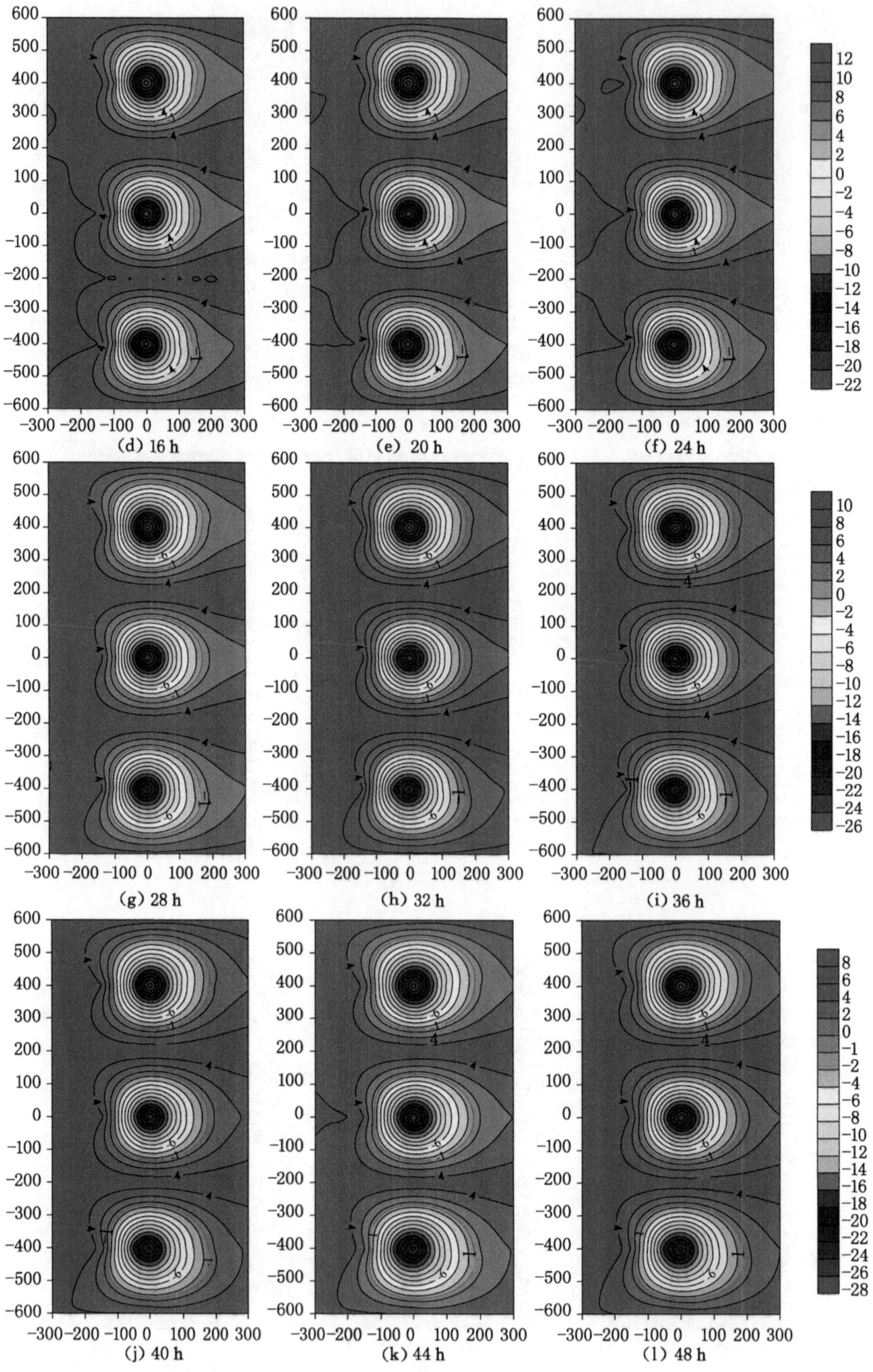

图 3-29 （续）

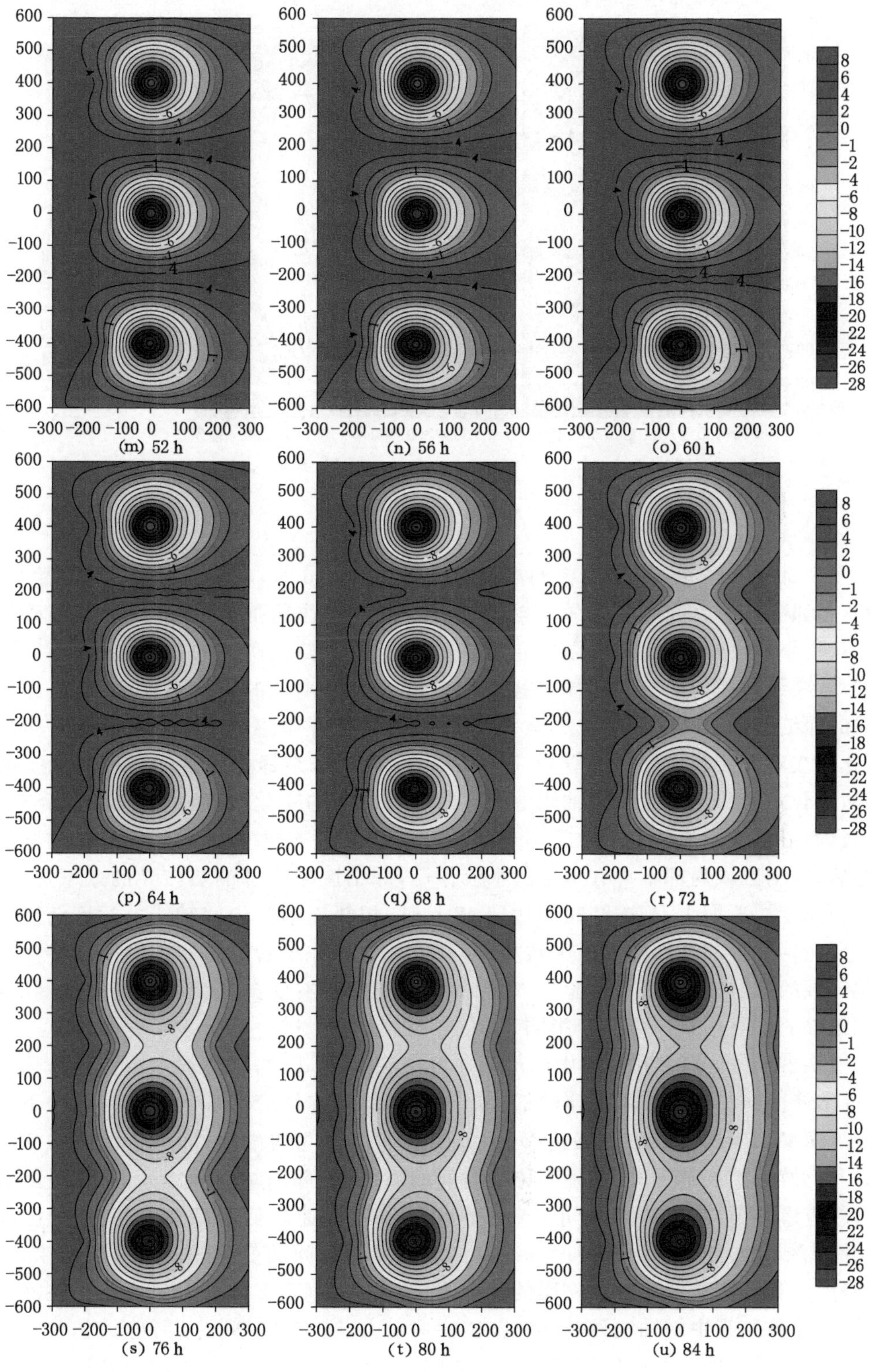

图 3-29 （续）

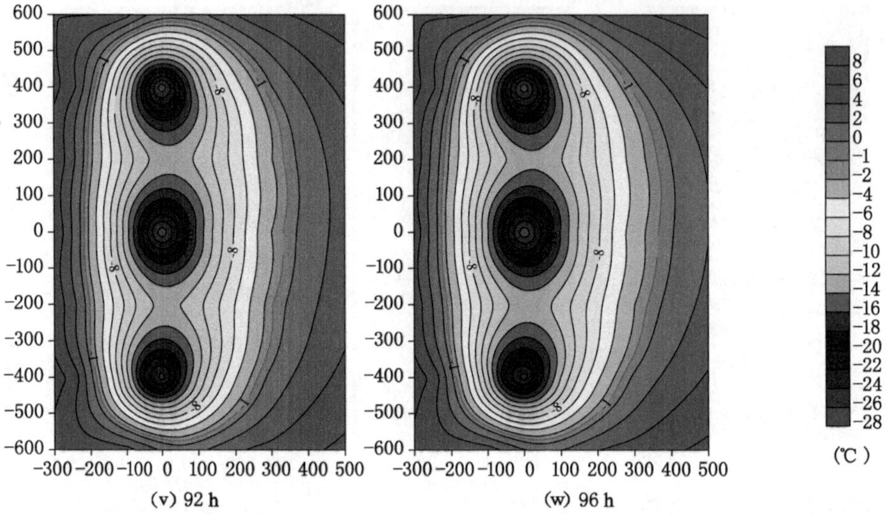

图 3-29 (续)

由图 3-28 可知：当多孔介质中的渗流速度达到 6 m/d 时，水流的对流传热作用加剧，冻结初期，相邻冻结管之间的群管效应被水流的对流传热作用抵消，因此单根冻结管形成的冻结区域较小，且冻结锋面向下游的扩展速率大于向下游和两侧的扩展速率，随着冻结时间的增加，冻结锋面向下游的扩展半径与向上游的扩展半径的差值逐渐增大；当相邻冻结管形成的冻结锋面之间的距离减小至一定值后，冻结管开始感应到相邻冻结管产生的群管效应，此时在对流传热作用和群管效应的共同作用下，冻结锋面出现向中间以及下游发展的趋势，结合对相邻冻结管中间轴线上测点温度随时间的变化规律可知：该流速条件下，相邻冻结锋面最早交圈的位置为中间测点(C7/E7)下游 50 mm；相邻冻结管形成的冻结锋面交圈之后，冻结区域内部不再有贯穿的水流作用，冻结区域内部的热传导的效率加快，因此冻结壁的厚度快速增大，当冻结时间达到 48 h 时，相邻冻结管中间轴线处的冻结壁厚度与冻结管所在轴线处的冻结壁厚度大致相等，且位于 3 根冻结管下游的冻结区域的面积略大于上游区域的冻结面积，表明试验中 6 m/d 的渗流速度不仅会延缓冻结壁的交圈时间，还会对冻结壁的最终形状产生一定影响。

由图 3-29 可知：当多孔介质中的渗流速度达到 9 m/d 时，水流的对流传热作用进一步加剧，冻结锋面的扩展速率进一步降低；冻结初期，单根冻结管形成的冻结锋面向下游和上游的发展速率大于向两侧的发展速率，因此随着冻结时间的增加，冻结管形成的冻结锋面向下游和上游的扩展范围较大，随着冻结时间的增加，相邻冻结锋面之间的距离逐渐减小，在群管效应影响下，冻结锋面之间的未冻区域的温度快速降低至冻结温度，相邻冻结锋面随之交圈。结合对相邻冻结管中间轴线上测点温度随时间的变化规律的分析结果可知：该流速条件下，相邻冻结锋面最早交圈的位置为中间测点(C7/E7)下游 50 mm。在冻结壁交圈之后，相邻冻结管中间轴线处的冻结范围快速增大，当冻结时间达到 96 h 时，位于 3 根冻结管所在轴线下游的冻结范围明显大于上游的，表明试验中 6 m/d 的渗流速度不仅会延缓冻结壁的交圈时间，还会对冻结壁的最终形状产生较大的影响。

将不同渗流速度作用下中间冻结管的冻结锋面向各个方向的扩展半径随时间的变化

规律绘制成曲线,如图 3-30 所示。为了便于分析,将冻结区域向冻结管上游的扩展半径定义为 R_u,向下游的扩展半径定义为 R_d,向两侧的扩展半径定义为 R_s,相邻冻结管之间的间距为 400 m,因此可以认为当 R_s 等于 200 mm 时相邻冻结锋面完成交圈。

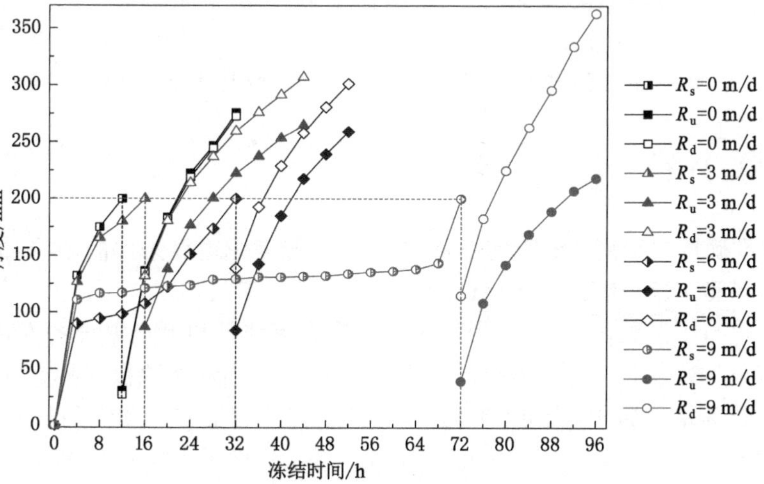

图 3-30 不同渗流速度作用下冻结锋面向各个方向的扩展半径随时间的变化规律

由图 3-30 可知:当渗流速度低于 3 m/d 时,几种流速条件下 R_s 在前 4 h 的差距较小,由于水流的对流传热作用降低了冻结管的热传导效率,因此 3 m/d 流速作用下 R_s 增大到 200 mm 的时间略大于无流速时。当渗流速度大于 6 m/d 时,R_s 随时间的变化规律与较小流速时差别较大,在冻结时间达到 4 h 时,流速为 6 m/d 和 9 m/d 对应的 R_s 分别为 107 mm 和 90 mm;随后 R_s 进入缓慢发展阶段,当 R_s 增大到一定值后进入第二次快速发展阶段,流速为 6 m/d 和 9 m/d 对应的 R_s 临界值分别是 123 mm 和 135 mm。造成 R_s 阶段性变化的原因:在距离冻结管中心 100 mm 范围内的热传导效率较高,该范围内冻结区域的增长速率随流速的变化较小,因此不同流速作用下,R_s 在前 4 h 都呈现快速增长趋势;在多管冻结过程中,相邻冻结管之间会产生群管效应,该效应会提高整个冻结区域的冻结效率,但是水流与冻结锋面之间的对流作用会削弱群管效应的影响,渗流速度越大,相邻冻结锋面感应到群管效应的距离越小,因此渗流速度越大,R_s 缓慢增长阶段持续的时间越长;当 R_s 增大到“临界值”时,单根冻结管形成的冻结锋面感应到相邻冻结管产生的群管效应,因此 R_s 进入第二次快速温降阶段,直至相邻冻结锋面交圈。

为了更加合理地表述群管效应与冻结锋面扩展范围之间的关系,定义 L_c 为产生群管效应时相邻两个冻结锋面间距的临界值,L_c 可以通过下式计算:

$$L_c = L - 2R_{sc} \tag{3-6}$$

式中,L 为相邻冻结管之间的间距;R_{sc} 为产生群管效应时单根冻结管形成的冻结锋面向冻结管两侧的扩展半径的临界值。

由图 3-31 可知:当地层中的渗流速度小于 3 m/d 时,R_s 的增长速度较快且没有明显的阶段性,说明该流速条件下水流对冻结温度场的影响较小,冻结温度场在发展过程中一直受到群管效应的影响,因此 $L_c = L = 400$ mm。当地层中的渗流速度较大时,R_s 的增长速度较慢且具有明显的阶段性，说明水流的对流传热作用会抵消部分群管效应，因此 L_c 会随着渗流速度的增大而减小，当流速达到 6 m/d 和 9 m/d 时，L_c 分别减小至 154 mm 以及 130 mm。

在相邻冻结锋面交圈之后，3 根冻结管形成的冻结区域连接成一个整体，冻结区域内部不再有贯穿的水流作用，因此冻结范围快速增大，位于相邻冻结管中间轴线处的冻结区域逐渐增大至与其他位置的冻结范围接近。由于水流的对流传热作用改变了整个冻结温度场的热量分布，因此随着渗流速度的增大，上游冻结区域与下游冻结区域的差距逐渐增大。

3.4 本章小节

（1）通过准确控制渗流场的流速以及方向，并充分考虑边界条件的影响，构建了一套大型水热耦合物理模型试验系统。基于该试验系统对大流速渗透地层单管以及三管冻结温度场的时空演化规律进行了试验研究，箱体表面的红外热成像结果和测点温度的变化规律显示试验系统的隔热效果较好、测点的位置准确、渗流场分布均匀，因此试验数据具有较高的准确性。

（2）在单管冻结试验中，当 $v=3$ m/d 时，位于冻结管上游的测点的初期温降速率较低，而后期的温降速率较高，在进入稳定冻结阶段之后，上游测点的温度与下游测点的温度较接近，且整体的温度以及冻结区域的形状与无流速状态时的差距较小。当 $v=6$ m/d 和 $v=9$ m/d 时，测点的温降阶段持续时间较短，位于上游的测点的温度明显高于下游测点的温度，且测点整体的温度与无流速状态时存在较大差异。在持续冻结 24 h 后，$v=3$ m/d 时，R_u、R_s、R_d 较无流速时分别降低了 34.87%、25.76%、13.87%；$v=6$ m/d 时，R_u、R_s 以及 R_d 较无流速时分别降低了 72.27%、52.83%、27.73%；$v=9$ m/d 时，R_u、R_s、R_d 较无流速时分别降低了 76.89%、55.89%、39.07%。说明大于 $v=6$ m/d 的渗流速度会对冻结温度场的最终发展状态产生明显影响。

（3）在单管冻结试验中，不同流速条件下，冻结区域向冻结管两侧的扩展半径 R_s 是大流速渗透地层冻结管间距设置的重要依据。当 $v=0$、3 m/d、6 m/d 以及 9 m/d 时，冻结区域向冻结管两侧的扩展半径 R_s 能够达到的最大值分别为 236 mm、199 mm、110 mm 以及 101 mm，对应的冻结时间分别是 28 h、36 h、24 h、20 h。

（4）在三管冻结试验中，当无渗流场作用时，相邻冻结管的中间位置(C7/E7 测点)最先交圈，其交圈时间约为 700 min/720 min。当渗流速度达到 3 m/d 时，相邻冻结管的中间位置(C7/E7 测点)最先交圈，其交圈时间为 800/805 min；当渗流速度达到 6 m/d 时，C 轴线上 C8 测点的交圈时间(1 760 min)略早于中间点 C7 测点(1 770 min)，E 轴线上 E7 测点与 E8 测点的交圈时间相等，都是 1 760 min，这表明在该流速条件下冻结壁的最早交圈的位置向冻结管的中间点的下游偏移；当渗流速度达到 9 m/d 时，温度曲线没有明显的相变阶段，整个轴线上测点的温度在冻结开始后较长时间内保持相对稳定，当冻结时间达到 4 100 min 时，温度变化曲线出现"拐点"，两条轴线上距离中间点 50 mm 处(C8/E8)的下游位置最早交圈，交圈时间为 4 225 min/4 290 min。

（5）在多管冻结试验中，当相邻冻结锋面之间的距离减小至临界值 L_c 后会产生群管效应，该效应会加快冻结锋面的扩展速度，缩短冻结壁的交圈时间。由于水流的对流传热作用会抵消部分群管效应，因此 L_c 会随着渗流速度的增大而减小。当流速小于 3 m/d 时，L_c 为 400 mm；当流速达到 6 m/d 和 9 m/d 时，L_c 分别减小至 154 mm 和 130 mm。

4 大流速渗透地层人工冻结壁发展规律预测及冻结孔优化设计研究

人工地层冻结法目前是富水软土层立井掘砌施工的主要工法。该工法在拟施工的井筒周围设置一圈或多圈冻结管，通过冻结管中的低温冷媒与被冻土体之间不断进行热量交换，形成一道具有一定强度且具有良好封水性能的冻结壁，从而为井壁的掘砌施工提供一个稳定的施工环境。但是随着施工穿越岩土层中地下水流速的增大，采用传统的冻结管布置方案时，出现了冻结壁交圈时间增加甚至无法交圈的问题，这导致后期的土体开挖以及井筒的施工无法如期开展，造成巨大的经济损失。因此，对大流速地下水作用下的人工立井冻结温度场的形成规律展开研究并提出冻结孔的优化布置方案具有重要的工程意义。

在第 3 章中，已经通过大型相似模型试验对人工冻结温度场的形成规律进行了初步研究，由于模型试验的限制因素较多，只能部分再现人工冻结温度场的发展规律，而数值计算则可以解决这个问题，因此数值计算一直是研究水热耦合问题的重要技术手段。目前大量学者在水热耦合数值计算研究领域取得了一系列研究成果[54-74]，笔者已经在绪论部分对相关的研究进展进行了较为全面的总结。本章将在上述研究的基础上，结合第 2 章未冻水含量变化规律的研究结果，考虑冻结过程中绝对孔隙率的降低对渗流的影响，基于能量守恒定律和质量守恒定律，构建水热耦合数值计算模型，并通过第 3 章水热耦合物理模型试验的结果来验证所建立数学模型的合理性。最终基于建立的计算模型，通过 COMSOL Multiphysics 数值计算软件对大流速地下水作用下的冻结温度场的发展规律进行研究，并提出了大流速渗透地层人工冻结孔的优化布置方案。

4.1 水热耦合模型的建立

4.1.1 温度场方程

在多孔介质中任取一个控制体 Ω，该控制体同时受到渗流场和温度场的作用，根据能量守恒定律可知在该控制体中：

$$Q_{out} + Q_{in} = \overline{Q_s} + \overline{Q_i} + \overline{Q_l} + Q_{ph} \tag{4-1}$$

式中，Q_{out} 为外部热源提供给控制体的热量；Q_{in} 为控制体内部热源产生的热量；Q_s，Q_i，Q_l 为固体骨架、冰、水温度改变需要消耗的热量；Q_{ph} 为水冰相变过程中产生的热量。

外部热源单位时间内流入控制体的热量为：

$$Q_{\mathrm{out}} = \int_{\Omega} -\nabla \boldsymbol{q} \mathrm{d}\Omega \tag{4-2}$$

式中，$\boldsymbol{q}$ 为热流密度矢量，满足傅立叶传热定律，即

$$\boldsymbol{q} = -\lambda_{\mathrm{e}} \nabla \boldsymbol{T} \tag{4-3}$$

不考虑多孔介质内部的源影响，所以有：

$$Q_{\mathrm{in}} = 0 \tag{4-4}$$

单位时间内固体骨架和冰的温度变化需要消耗的热量分别表示为：

$$\overline{Q}_{\mathrm{s}} = \int_{\Omega} (1-\varphi)\rho_{\mathrm{s}} C_{\mathrm{s}} \frac{\partial T}{\partial t} \mathrm{d}\Omega \tag{4-5}$$

$$\overline{Q}_{\mathrm{i}} = \int_{\Omega} \varphi(1-w)\rho_{\mathrm{i}} C_{\mathrm{i}} \frac{\partial T}{\partial t} \mathrm{d}\Omega \tag{4-6}$$

考虑水的对流传热作用，单位时间内水的温度变化需要消耗的热量为：

$$\overline{Q}_{\mathrm{l}} = \int_{\Omega} \varphi w \rho_{\mathrm{l}} C_{\mathrm{l}} \frac{\partial T}{\partial t} + \rho_{\mathrm{l}} C_{\mathrm{l}} \boldsymbol{u}(\nabla T) \mathrm{d}\Omega \tag{4-7}$$

式(4-5)、式(4-6)、式(4-7)中，φ 为多孔介质的孔隙率；w 为冻土中未冻水含水率；$\boldsymbol{u}$ 为流体的相对速度矢量；ρ,C 为密度和比热容；下标 s、i、l 分别表示固体骨架、冰以及水。

在冻结过程中，当控制体 Ω 的温度降至冰点附近时，控制体内的水逐渐转变成冰，整体温度维持在冰点附近不再发生明显变化，该阶段为水冰相变阶段，在该过程中水会不断释放潜热，其表达式为：

$$Q_{\mathrm{ph}} = \int_{\Omega} \rho_{\mathrm{l}} L \frac{\partial \theta_{\mathrm{l}}}{\partial t} \mathrm{d}\Omega \tag{4-8}$$

式中，θ_{l} 为液态水的含量；L 为单位质量的水变成冰时释放的潜热值。

将式(4-2)至式(4-8)代入式(4-1)可得到低温多孔介质的热传导微分方程：

$$\int_{\Omega} \left[(1-\varphi)\rho_{\mathrm{s}} C_{\mathrm{s}} \frac{\partial T}{\partial t} + \varphi(1-w)\rho_{\mathrm{i}} C_{\mathrm{i}} \frac{\partial T}{\partial t} + \varphi w \rho_{\mathrm{l}} C_{\mathrm{l}} \frac{\partial T}{\partial t} + \rho_{\mathrm{l}} C_{\mathrm{l}} \boldsymbol{u}(\nabla T) + \rho_{\mathrm{l}} L \frac{\partial \theta_{\mathrm{l}}}{\partial t} \right] \mathrm{d}\Omega$$
$$= \int_{\Omega} \nabla(\lambda_{\mathrm{e}} \nabla T) \mathrm{d}\Omega \tag{4-9}$$

因为控制体选择具有任意性，所以对式(4-9)进行转换后得到：

$$C_{\mathrm{ef}} \frac{\partial T}{\partial t} + \rho_{\mathrm{l}} L \frac{\partial \theta_{\mathrm{l}}}{\partial t} + \nabla[-\lambda_{\mathrm{e}} \nabla T + \rho_{\mathrm{l}} C_{\mathrm{l}} \boldsymbol{u}(T)] = 0 \tag{4-10}$$

在第 2 章中，通过对比得出了适合砂层未冻水含量随温度变化规律的计算公式，因此在本章数值计算中选用 Kozlowski 模型来描述冻结过程中未冻水含量的变化规律。

$$w(T) = \begin{cases} \theta_0 & (T > T_{\mathrm{f}}) \\ \theta_{\mathrm{res}} + (\theta_0 - \theta_{\mathrm{res}}) \exp\left[\delta\left(\dfrac{T_{\mathrm{f}} - T}{T - T_{\mathrm{res}}}\right)^{\varepsilon}\right] & (T_{\mathrm{res}} < T \leqslant T_{\mathrm{f}}) \\ \theta_{\mathrm{res}} & (T \leqslant T_{\mathrm{res}}) \end{cases} \tag{4-11}$$

式中，δ,ε 为拟合参数。

冻结过程中，控制体 Ω 中的含水率可以表示为：

$$\theta_{\mathrm{l}} = \varphi w(T) \tag{4-12}$$

控制体 Ω 中冰的含量以及固体骨架的含量为：

$$\theta_i = \varphi[1 - w(T)] \tag{4-13}$$

$$\theta_s = 1 - \varphi \tag{4-14}$$

根据体积平均法可以得到土体的等效热容为：

$$C_{ef} = (1-\varphi)C_s + \varphi w(T)C_l + \varphi[1 - w(T)]C_i \tag{4-15}$$

导热系数 K 是指单位梯度下单位时间内通过单位面积土体的热量，采用体积加权平均法得到岩土体内部导热系数的表达式：

$$K_{ef} = K_s\theta_s + K_l\theta_l + K_i\theta_i \tag{4-16}$$

控制体 Ω 在冻结过程中水、冰、固体颗粒的分布情况如图 4-1 所示。

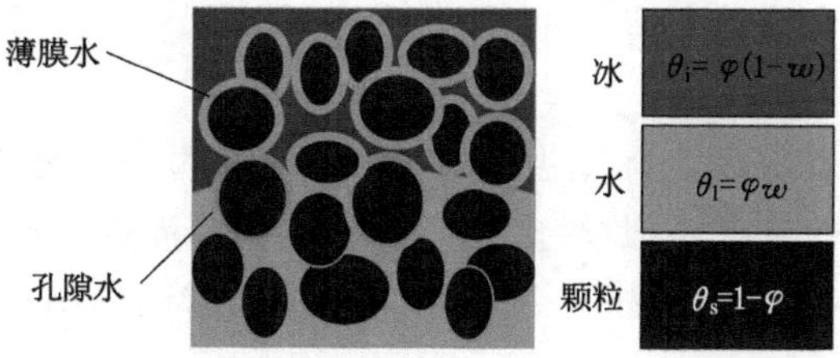

图 4-1　冻结过程中饱和多孔介质各组分分布示意图[72]

4.1.2　渗流场方程

对于任取的控制体 Ω，其孔隙率为 φ，多孔介质被流体饱和。在外表面 S 上任取面元 $\mathrm{d}S$，单位时间内通过控制体表面的流体质量为：

$$m_a = \iint_S \rho \boldsymbol{v}\boldsymbol{n}\,\mathrm{d}S = \int_\Omega \nabla(\rho \boldsymbol{V})\,\mathrm{d}\Omega \tag{4-17}$$

式中，$\boldsymbol{v}$ 为通过 $\mathrm{d}S$ 的渗流速度；$\boldsymbol{n}$ 为面元 $\mathrm{d}S$ 的外法线方向。

在控制体 Ω 中，任取一个体元 $\mathrm{d}\Omega$，水、冰比例的改变引起介质密度随时间发生变化，该变化引起整个控制体 Ω 的质量变化，其表达式为：

$$m_b = \int_\Omega \frac{\partial(\rho\varphi)}{\partial t}\mathrm{d}\Omega = \int\left[_\Omega \frac{\partial(\rho w\varphi)}{\partial t} + \frac{\partial\rho(1-w)\varphi}{\partial t}\right]\mathrm{d}\Omega \tag{4-18}$$

不考虑多孔介质内部源的影响，根据质量守恒定律有：

$$\int_\Omega \nabla(\rho \boldsymbol{V})\,\mathrm{d}\Omega + \int_\Omega \frac{\partial(\rho w\varphi)}{\partial t} + \frac{\partial\rho(1-w)\varphi}{\partial t}\mathrm{d}\Omega = 0 \tag{4-19}$$

根据达西定律可得空隙中渗流速度：

$$\boldsymbol{V} = -\frac{k_r}{\eta}\boldsymbol{k}(\nabla p_l - \rho_l \boldsymbol{g}) \tag{4-20}$$

式中，$\boldsymbol{k} = \begin{bmatrix} k_s & 0 \\ 0 & k_s \end{bmatrix}$ 为固有渗透率矩阵；η 为水的黏滞系数；p 为渗透压力；$\boldsymbol{g}$ 为重力加速度；H_g 为重力水头。

η 可以表示为冻结温度的函数。

$$\eta = 2.1 \times 10^{-6} \exp\left(\frac{1\ 808.5}{273.15 + T}\right) \tag{4-21}$$

k_r 为相对渗透率，可以表示为水饱和度的函数。

$$k_r = \sqrt{S_l}\left[1 - (1 - S_l^{1/m})^m\right]^2 \tag{4-22}$$

式中，m 为材料常数。

在饱和多孔介质冻结过程中，饱和度 S_l 等于未冻水含量 $w(T)$，因此得出相对渗透率 k_r 的表达式：

$$k_r = \sqrt{w(T)}\left\{1 - \left[1 - w(T)^{1/m}\right]^m\right\}^2 \tag{4-23}$$

将渗流速度的表达式代入式(4-19)，得到控制体渗流场的连续方程：

$$\int_{\Omega}\left[\frac{\partial(\rho_l w\varphi)}{\partial t} + \frac{\partial \rho_i(1-w)\varphi}{\partial t}\right]\mathrm{d}\Omega + \int_{\Omega}\nabla\left[-\rho_l \frac{k_r}{\eta}\boldsymbol{k}(\nabla p_l - \rho_l \boldsymbol{g})\right]\mathrm{d}\Omega = 0 \tag{4-24}$$

当多孔介质中的温度降低至冻结温度时，多孔介质内部的液态水转变为固体状态，含水率逐渐趋近 0，由式(4-23)可知：此时多孔介质中的相对渗透率也趋近 0，因此多孔介质中的渗流速度逐渐趋近 0，这种通过相对含水率的变化来描述冻结过程中渗流速度变化机理的方法称为表观热容法(apparent-heat capacity method)。

需要说明的是，在水热耦合数值计算中，另外一种常用的方法是焓-孔隙度法(enthalpy-porosity method)。该方法将冰、水相变界面描述为模糊区域(mushy zone)，在该区域中使用修正的 Darcy 源项来表示水的状态变化。

在焓-孔隙度法中，动量守恒方程为：

$$\frac{1}{\varphi}\frac{\partial}{\partial t}(\rho_l \boldsymbol{V}) + \frac{1}{\varphi^2}\left[\nabla(\rho_l \boldsymbol{V}\boldsymbol{V})\right] = \frac{1}{\varphi}\nabla\left[\mu(\nabla \boldsymbol{V} + \nabla \boldsymbol{V}^{\mathrm{T}})\right] - \nabla P + S_D + S_E + S_B + S_m \tag{4-25}$$

式中，S_D，S_E，S_B，S_m 为 Darcy 项、inertial 项、buoyancy 项以及 mushy source 项。

$$S_D = -\frac{\mu}{K}\boldsymbol{V} \tag{4-26}$$

$$S_E = -\frac{C_E}{K^{1/2}}\rho_l |\boldsymbol{V}|\boldsymbol{V} \tag{4-27}$$

$$S_B = \rho_l \boldsymbol{g}\beta_l (T - T_{\mathrm{ref}}) \tag{4-28}$$

$$S_m = -\boldsymbol{V}C_m \frac{(1-\gamma)^2}{\gamma^3} \tag{4-29}$$

式中，S_D，S_E 为水流的抵消项，当无流速场作用或者渗流速度较小时，S_E 项可以忽略不计。S_B 项用来描述孔隙中的自然对流，其中 $\boldsymbol{g}$ 是重力加速度，β_l 是热扩散系数。S_m 是达西项的修正项，该项用来控制模糊项的冻结过程，在冻结过程中，随着冻结温度的逐渐下降，多孔介质中的液体含量 γ 逐渐降至 0，S_m 在公式各项中占据支配地位，此时只有流速等于 0 才能保证等式成立。

通过对比可以发现：表观热容法与焓-孔隙度法的数学方程对冻结过程中渗流速度的变化规律的描述不同。由于表观热容法的数学方程更简洁，且该方法基于 Comsol Multiphysics 数值计算取得了较好的效果，因此本章选用表观热容法建立水热耦合数学模型并进行计算。

4.1.3 边界条件

温度场和渗流场的边界条件都可以归纳为以下三类[75-76]：第一类边界条件(Dirichlet 条件)、第二类边界条件(Neumann 条件)、第三类边界条件(Robin 条件)。

4.1.3.1 温度场边界条件

(1) 第一类边界条件

该边界条件规定了边界处的温度值，其中稳态导热边界上的温度保持常数，非稳态导热边界上的温度则表示为时间的函数。该边界条件的方程式为：

$$T = T_0 \quad 或者 \quad T = f_1(t) \quad (t > 0) \tag{4-30}$$

(2) 第二类边界条件

该边界条件规定了边界处的热流密度值，其中稳态导热边界上的热流密度保持常数，对于非稳态导热边界上的热流密度则表示为时间的函数。该边界条件的方程式为：

$$-\lambda\left(\frac{\partial t}{\partial n}\right)_{\mathrm{w}} = q_0 \quad 或者 \quad -\lambda\left(\frac{\partial t}{\partial n}\right)_{\mathrm{w}} = f_2(t) \quad (t > 0) \tag{4-31}$$

式中，n 为表面的法线方向。

(3) 第三类边界条件

该边界条件规定了边界处物体与周围流体之间的表面传热系数 h 和周围流体的温度 T_{f}，该边界条件的方程式为：

$$-\lambda\left(\frac{\partial t}{\partial n}\right)_{\mathrm{w}} = h(T - T_0) \quad (t > 0) \tag{4-32}$$

式中，h，T_0 为已知量或者已知为时间的函数。

4.1.3.2 渗流场边界条件

(1) 第一类边界条件

该边界条件规定了边界处的压力或者速度势，其函数表达式为：

$$p(x,y,t)\big|_C = f(x,y,t) \quad 或者 \quad \varphi(x,y,t)\big|_C = f(x,y,t) \tag{4-33}$$

式中，$f(x,y,t)$为已知函数。

(2) 第二类边界条件

该边界条件规定了边界处的通量或者压力导数的条件，其函数表达式为：

$$V_{\mathrm{n}}(x,y,t)\big|_C = f(x,y,t) \quad 或者 \quad \frac{\partial p}{\partial n}\Big|_C = f(x,y,t) \tag{4-34}$$

式中，$f(x,y,t)$为已知函数；n 为界面的法线方向。

(3) 第三类边界条件

该边界条件规定了压力及其导数的线性组合条件，其函数表达式为：

$$\left[\frac{\partial p}{\partial n} + hp\right]_C = f(x,y,t) \tag{4-35}$$

水热耦合数值计算的实现过程如图 4-2 所示。

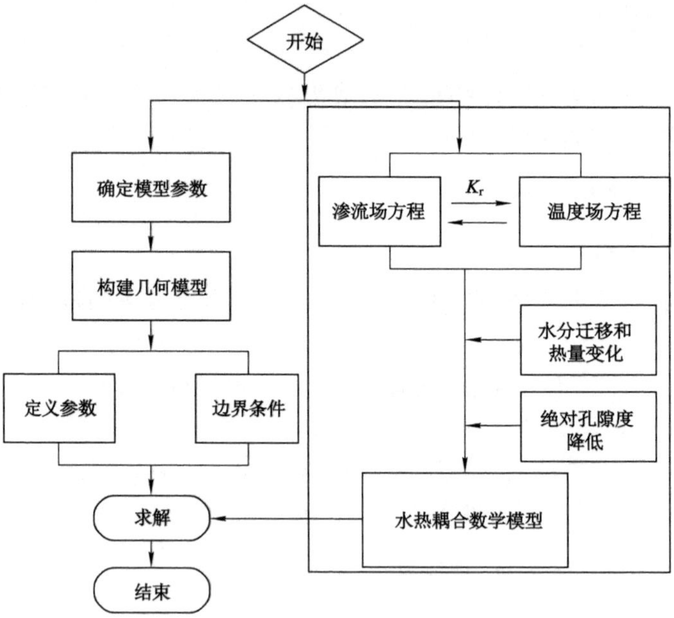

图 4-2　数值计算流程图[72]

4.2　水热耦合模型的合理性验证

4.2.1　计算模型建立

为了验证数学模型的合理性，基于模型试验的参数和边界条件构建几何模型，如图 4-3 所示。

在本模型中，冻结管壁处为温度场第一类边界条件，即

$$T_{f_i} = T_i(t) \tag{4-36}$$

式中，$i=1,2,3$ 表示不同冻结管。

箱体进水端和出水端满足温度场第一类边界条件和渗流场第一类边界条件，即

$$T|_{\text{inlet}} = T_{\text{water-in}}(t) \tag{4-37}$$

$$T|_{\text{outlet}} = T_{\text{water-out}}(t) \tag{4-38}$$

$$P|_{\text{inlet}} = V\frac{\rho g \Delta l}{K} \tag{4-39}$$

$$P|_{\text{outlet}} = 0 \tag{4-40}$$

箱体两侧边界满足温度场第一类边界条件和渗流场第二类边界条件，即

$$T_{\text{side}} = T_0 \tag{4-41}$$

$$\frac{\partial p}{\partial n}\Big|_C = 0 \tag{4-42}$$

4.2.2　测点温度随时间变化规律对比

结合多孔介质材料的热物理参数的测试结果，对不同渗流速度作用下的三管冻结温度

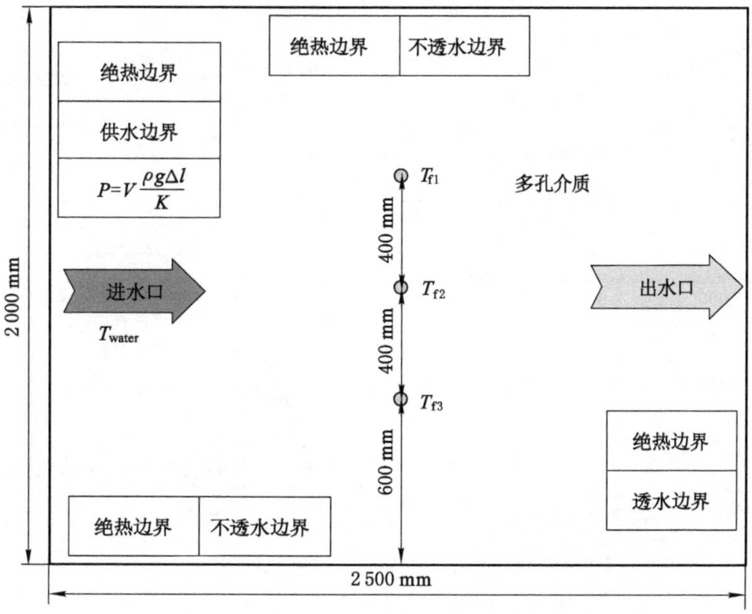

图 4-3　数值计算的几何模型及边界条件

场的发展规律进行分析，分别将无流速、低流速(3 m/d)、高流速(9 m/d)的数据模拟结果与试验结果进行对比，其中测点温度随时间的变化曲线的对比情况如图 4-4 至图 4-6 所示。

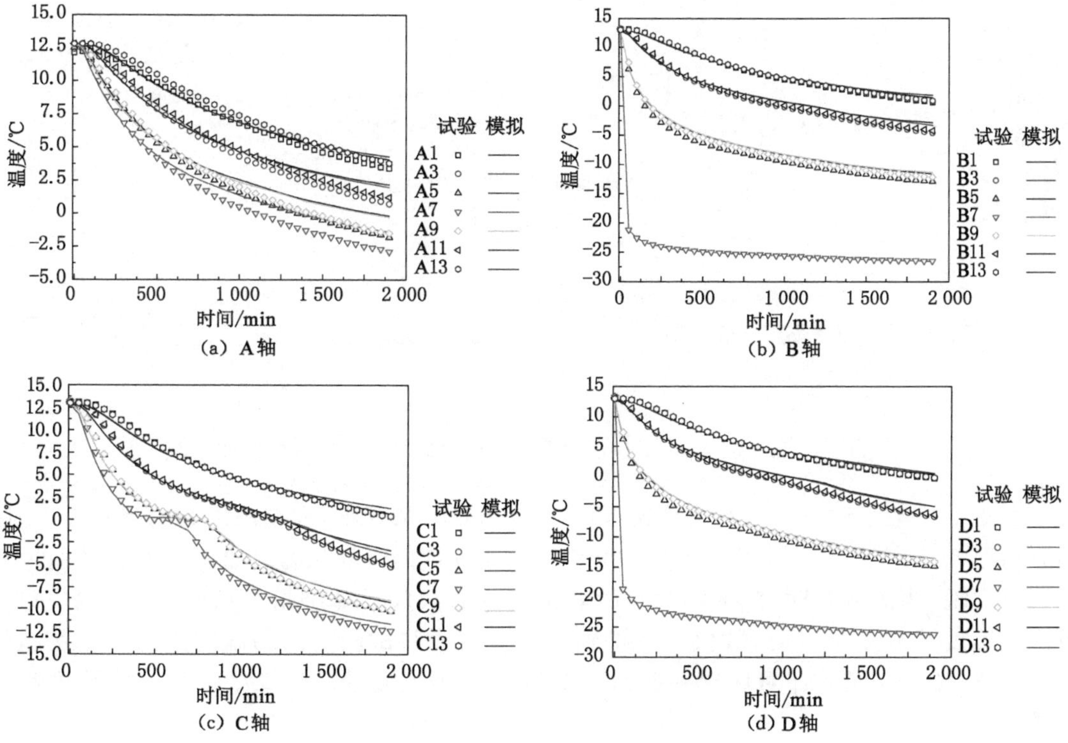

图 4-4　无渗流场作用时测点温度模拟结果与实测结果对比

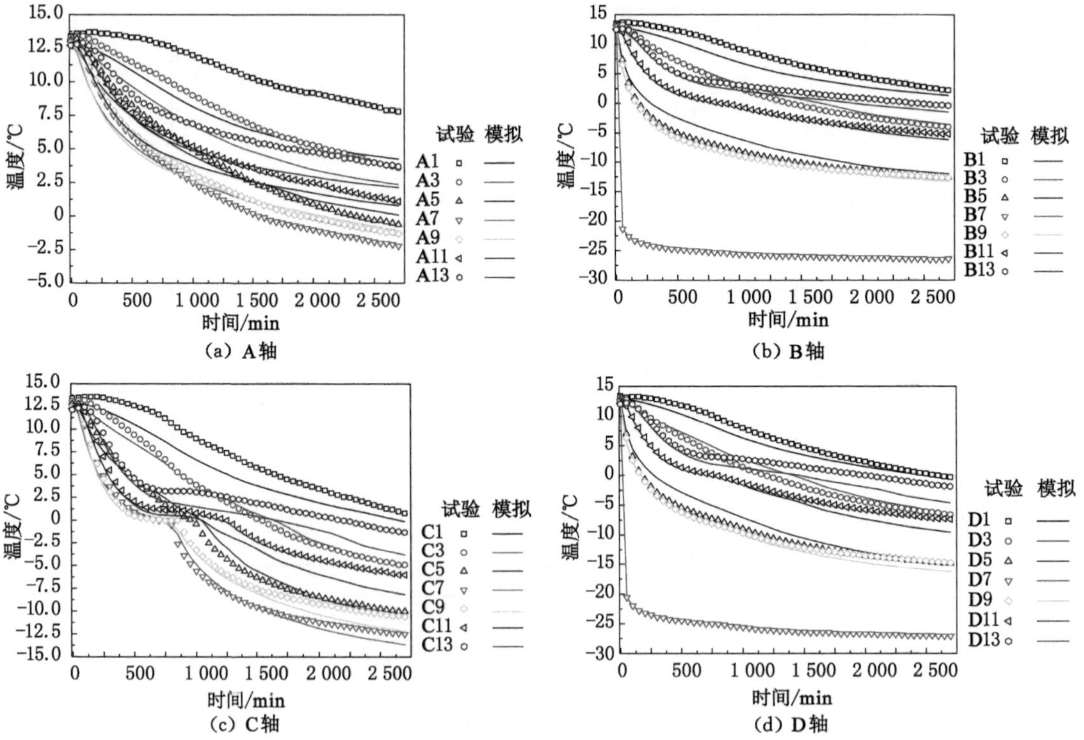

图 4-5 低流速(3 m/d)作用时测点温度模拟结果与实测结果对比

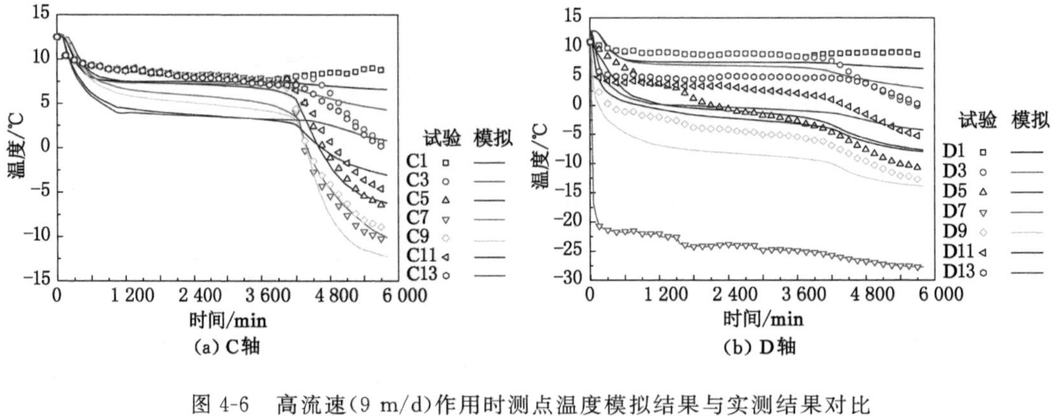

图 4-6 高流速(9 m/d)作用时测点温度模拟结果与实测结果对比

由图 4-4 至图 4-6 可知:在无流速、低流速(3 m/d)条件下,冻结温度场的范围较大,因此分别将 A、B、C、D 4 条轴线上的测点温度的数值计算结果与试验结果进行对比。通过对比可以发现:当无流速时,温度随时间的变化规律的数值计算结果与试验结果基本一致;当渗流速度达到 3 m/d 时,数值计算得到的温度曲线与试验得出的温度曲线的发展趋势基本一致,位于冻结管布置区域一侧的 A 轴线上的测点温度的计算结果与试验结果略有差异。

在高流速(9 m/d)条件下,冻结范围变小,位于冻结管布置区域一侧的 A 轴线上的测点的温度变化较小,因此只将冻结管所在轴线和相邻冻结管中间轴线上的测点温度的数值计算结果与试验结果进行对比。通过对比可以发现:冻结管所在轴线(D轴)上测点的温度的数值计算结果与试验结果的吻合度较高。位于相邻冻结管中间轴线(C轴)上的测点温度变化曲线的数值计算结果与试验结果都包含冻结初期的快速温降阶段、缓慢温降阶段以及第二次快速温降阶段,并且各个测点进入第二次温降阶段的时间点和各个测点的最低温度基本一致;与试验结果相比,数值计算结果清晰反映了不同位置处的测点在缓慢温降阶段的温度差异。

4.2.3 冻结锋面发展规律对比

不同流速条件下,数值计算与试验得到的冻结锋面的对比情况如图4-7和图4-8所示。

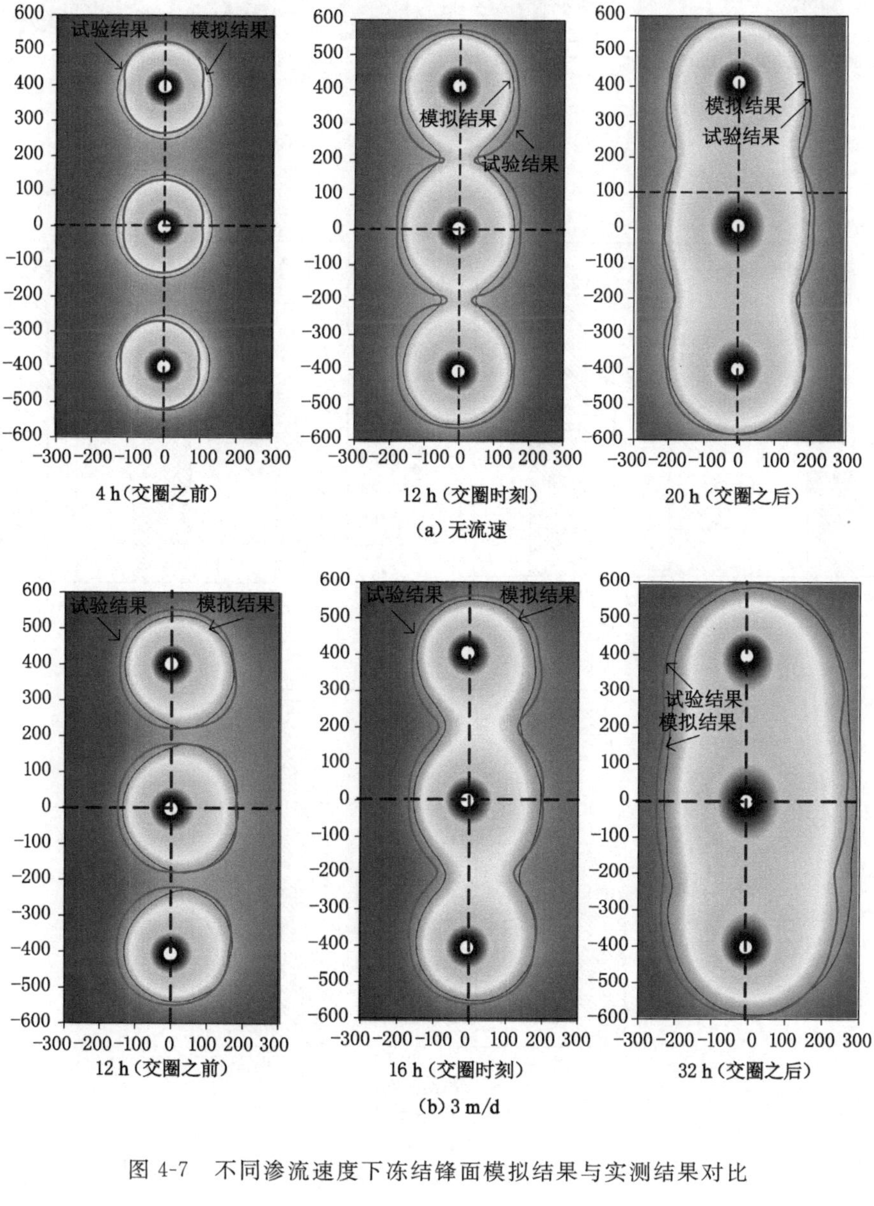

图4-7 不同渗流速度下冻结锋面模拟结果与实测结果对比

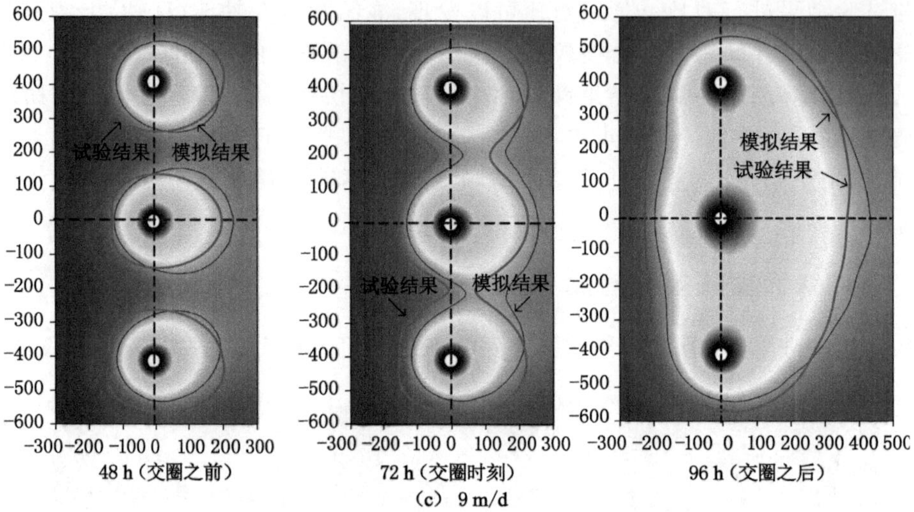

图 4-7 （续）

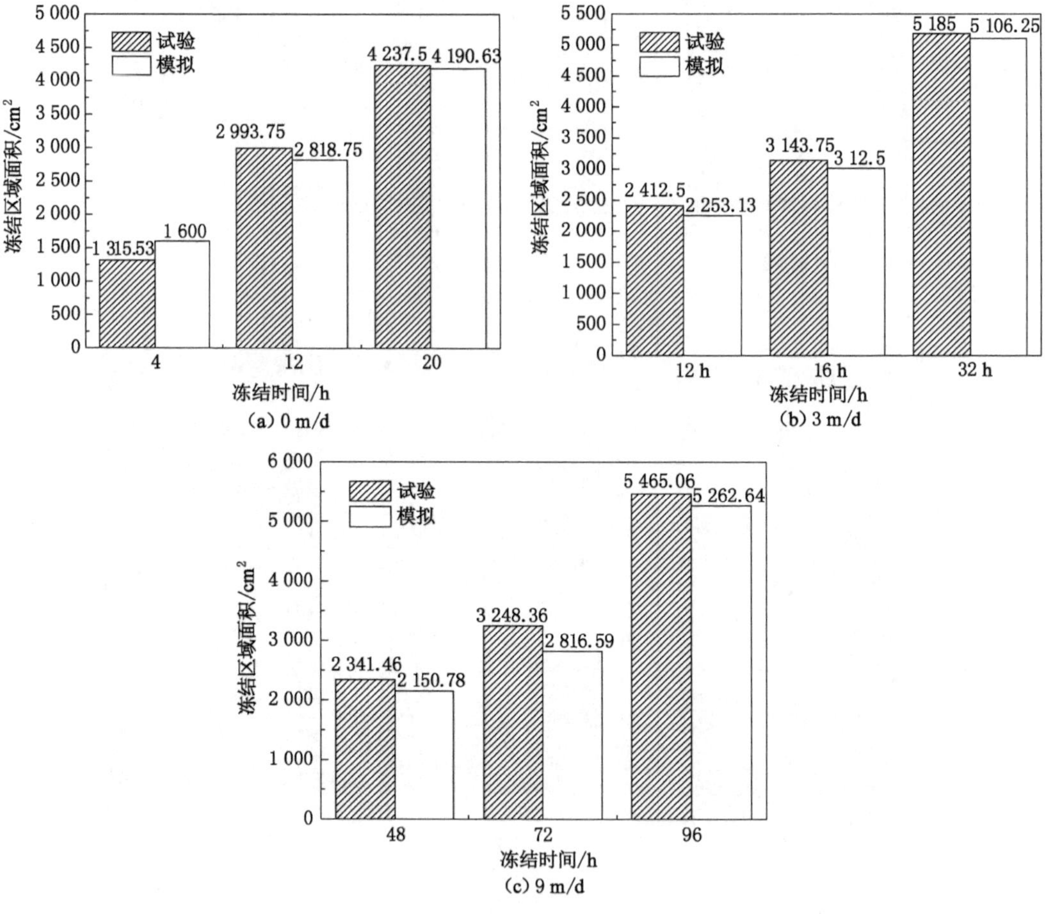

图 4-8 不同渗流速度下冻结范围的模拟结果与实测结果对比

由图 4-7 和图 4-8 可知：无流速和较小流速时，数值计算和模型试验得出的冻结锋面的形状以及面积基本一致；而流速较大时，冻结前期冻结锋面的形状存在一定差异，但是面积基本相等，在冻结壁交圈之后，数值计算得到的冻结锋面的形状与试验得到的冻结锋面的形状差异逐渐减小。

结合温度变化曲线和冻结锋面的对比情况可知：本书构建的数值计算模型可以实现对较大流速的地下水作用下人工冻结温度场的计算。

4.3　大流速渗透地层人工冻结壁发展规律预测分析

4.3.1　不同流速地下水作用下单圈管冻结规律研究

根据前文建立的水热耦合数值计算模型，基于淮南矿区潘一矿中央风井的冻结孔布置方案（表 4-1），构建地下水作用下地层冻结数值计算模型，如图 4-9 所示。

表 4-1　潘一矿中央风井冻结孔设计参数

参数		数值	单位
井筒内径		6	m
开挖荒径		8	m
冻结管	布置圈直径	14	m
	数量	38	1
	管间距	1.15	m
	管壁温度	－32	℃
	冻结管尺寸	159×6	mm

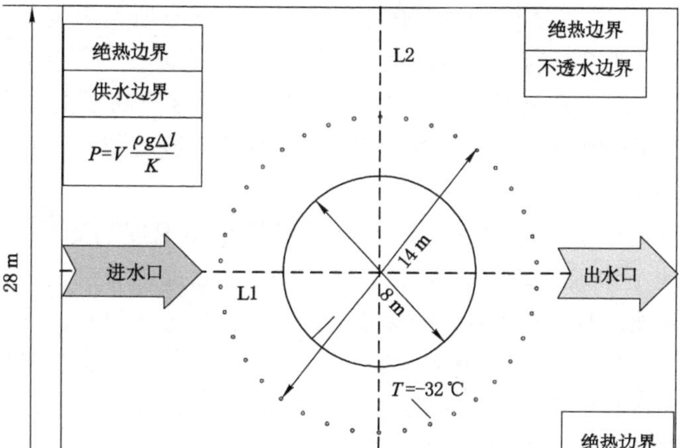

图 4-9　单圈冻结数值计算模型

在本计算模型中，冻结管的管径为 159 mm，冻结管布置圈的直径为 14 m，为了满足计算时的边界条件，计算控制范围为 28 m×28 m，拟开挖区域的直径为 8 m，地下水的初始温度和地层的初始温度为 20 ℃，轴线 L1 平行于水流方向，轴线 L2 垂直于水流方向，L1 与 L2 的交点与冻结管布置圈的圆心重合。为了便于分析，定义 L1 与冻结管布置圈的左、右两个交点分别为上游位置和下游位置，定义 L2 与冻结管布置圈的交点为侧面位置。

工程中使用地下水流速 V 来描述水流速度的大小，其物理意义是单位时间内流过孔隙的水流量的大小。渗流速度 v 与地下水流速 V 的关系式如下：

$$v = nV \tag{4-43}$$

式中，n 为多孔介质的孔隙率。

由式(4-43)可知：地下水流速大于渗流速度。

根据饱和砂土的冰点试验结果，认为冻结砂土层的温度达到 −1 ℃时即形成有效的冻结壁，因此 −1 ℃等温线即冻结壁的轮廓线，将不同流速的地下水作用下冻结温度场在 30 d、60 d、90 d 的分布规律的以及 −1 ℃时的等温线绘制成图，如图 4-10 所示。

根据图 4-10 对不同流速的地下水作用下的人工冻结温度场变化规律进行分析，可以发现：5 m/d 的地下水已经对冻结温度场的发展产生了一定的影响，主要表现在冻结壁的上游位置最迟完成交圈，并且在冻结时间达到 30 d 时上游以及下游位置的冻结壁的厚度明显小于两侧的冻结壁厚度；随着冻结时间的增加，冻结壁的厚度不断扩大，由于受水流的影响，冻结壁的外轮廓不再是圆形，其下游位置沿着水流的方向出现一个明显的凸出区域，在交圈之后，冻结壁的内轮廓不断向中心扩展，由于冻结壁交圈之后不再受水流的影响，因此，内轮廓的形状比较接近圆形。对比冻结壁内侧与外侧的冻结范围可以发现：除下游区域以外，其他位置的冻结壁向内侧扩展的范围明显大于外侧扩展的范围。

随着地下水流速的增加，水流对冻结温度场带来的影响愈发明显，当冻结时间达到 30 d 时，随着流速的增加，上游区域不交圈的范围越来越大，并且当地下水流速大于 10 m/d 时，下游区域也出现了不交圈现象。当冻结时间达到 90 d 时，11 m/d 流速范围内的地下水作用的冻结温度场下游区域都已经完成交圈，并且冻结范围已经沿着水流的方向形成向下的凸出部分，两侧的冻结范围都已经发展到拟开挖位置，而下游的冻结区域与拟开挖控制圈之间的距离则随着流速的增大而增加。

通过数值计算发现小于 5 m/d 的地下水对单圈管冻结温度的影响非常小，本书中只对大于 5 m/d 流速的地下水展开研究。由图 4-11 可知：单圈冻结管形成的冻结壁的总体交圈时间随着流速的增大而增加，并且增加的速度越来越快，5 m/d 的水流作用下的交圈时间为 30 d，而流速 11 m/d 的地下水作用下的交圈时间达到了 171 d。下游区域能否交圈对整个冻结壁的形成具有决定性的作用，当下游区域的冻结壁完成交圈之后，在冻结管布置圈径的内部不再存在贯穿整个冻结区域的水流，水流对冻结温度场的影响被弱化，因此只要下游位置的冻结壁能够完成交圈，那么整个冻结壁也一定可以交圈，通过数值计算得出下游位置冻结壁的交圈时间与水流速度呈现类似抛物线的关系。当水流速度小于 7 m/d 时，下游区域的冻结壁的交圈时间出现了随着流速的增大而减少的现象，当流速大于 7 m/d 时，交圈时间随着流速的增大而增加，造成这一现象的原因是：由于对流传热作用，冻结管释放的部分冷量被用来降低水流的温度，这个部分低温水流在流经温度较高的区域时，又将部

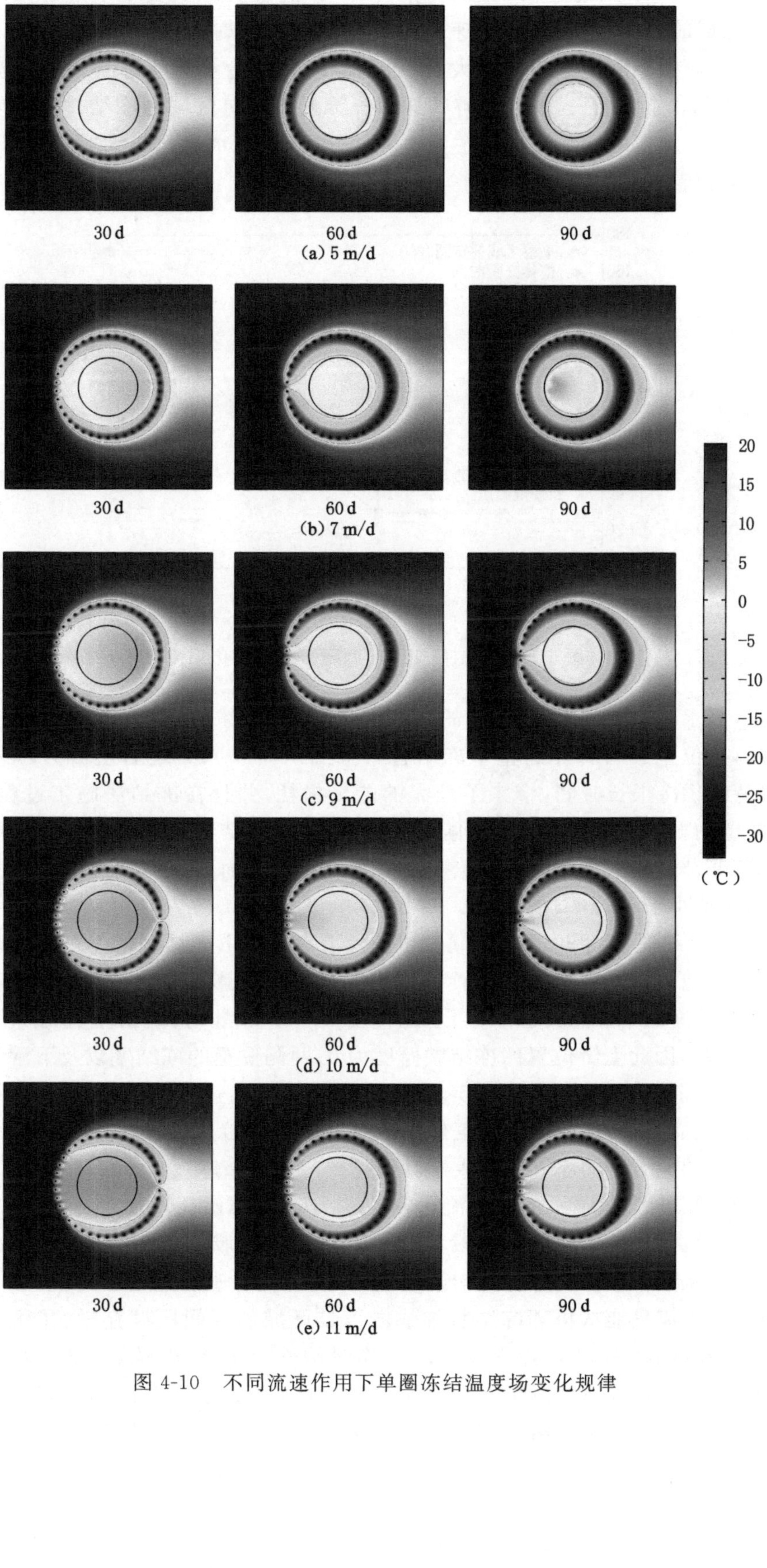

图 4-10 不同流速作用下单圈冻结温度场变化规律

分冷量传递给该区域，水流成为冷量的流动媒介，该过程实际上实现了上游冻结管的冷量传递到下游区域的过程，因此当水流速度在一定的范围内时，流速的增加促进了这种能量传递的过程，然而随着流速进一步增大，来自上游的补充冷量无法弥补水流对流传热作用对下游区域带来的能量损失，来自上游的这部分冷量在下游区域的冻结过程中发挥的作用被弱化，因此下游位置的冻结管发挥主要作用，所以当地下水流速较大时，下游区域冻结壁的交圈时间会随着流速的增大而延长。

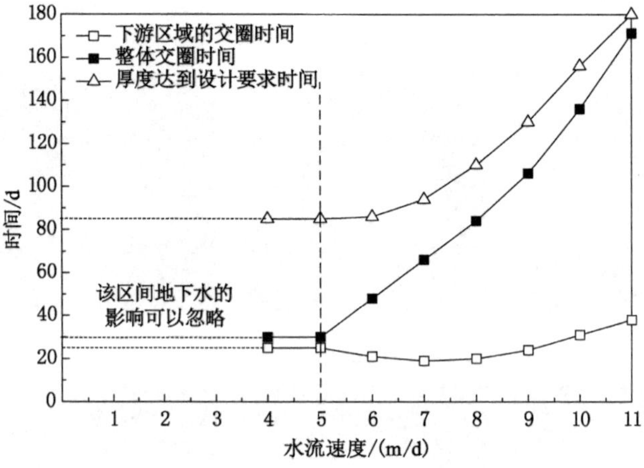

图 4-11　冻结壁交圈时间随流速的变化规律

实际上，当水流速度较大时，下游的冻结壁交圈之后，由于上游位置依然承受较大的水流冲击作用，该位置必须要等到整个冻结管布置圈内完成冻结之后上游区域才会完成交圈，这需要持续供冷很长时间，带来了较大的能量损耗，并且在冻结法施工过程中，为了避免给后期井壁的掘砌施工带来不利影响，是不允许整个冻结管布置圈内部的土体完全冻实的，因此确定冻结法施工允许的水流速度要综合考虑上述因素，在本研究中，单圈管冻结适用于地下水流速小于 10 m/d 的地层。

图 4-12 为冻结时间为 90 d 时不同流速的地下水作用下冻结壁的发展规律。通过对比分析可以发现：地下水流速对上游位置的冻结壁的厚度的影响最为显著，该位置冻结壁的厚度随着水流速度的增加急剧减小，当水流速度大于 9 m/d 时，上游位置的冻结壁无法在 90 d 内完成交圈，因此上游位置的冻结壁厚度为 0；两侧位置的冻结壁以及下游位置的冻结壁受流速的影响最小，地下水流速由 5 m/d 增大至 12 m/d 过程中，该区域的冻结壁的厚度随着流速的增大而减小，但是减小幅度较小。受到来自上游区域冷量与本区域冷量的叠加作用，下游区域的冻结壁的厚度始终大于其他位置的冻结壁厚度。

由图 4-13 可知：当地下水的初始流速较大时，随着冻结时间增加，地下水流速经历了以下几个变化阶段：(1) 第一次稳定阶段，冻结初期，冻结区域的面积较小，对水流的阻力较小，此时地下水流速的数值会稳定在初始流速附近；(2) 流速快速增加阶段，由于冻结区域的渗透性很小，水流只能从相邻冻结管形成的冻结区域的中间区域穿过，在压力水头不变的情况下，渗流区域越小，水流速度越大；(3) 缓慢增长阶段，在相邻冻结管形成的冻结柱状体临近交圈的时候，流经下游两根冻结管中间位置的水流速度随着冻结时间的增加而不断增大，水流速度增大到一定值后急剧减小至 0，结合图 4-14 可知该转折点即冻结壁的交圈

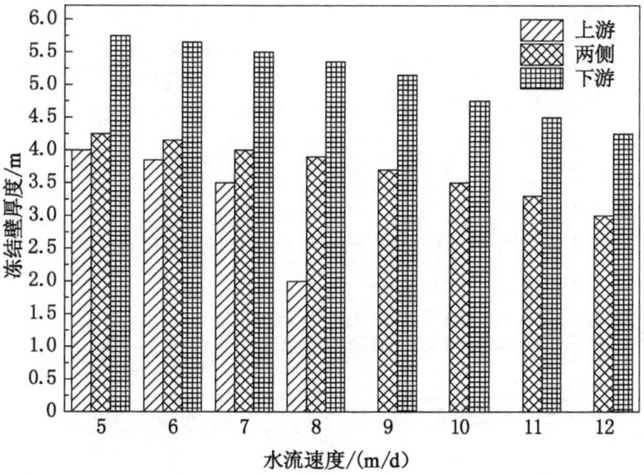

图 4-12　不同位置的冻结壁厚度随流速的变化规律

时间。造成水流速度出现这种变化的原因是:随着相邻两根冻结管形成的冻结柱状体的体积不断增大,过水断面的可渗流区域不断减小,来自上游的水压却没有改变,因此水流逐渐变大,通过本书的计算发现初始流速为 10 m/d 的地下水,在临近交圈时刻的流速可以达到初始流速的 7 倍。

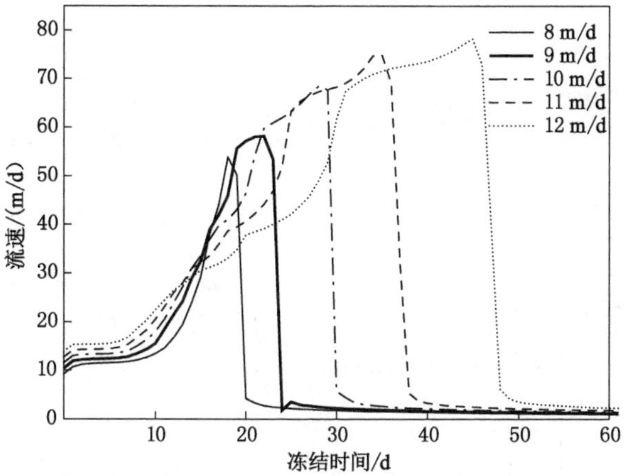

图 4-13　冻结过程中水流速度随时间变化规律

对不同冻结管间距的冻结壁的最终交圈时间进行分析,如图 4-15 所示。通过对比分析可以发现:冻结管的布置间距对冻结壁的最终交圈时间具有显著影响。在 5 m/d 地下水作用下,当冻结管的间距由原冻结方案的 1.15 m 缩小至 1.05 m 时,整个冻结壁的交圈时间提前了 11 d,而当冻结管的间距由原冻结方案的 1.15 m 增大至 1.30 m 时,整个冻结壁的交圈时间延长了 20 d。随着地下水流速的增加,冻结管间距的改变对冻结壁冻结效率的影响愈发明显。在 9 m/d 地下水作用下,冻结管的间距由原冻结方案的 1.15 m 减小至 1.05 m 时,整个冻结壁的交圈时间提前了 52 d。而当冻结管的间距由原冻结方案的 1.15 m 增大

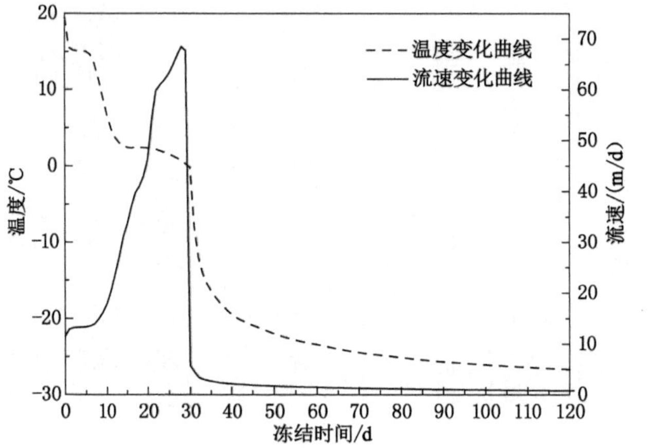

图 4-14　地下水流速与温度变化规律对比

至 1.30 m 时，整个冻结壁的交圈时间延长了 34 d。当地下水流速达到 10 m/d 时，冻结管间距为 1.30 m 的冻结方案形成的冻结壁无法在 180 d 内交圈。因此，当地层存在较大流速的地下水时，在冻结方案的设计中可以适当缩小冻结管的间距，从而提高整个区域的冻结效率。通过计算可以得出：采用单排管的布置方案时，冻结管间距不宜大于 1.3 m，同时考虑冻结管偏斜等可能存在的情况，冻结管的布置间距不宜小于 1 m，因此冻结管的布置间距可以为 1～1.3 m。

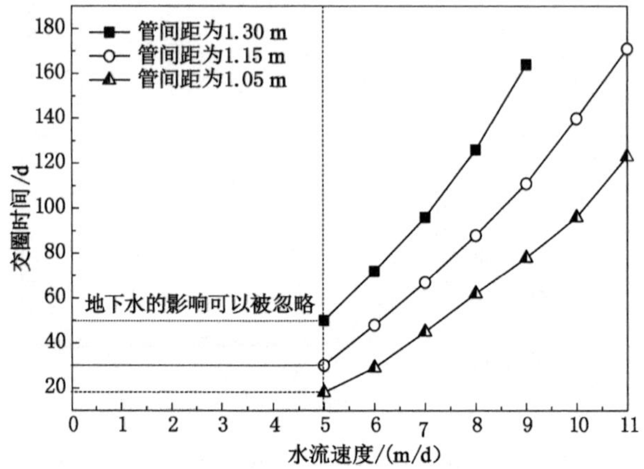

图 4-15　冻结管间距对冻结壁交圈时间的影响规律

4.3.2　不同流速地下水作用下双圈管冻结规律研究

结合淮南矿区张集矿北区风井的冻结孔布置方案（表 4-2），构建地下水作用下双圈管地层冻结数值计算模型，如图 4-16 所示。

表 4-2 张集矿风井冻结参数

参数		数值
井筒内径/m		7
开挖荒径/m		9
辅助冻结管	布置圈径/m	13
	数量/个	18
	管间距/m	2.27
	管壁温度/℃	−32
	冻结管尺寸/mm	159×6
主冻结管	布置圈径/m	17
	数量/个	42
	管间距/m	1.27
	管壁温度/℃	−32
	冻结管尺寸/mm	159×6
排间距/m		2

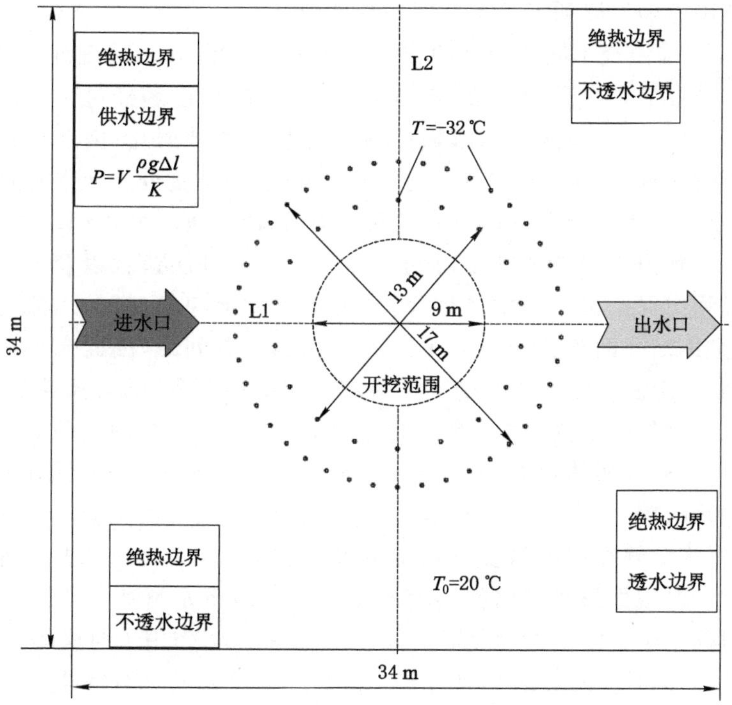

图 4-16 双圈管冻结数值计算模型

在本计算模型中，冻结管的管径为 159 mm，主冻结管布置圈的直径为 17 m，辅助冻结管布置圈的直径为 13 m，拟开挖区域的直径为 9 m。为了满足计算时的边界条件要求，计算控制范围为 34 m×34 m，地下水的初始温度和地层的初始温度为 20 ℃，冻结管管壁温度为−32 ℃。轴线 L1 平行于水流方向，轴线 L2 垂直于水流方向，L1 与 L2 的交点与冻结管布置圈的圆心重合。为了便于分析，定义 L1 与主力冻结管布置圈的左、右两个交点分别为上游外圈位置以及下游外圈位置，L1 与辅助冻结管布置圈的左、右两个交点分别为上游内圈位置以及下游内圈位置，定义 L2 与冻结管布置圈的交点为侧面位置。

根据图 4-17 和图 4-18 对不同流速的地下水作用下的双圈人工冻结温度场变化规律进行分析，可以发现在主冻结管的间距没有明显差距的情况下，由于在主冻结管布置圈内布置了一圈辅助冻结管，整个冻结区域对地下水的抵御作用得到明显提高，主要表现在流速为 10 m/d 以下的地下水并不会对冻结壁的交圈时间产生明显影响，并且当地下水流速达到 20 m/d 时，双排管形成的冻结壁仍能成功交圈。当冻结时间达到 30 d 时，流速小于 20 m/d 的地下水作用下的冻结壁的下游外圈区域都已经完成交圈，并且侧面的内圈冻结管形成的冻结壁已经与外圈冻结管形成的冻结壁连接成一个整体，流速的增加给下游区域的冻结壁产生了显著的影响，但是两侧的冻结壁随着流速的增大变化并不明显；当冻结时间达到 60 d 时，流速小于 14 m/d 的地下水作用下的冻结区域已经形成了完整的冻结壁，并且冻结壁的范围已经接近拟开挖位置，当流速大于 14 m/d 时，上游区域的冻结壁没有完成交圈，随着流速的增大，未交圈的区域增大；当冻结时间达到 90 d 时，在流速小于 16 m/d 的地下水作用下的冻结区域已经形成了完整的冻结壁，并且冻结壁的范围已经超过拟开挖区域的控制边界，在流速大于 16 m/d 的地下水作用下的冻结区域的上游位置没有完成交圈，但是两侧的冻结范围已经发展到拟开挖控制边界的内部。

根据图 4-18 对冻结壁不同位置处的交圈时间进行分析，可以发现冻结管布置圈下游外圈位置为整个冻结壁最先交圈的位置，水流流经该位置时，已经经过了上游三排冻结管的预冷作用和阻隔作用，水流与该冻结区域的对流传热作用被弱化，因此该位置处的交圈时间受到流速的影响比较小，当水流速度小于 14 m/d 时，该位置处的交圈时间维持在 17 d 保持不变，当地下水的流速大于 14 m/d 时，交圈时间随着流速的增大而增加，当地下水流速达到 20 m/d 时，下游外圈位置的交圈时间为 34 d。上游外圈位置以及上游内圈位置的交圈在整个冻结过程中保持相同的发展趋势，当地下水的流速较低时，水流对冻结效果的影响较小，由于辅助冻结孔的布置间距大于主冻结孔的布置间距，因此会出现上游外圈位置的冻结壁先交圈，而上游内圈位置处的冻结区域后交圈的现象，随着流速的增大，水流的对流传热作用导致上游外圈位置的冻结管的冷量大量散失，而上游内圈位置的冻结区域的冷量损失较小，因此上游内圈的位置的交圈时间早于上游外圈区域的交圈时间，但是由于两排冻结管之间的排距较小，在内圈管形成的冻结壁交圈之后，水流会绕过冻结区域流向下游区域，上游外圈冻结管作用区域受到水流的作用被弱化，因此该位置的冻结壁在上游内圈冻结壁交圈之后的很短的时间内就会完成交圈。当地下水流速大于 10 m/d 时，下游内圈位置的交圈时间早于上游位置的交圈时间，6 m/d 的水流作用下对应的交圈时间为 30 d，20 m/d 的水流作用下对应的交圈时间为 50 d。当冻结壁完成交圈后，冻结壁内部的未冻区域不再受流动的地下水作用，因此冻结区域达到拟开挖边界的时间在下游 15 m/d 以内的流速作用下不会发生明显变化，当地下水流速进一步增大后，冻结壁上游位置处交圈时间

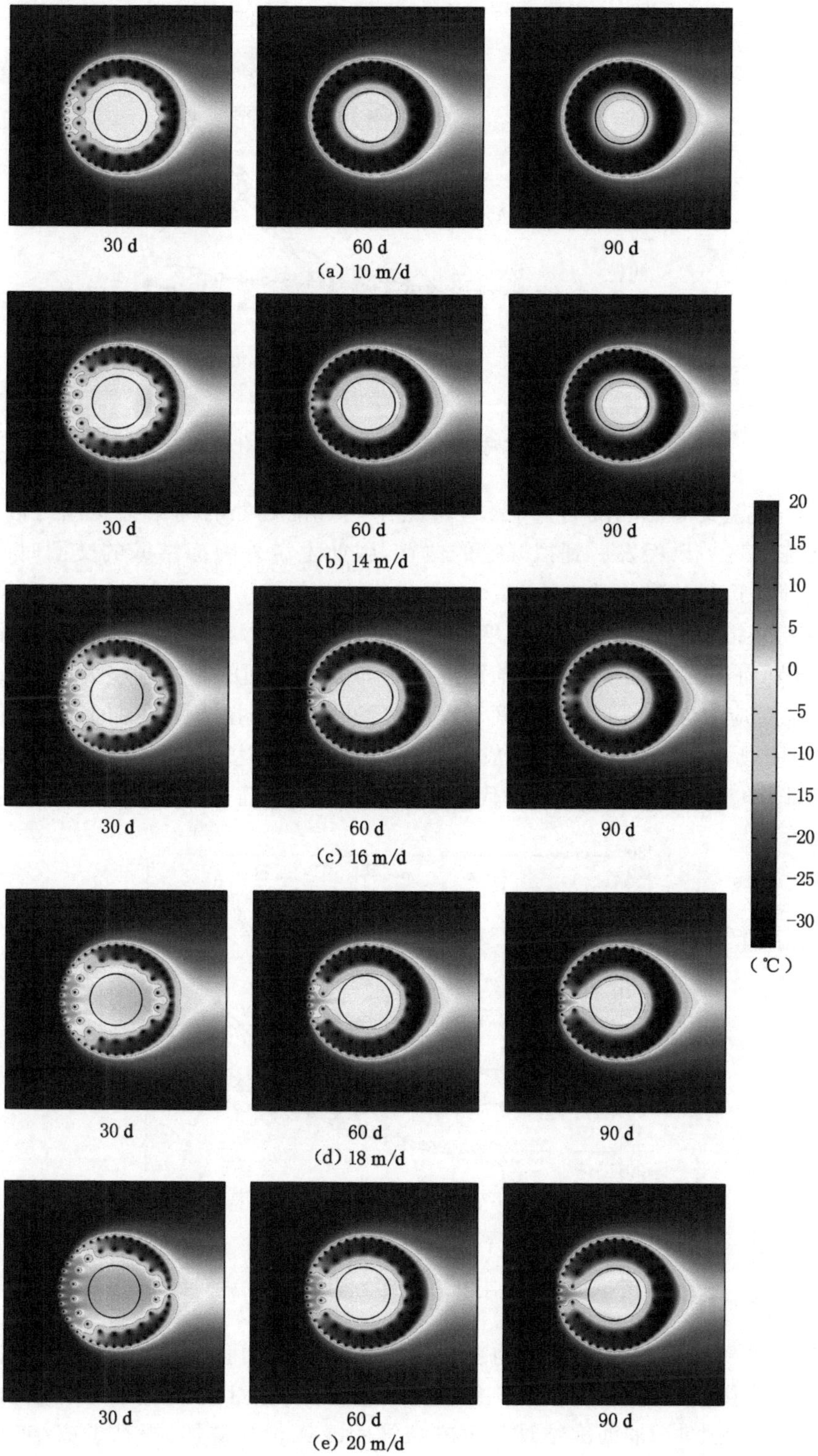

图 4-17　不同流速的地下水作用下双管冻结温度场的变化规律

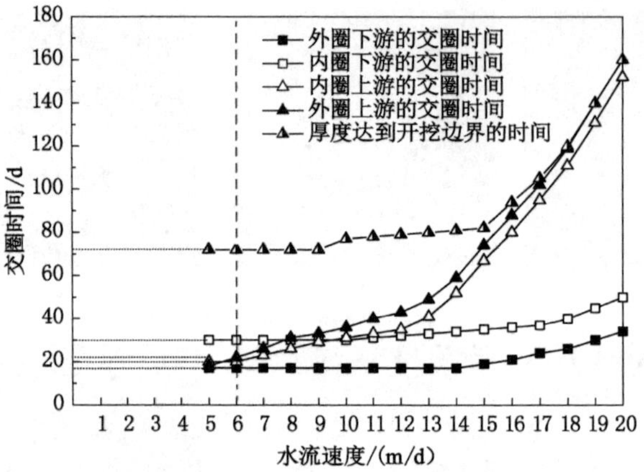

图 4-18　冻结壁交圈时间随流速的变化规律

与下游区域冻结壁交圈的间隔时间较长，因此在上游位置处的冻结壁交圈之前，两侧和下游位置处的冻结区域已经发展到拟开挖的位置，因此上游外圈冻结壁的交圈时间与冻结范围扩展到拟开挖边界的时间基本一致。

为了研究冻结管的排距对冻结温度场发展规律的影响，在保持辅助冻结管的数量不变的前提下，分别将主冻结管布置圈与辅助冻结管布置圈之间的距离调整为 2.5 m 与 1.5 m，将这两种情况对应的冻结壁的交圈时间和冻结壁发展到拟开挖边界的时间与原冻结方案进行对比，如图 4-19 所示，图中实体图形构成的曲线代表冻结壁达到开挖边界需要的时间随流速的变化规律，图中空心图形构成的曲线代表冻结壁完成交圈需要的时间随流速的变化规律。

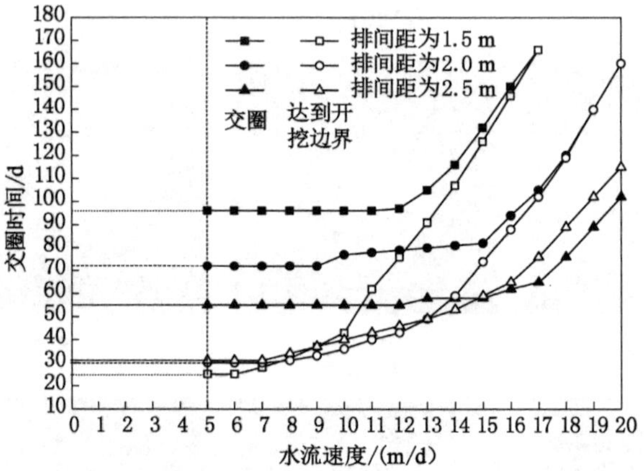

图 4-19　排间距对冻结壁交圈时间的影响规律

通过对冻结壁交圈时间随流速的变化规律进行分析可以发现，当地下水流速较小时，水流对双排冻结管作用区域的冲击作用较小，冻结管的冷量可以均匀地向各个方向传递，当冻结管的排距减小时，辅助冻结管与主冻结管的冷量相互叠加，提高了冻结效率，所以当地下水流速小于 8 m/d 时，缩小冻结管的排距使得冻结壁的交圈时间提前；随着流速的增加，水流的对流传热作用愈发明显，水流成为冷量的流动媒介，冻结管的冷量被携带至下游区域，由于辅助冻结管的数量保持不变，冻结管的排距减小导致管间距变大，辅助冻结管交圈需要的时间增加，导致上游主冻结管的大量冷量从辅助冻结管形成的冻结柱状体的间隙流失，所以当地下水流速大于 8 m/d 时，排间距由 2 m 减小至 1.5 m，冻结壁的交圈时间被延长。

当冻结管的排距增大时，辅助冻结管的间距减小，辅助冻结管的交圈时间变短，当地下水流速较小时，主冻结管形成的冻结壁与辅助冻结管形成的冻结壁连接成整体的时间是影响整个冻结壁交圈时间的主要因素，因此在小于 9 m/d 的地下水作用下，主冻结管与辅助冻结管之间的距离由 2.0 m 增大至 2.5 m 时，整个冻结壁的交圈时间变长。随着地下水流速的增大，上游主冻结管的交圈时间成为影响整个冻结壁交圈时间的主要因素，辅助冻结管的间距变小，上游辅助冻结管的作用区域的交圈时间缩短，辅助冻结管交圈之后，水流对主冻结管的冲击作用被弱化，因此在大于 9 m/d 的地下水作用下，主冻结管与辅助冻结管之间的距离由 2.0 m 增大至 2.5 m 时，整个冻结壁的交圈时间缩短。

对不同排距的冻结方案形成的冻结壁达到拟开挖边界的时间进行分析，可以发现在主冻结管布置圈径不变的前提下，增大主冻结管与辅助冻结管之间的排距后，辅助冻结管布置圈与拟开挖边界的距离被缩短，因此冻结管的排距越大，冻结壁发展到拟开挖边界需要的时间越少。

结合冻结壁的交圈时间进行分析，可以发现当冻结管的排距较大时，在辅助冻结管形成的冻结壁完成交圈较长一段时间后，主冻结管形成的冻结壁才能完成交圈，因此冻结范围达到开挖边界的时间早于冻结壁的最终交圈时间，这会导致冻结壁向拟开挖边界内部过分扩张，对后期的开挖造成不利影响。因此冻结管的排距应当控制在一个合理的范围内，既能提高冻结效率，又能防止拟开挖部分被冻实，基于本研究得出的双圈管排间距的合理范围为 2～2.5 m。

4.4 大流速渗透地层冻结孔优化设计

在立井冻结法的施工过程中，冻结孔的布置方式一般为：按等距离布置在与掘进井筒(巷道)同心的圆周上，且同一冻结孔布置圈上的低温冷媒的控制温度相同。在无流动的地下水的施工环境中，这种布置方案可以保证形成的冻结壁的强度比较均匀；当遇到流速较大的地下水作用时，往往会通过整体加密、整体降低低温冷媒的温度或者增加冻结壁孔的布置圈数的方法来对原有的冻结方案进行优化，采用上述优化方式的冻结孔布置方案可以达到使冻结壁顺利交圈的目的。但是实际上，水流对冻结管布置圈径上不同位置处的冻结效果的影响程度不同，研究表明：位于水流上游的冻结管形成的冻结壁的交圈时间迟于位于水流下游的冻结管，而下游的冻结管的交圈时间迟于两侧的冻结管。如果采用整体加密、整体降低低温冷媒的温度或者增加冻结壁孔的布置圈数的方法，会造成冷量的浪费，且无法形成均匀的冻结壁，对后期的掘砌施工增加了难度。

因此，在生产和实践中，为了应对流速较大的地下水对冻结壁形成带来的不利影响，需要一种新式的冻结孔优化布置方式，既可以加快冻结孔的交圈时间，又可以保证形成的冻结壁强度比较均匀，并且可以避免能源的浪费。

4.4.1 单圈冻结孔优化设计

根据地下水对人工冻结温度场的作用特点，采用以下三种方案对地下水作用下单圈冻结孔设置方案进行优化设计。

优化方案 1：将冻结管的间距由 1.16 m 减小至 1.13 m，即冻结管布置圈上的冻结数量由 38 根增加至 39 根。

优化方案 2：将冻结管布置圈上游部分 60°范围内的冻结管间距由 1.16 m 减小至 1.05 m，即只在上游 60°范围内增加 1 根冻结管。

优化方案 3：在原冻结方案的基础上，在冻结管布置圈上游 1 m 位置处增加 1 根辅助冻结管。

采用不同的优化方案，冻结温度场的发展规律的对比情况如图 4-20 和图 4-21 所示。

通过对比可以发现：采用整体加密的方式后（优化方案 1），冻结壁的交圈时间随地下水流速的变化曲线与优化前的曲线形状基本一致，对应相同的地下水流速，优化后的冻结壁的交圈时间略微减少，冻结壁能够交圈的极限流速仍为 11 m/d。采用局部加密（优化方案 2）以及在水流上游增设辅助冻结管（优化方案 3）的方式后，冻结壁的交圈时间随地下水流速的变化曲线的形状与优化前的曲线形状出现较大差异，当地下水流速低于 7 m/d 时，采取上述两种优化方式后，随着地下水流速的增加，冻结壁的交圈时间变化幅度较小；当地下水流速大于 8 m/d 时，冻结壁的交圈时间随着地下水流速的增大快速增加，但是交圈时间较优化前仍然大幅度降低。采取上述两种优化方案时，冻结壁能够交圈的极限流速达到 12 m/d。

在优化方案 3 中，辅助冻结管与冻结管布置圈的间距是影响冻结壁交圈的关键因素，该因素对冻结壁交圈时间的影响规律如图 4-22 和表 4-3 所示。

表 4-3　辅助冻结管设置间距对冻结壁交圈时间的影响规律

间距/m	冻结壁交圈时间/d							
	5 m/d	6 m/d	7 m/d	8 m/d	9 m/d	10 m/d	11 m/d	12 m/d
1.0	29	32	37	44	55	85	100	
1.5	29	32	37	44	54	63	80	96
2.0	29	31	35	42	50	61	75	94
2.5	30	33	35	40	49	61	73	87
3.0	30	33	35	43	56	70	83	105

由图 4-22 和表 4-3 可知：以冻结壁交圈时间为判断依据，当地下水流速为 5～7 m/d 时，辅助冻结管的最优设置间距为 2 m；当地下水流速大于或等于 8 m/d 时，辅助冻结管的最优设置间距为 2.5 m。

4.4.2　双圈冻结孔优化设计

在地下水流动过程中，冻结管布置圈的上游位置与水流的对流传热作用最显著，因此该位置的冻结效率最低；水流在流向下游区域的过程中，通过对流传热作用不断与周围冻结管进行热量交换，当水流流经冻结管布置圈下游区域时，水流的温度较初始温度略降低，因此该区域的冻结效率高于上游位置；而位于冻结管布置圈两侧的区域受到多根冻结管冷量的叠加作用，因此冻结效率较高。

根据地下水对人工冻结温度场的作用特点，对双圈冻结孔布置方案进行优化设计。

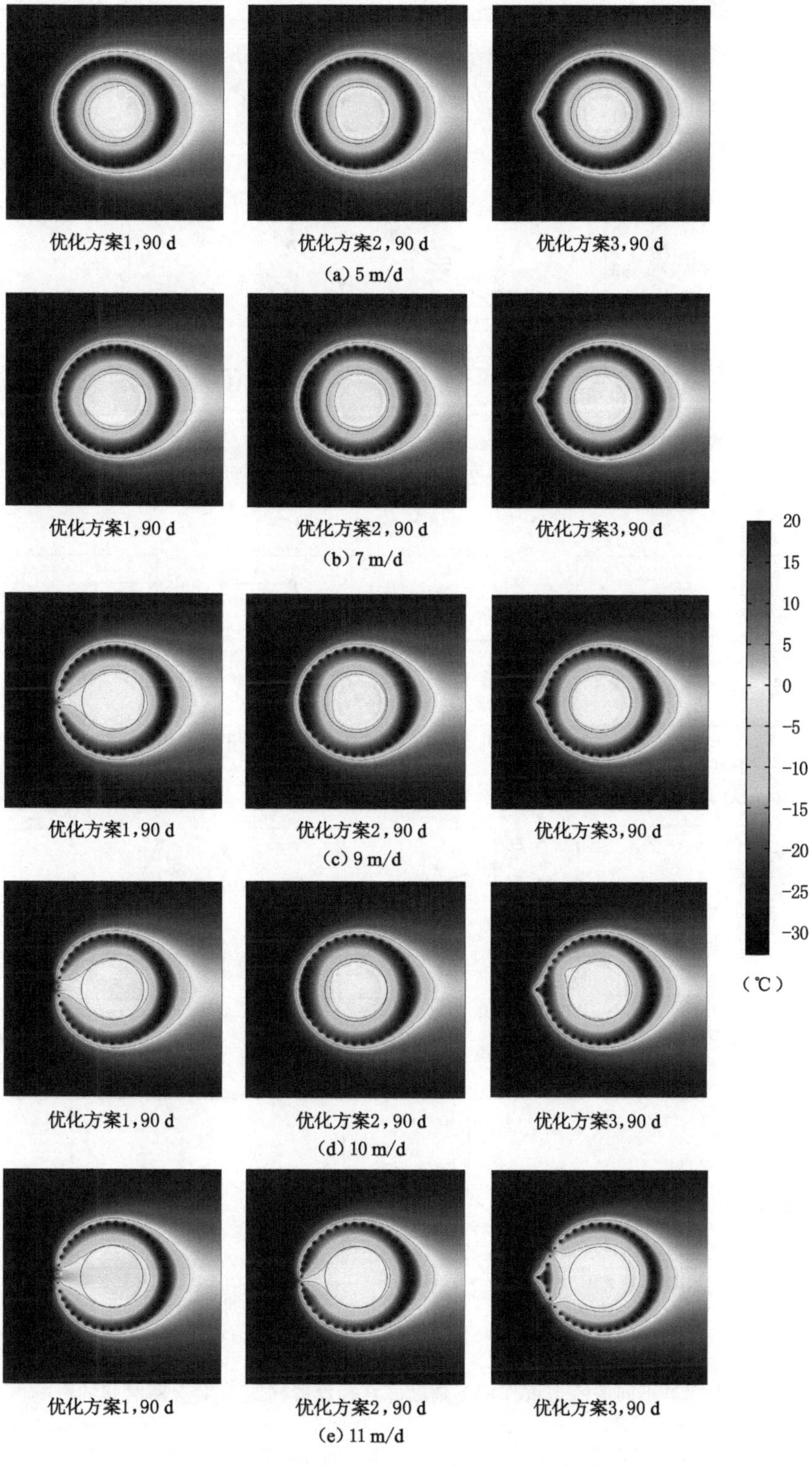

优化方案1,90 d　优化方案2,90 d　优化方案3,90 d

(a) 5 m/d

优化方案1,90 d　优化方案2,90 d　优化方案3,90 d

(b) 7 m/d

优化方案1,90 d　优化方案2,90 d　优化方案3,90 d

(c) 9 m/d

优化方案1,90 d　优化方案2,90 d　优化方案3,90 d

(d) 10 m/d

优化方案1,90 d　优化方案2,90 d　优化方案3,90 d

(e) 11 m/d

图 4-20　不同优化方案形成的冻结温度场的变化规律

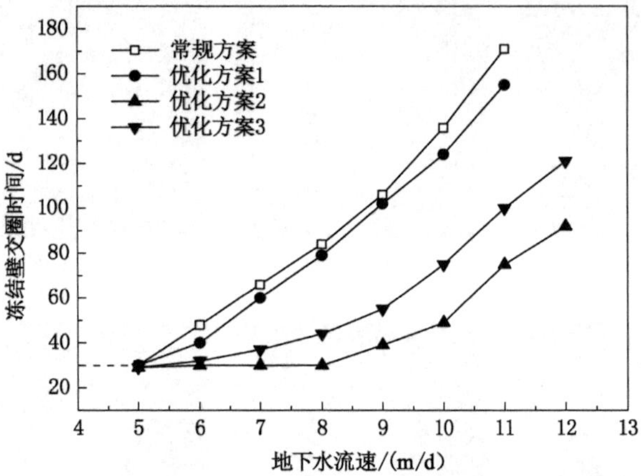

图 4-21　不同优化方案形成的冻结壁交圈时间对比分析

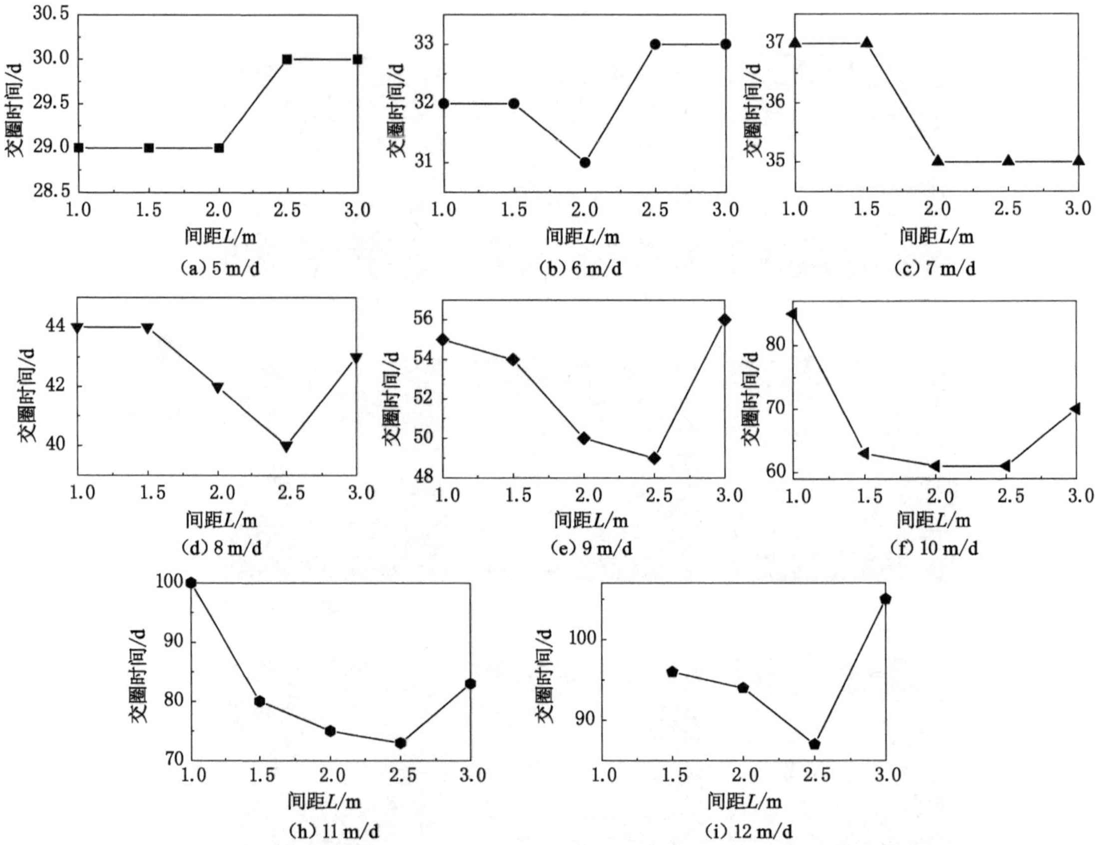

图 4-22　不同渗流速度作用下辅助冻结孔设置间距 L 对交圈时间的影响

根据地下水对不同区域的人工冻结温度场的影响程度，将冻结管布置外圈分为Ⅰ区、Ⅱ-1 区、Ⅱ-2 区、Ⅲ区，将冻结管布置内圈分为Ⅰ区、Ⅱ区、Ⅲ区。将外圈中受水流冲击最严重的Ⅰ区以及Ⅲ区范围内的冻结管间距由 1.27 m 减小至 1.11 m，将内圈中Ⅰ区以及Ⅲ区范围内的冻结管间距由 2.27 m 减小至 1.70 m；将外圈Ⅱ-1 区的冻结管间距保持 1.27 m 不变，将外圈中受水流影响最小，且存在冷量叠加的Ⅱ-2 区的冻结管间距由 1.27 m 增大至 1.39 m；将内圈Ⅱ区的冻结管间距由 2.27 m 增大至 2.55 m。优化后的数值计算模型如图 4-23 所示，优化方案的参数见表 4-4。

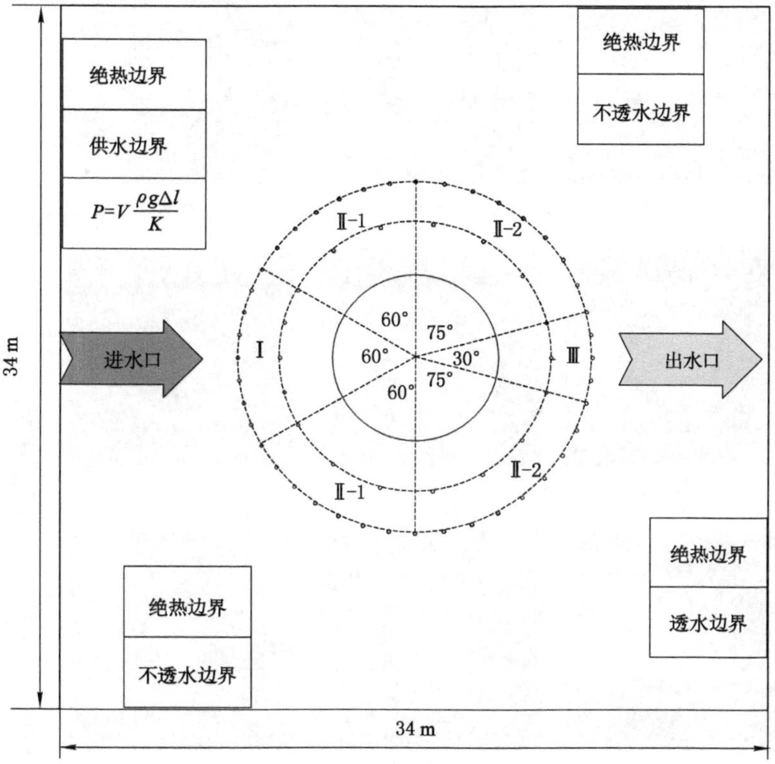

图 4-23 双圈管冻结数值计算模型

表 4-4 双圈冻结优化方案设计参数

原方案			优化方案					
位置	数量	间距/m	位置		数量		角度/(°)	间距/m
内圈	18	2.27	内圈	Ⅰ	5	18	60	1.70
				Ⅱ(×2)	5		135	2.55
				Ⅲ	3		30	1.70
外圈	42	1.27	外圈	Ⅰ	9	42	60	1.11
				Ⅱ-1(×2)	7		60	1.27
				Ⅱ-2(×2)	7		75	1.39
				Ⅲ	5		30	1.11

采取该优化方案后，外圈冻结管的数量为 42 根，内圈冻结管的数量为 18 根，冻结管数量与常规冻结方案保持一致。

将优化前后冻结温度场的分布云图进行对比(图 4-24、图 4-17)可知:采用优化方案后,对应相同的地下水流速,受水流影响严重的Ⅰ区、Ⅲ区冻结范围的增长速度显著提高,而两侧的冻结区域没有发生明显变化。

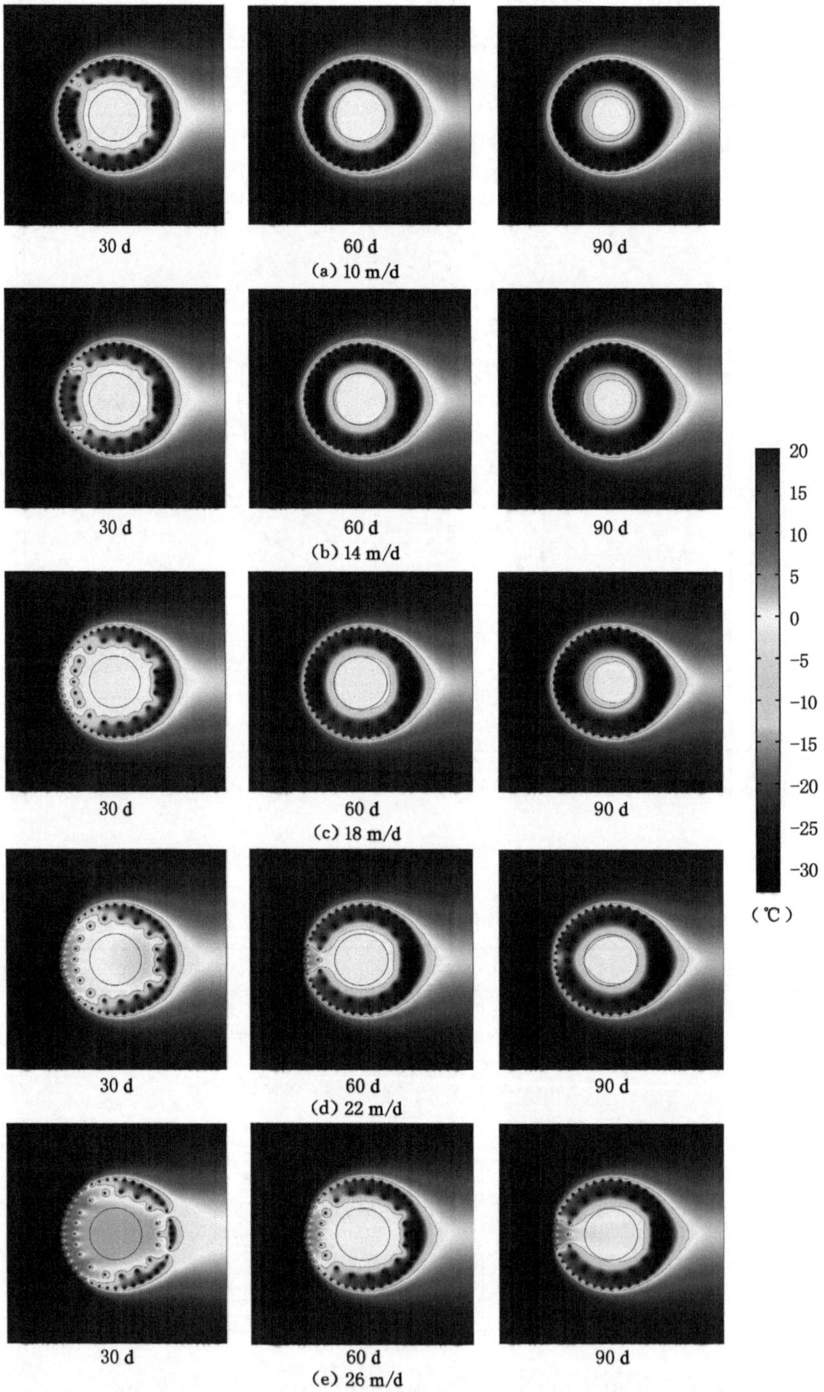

图 4-24　优化后双圈管冻结温度场变化规律

由图 4-25 可知：采用常规冻结孔布置方案进行冻结时，当地下水流速大于 13 m/d 时，冻结壁的交圈时间会随着地下水流速的增大而急剧增长，冻结壁能够交圈的极限流速仅为 20 m/d；采用优化方案后，当地下水较小时，冻结壁的交圈时间随地下水流速的变化幅度较小，当地下水流速达到 20 m/d 时，冻结壁的交圈时间仅为 50 d；当地下水流速大于 20 m/d 时，冻结壁的交圈时间会随着地下水流速的增大而快速增长，采取优化方案后冻结壁能够交圈的极限流速达到 26 m/d。

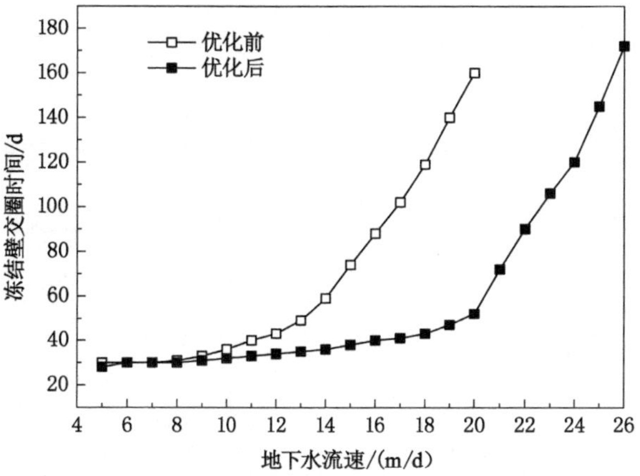

图 4-25　优化前、后冻结壁交圈时间对比

由此说明该优化方案可以实现地下水作用下人工地层冻结过程中热量的合理分布，提高了冻结效率。

4.5　本章小节

(1) 基于水热耦合理论，构建了大流速渗透地层人工冻结二维数值计算模型，运用大型相似模型试验的结果验证了数值计算模型的合理性；基于冻结孔实际布置方案，构建了地下水作用下单圈管和双圈管的冻结温度场的数值计算模型。

(2) 基于本研究，流速小于 5 m/d 的地下水不会对人工冻结温度场产生明显影响，单圈冻结管的布置方案适用于地下水流速小于 10 m/d 的地层冻结，而双圈冻结管的布置方案适用于地下水流速小于 20 m/d 的地层冻结。

(3) 在单圈管冻结温度场的发展过程中，地下水在流经相邻两根冻结管中间区域时，地下水的流速随着未冻区域范围的减小而增大，临近冻结壁交圈时刻，该位置的地下水流速能够达到初始流速的 5～7 倍，因此在临近交圈的一段时间内冻结范围的扩展速度较慢。

(4) 双排管冻结方案的排间距设计对整个冻结壁的形成规律具有显著影响，为了提高冻结效率且防止拟开挖部分被冻实，基于本研究得出的排间距的合理范围为 2～2.5 m。

(5) 在单圈管优化设计方案中，局部加密以及在水流上游增设辅助冻结管的方式可以有效缩短冻结壁的交圈时间，并提高冻结壁的最大交圈流速。其中，辅助冻结管的设置间距是影响优化效果的关键因素，当地下水流速为 5～7 m/d 时，辅助冻结管的最优设置间距为 2 m；当地下水流速大于或等于 8 m/d 时，辅助冻结管的最优设置间距为 2.5 m。

（6）根据地下水对双圈冻结温度场的影响规律，在保持冻结管数量不变的情况下，按照水流对冻结温度场的影响程度对不同区域的冻结管的间距进行优化调整。采取优化方案后，当地下水流速小于 20 m/d 时，冻结壁的交圈时间随地下水流速的变化幅度较小，且冻结壁能够交圈的极限流速由 20 m/d 增大至 26 m/d。

5 渗流场作用下人工冻结稳态温度场解析解

冻结壁的厚度和平均温度等重要参数与冻结温度场的分布规律存在密切联系，因此对冻结温度场计算理论的研究尤为重要。人工地层冻结是一个随时间变化的过程，其过程描述需要采用瞬态导热理论。但是由于数学上的困难，人工地层冻结瞬态温度场解析解的求解至今仍主要集中在单管冻结问题上。而考虑渗流场对冻结温度场的作用后，冻结锋面的形状、大小随着渗流速度、冻结时间、介质的性质而发生变化，并且冻结锋面作为相变边界需要考虑冰水相变的过程，因此瞬态解析解的难度很大，目前仅有 Victor(1979)进行了单管冻结温度场的相关推导[113]，但是其公式仍然是将冻结锋面的形状简化成圆形，并且其计算效果并不理想。

人工地层冻结在进入稳定冻结阶段之后，热传导速率较慢，其温度场与稳态温度场非常接近。因此可以在该阶段假定热传导达到稳定状态，并采用稳态温度场来近似等效瞬态温度场。当地层中存在渗流场作用时，进入稳定阶段之后，在渗流速度不变的条件下，当冻结锋面处水流与被冻土体之间的对流传热作用与冻结管的热传导作用达到相对稳定的阶段，此时温度场与稳态温度场非常接近，因此也可以采用稳态温度场近似地等效瞬态温度场。

目前对人工冻结稳态温度场解析解的研究主要集中在无渗流地层，苏联学者特鲁巴克和巴霍尔金分别于 1954 年和 1963 年提出了单管和单排、双排冻结管形成的冻结温度场的解析解[115-116]；1968 年，美国学者 Sanger 和 Sayles 通过研究得出了单排管冻结温度场的分布公式[117]；1979 年，日本学者戸部暢和秋元攻提出了多管等间距直线形冻土帷幕稳态温度场解析解[118]。胡向东经过多年的研究与探索，建立了一套以势函数叠加原理为基础的人工地层冻结稳态温度场求解方法，采用该原理，结合一些数学方法，获得了一系列温度场解析解成果，主要有少量管(任意布孔)、排形布管(单排、双排、三排、多排，任意孔距和排距)、圈形布管(单圈、双圈)等[119-127]。

目前，对于无渗流地层人工冻结稳态温度场解析计算的研究已经非常完善，但是渗流场作用下冻结温度场的解析解尚无相关的研究成果。单管冻结温度场的研究是人工冻结壁研究的基础，具有重要的研究价值，因此本章将对不同渗流速度作用下单管冻结稳态温度场的分布公式进行推导，通过大型物理模型试验的结果对公式的计算效果进行验证，并运用得出的公式对不同渗流速度作用下的冻结温度场的分布规律进行计算。

5.1 渗流作用下单管冻结管稳态温度场解析解

5.1.1 解析解的推导

5.1.1.1 基本假设

由第3章模型试验结果可知：在渗流场作用下，水流通过对流传热作用改变了整个冻结区域的热量分布，因此冻结锋面的形状不再是圆形，其中下游区域的冻结范围明显大于上游区域，整个冻结锋面的形状接近"心形"。

为便于描述冻结温度场的分布规律，以冷冻管的中心为坐标原点构建直角坐标系，如图5-1所示。以经过原点并平行于水流方向轴线为 x 轴，以经过原点并垂直于水流方向轴线为 y 轴。冻结锋面与 x 轴的交点Ⅰ$(\xi_1^V,0)$、Ⅲ$(\xi_3^V,0)$分别代表渗流场作用下单根冻结管形成的冻结区域向冻结管的上游以及下游的扩展范围；冻结锋面与 y 轴的交点Ⅱ$(\xi_2^V,0)$代表冻结区域向冻结管两侧的扩展范围。点 $M(x_0,y_0)$是 x 轴右侧($x>0$)冻结锋面内的任意一点，点 $M'(x_1,y_1)$是经过原点(0,0)和点 $M(x_0,y_0)$的直线与冻结锋面的交点；$N(x_2,y_2)$是 x 轴左侧($x<0$)冻结锋面内的任意一点，点 $N'(x_3,y_3)$是经过原点(0,0)和 $N(x_2,y_2)$的直线与冻结锋面的交点。

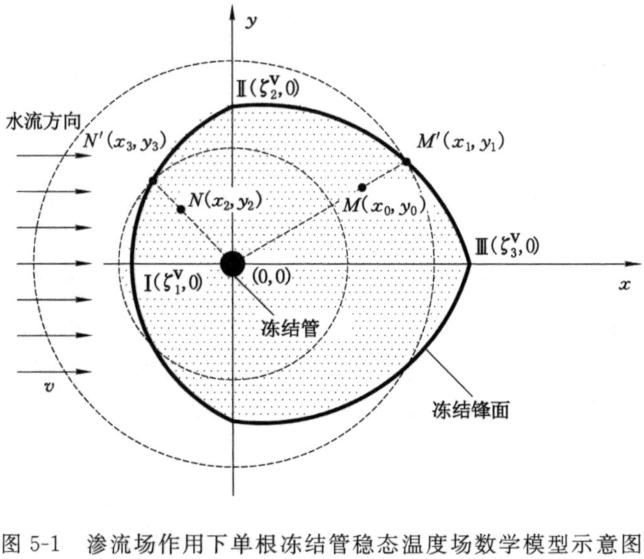

图5-1 渗流场作用下单根冻结管稳态温度场数学模型示意图

为了便于计算，提出以下几条基本假设：

(1) 渗流场的流速、方向和温度保持不变；

(2) 多孔介质是均匀的(所有位置的粒径、孔隙率和热导率均相等)；

(3) 冷冻管壁温度恒定；

(4) 进入稳定冷冻阶段后，冷冻温度场变成稳态温度场。

(5) 如图 5-1 所示，以 y 轴为分界线，将两侧冻结锋面的形状等效为$\frac{1}{2}$椭圆。因此，冻结锋面的形状可以用以下公式表示：

$$\begin{cases} \frac{x^2}{\xi_2^2}+\frac{y^2}{\xi_1^2}=1 & (x<0) \\ \frac{x^2}{\xi_3^2}+\frac{y^2}{\xi_2^2}=1 & (x\geqslant 0) \end{cases} \tag{5-1}$$

5.1.1.2 渗流作用下单冻管稳态温度场的解析解

根据热力学第一定律，二维热传导的方程式为：

$$\frac{\partial q_x}{\partial x}+\frac{\partial q_y}{\partial y}=0 \tag{5-2}$$

式中，q_x，q_y 为沿着 x 轴以及 y 轴方向的热流密度。

根据傅立叶定律，q_x 和 q_y 可以表示为：

$$\begin{cases} q_x=-k\frac{\partial T}{\partial x} \\ q_y=-k\frac{\partial T}{\partial y} \end{cases} \tag{5-3}$$

式中，k 为土体的导热系数，$k>0$；T 为土体的温度。

假设土壤在热物理学中是各向同性的，因此 k 在所有方向上都是相同的，因此可以得到：

$$\frac{\partial^2 T}{\partial x^2}+\frac{\partial^2 T}{\partial y^2}=0 \tag{5-4}$$

式(5-4)的极坐标形式为：

$$\frac{\partial^2 T}{\partial R^2}+\frac{1}{R}\frac{\partial T}{\partial R}+\frac{1}{R^2}\frac{\partial^2 T}{\partial \theta^2}=0 \tag{5-5}$$

在单管冻结稳态温度场中，冻结管壁和冻结锋面的温度分别稳定在恒定温度 T_f 和 T_0，因此其边界条件为：

$$T=\begin{cases} T_f & [r=r_0] \\ T_0 & [r=\xi(x,y,v)] \end{cases} \tag{5-6}$$

式中，T_0 为被冻土体的冻结温度；T_f 为冻结管的管壁温度；r_0 为冻结管的半径；ξ 为冻结锋面到冻结管中心的距离。

在流动的水流作用下，冻结锋面的形状不再是圆形，ξ 随着位置和渗流速度的变化而变化。

将冻结锋面视为由无数个点组成，对于冻结锋面上到达冻结管的距离为 ξ 的点，同样可以视为以冻结管为圆心、半径为 ξ 的圆上的一点。根据单管稳态冻结柱状体的计算原理，联立式(5-5)和式(5-6)可得：

$$T=T_0+\frac{\ln(r/\xi)}{\ln(r_0/\xi)}(T_f-T_0) \tag{5-7}$$

当 $x\geqslant 0$ 时，对于冻结区域内任意一点 $M(x_0,y_0)$，经过该点与原点(0,0)的直线可以表示为：

$$y = \frac{y_0}{x_0}x \tag{5-8}$$

联立式(5-7)和式(5-8)可以得到直线与冻结锋面的交点 M' 的表达式：

$$\begin{cases} x_1 = \dfrac{x_0\xi_2\xi_3}{\sqrt{\xi_2^2x_0^2 + \xi_3^2y_0^2}} \\ y_1 = \dfrac{y_0\xi_2\xi_3}{\sqrt{\xi_2^2x_0^2 + \xi_3^2y_0^2}} \end{cases} \tag{5-9}$$

该交点 $M'(x_1, y_1)$ 到冻结管中心的距离为：

$$\xi = \sqrt{x_1^2 + y_1^2} = \frac{\xi_2\xi_3\sqrt{x_0^2 + y_0^2}}{\sqrt{\xi_2^2x_0^2 + \xi_3^2y_0^2}} \tag{5-10}$$

将式(5-10)代入式(5-7)得：

$$T = T_0 + \frac{\ln\left(\sqrt{x_0^2 + y_0^2} \bigg/ \dfrac{\xi_2\xi_3\sqrt{x_0^2 + y_0^2}}{\sqrt{\xi_2^2x_0^2 + \xi_3^2y_0^2}}\right)}{\ln\left(r_0 \bigg/ \dfrac{\xi_2\xi_3\sqrt{x_0^2 + y_0^2}}{\sqrt{\xi_2^2x_0^2 + \xi_3^2y_0^2}}\right)}(T_f - T_0) \quad (x > 0) \tag{5-11}$$

对式(5-11)进行化简，且考虑点 M 的任意性，得到当 $x \geqslant 0$ 时冻结区域内任意一点的温度表达式：

$$T = T_0 + \frac{\ln\left(\sqrt{\xi_2^2x^2 + \xi_3^2y^2}/\xi_2\xi_3\right)}{\ln\left[r_0\sqrt{\xi_2^2x^2 + \xi_3^2y^2}/\left(\xi_2\xi_3\sqrt{x^2 + y^2}\right)\right]}(T_f - T_0) \quad (x \geqslant 0) \tag{5-12}$$

当 $x<0$ 时，对于冻结区域内任意一点 $N(x_2, y_2)$，经过该点与原点(0,0)的直线的表达式为：

$$y = \frac{y_2}{x_2}x \tag{5-13}$$

联立式(5-7)和式(5-13)可以得到直线与冻结锋面的交点 N' 的表达式：

$$\begin{cases} x_3 = \dfrac{x_2\xi_1\xi_2}{\sqrt{\xi_1^2x_2^2 + \xi_2^2y_2^2}} \\ y_3 = \dfrac{y_2\xi_1\xi_2}{\sqrt{\xi_1^2x_2^2 + \xi_2^2y_2^2}} \end{cases} \tag{5-14}$$

交点 $N'(x_3, y_3)$ 到冻结管的距离为：

$$\xi' = \sqrt{x_2^2 + y_2^2} = \frac{\xi_1\xi_2\sqrt{x_2^2 + y_2^2}}{\sqrt{\xi_1^2x_2^2 + \xi_2^2y_2^2}} \tag{5-15}$$

将式(5-15)代入式(5-7)，同时考虑 $N(x_2, y_2)$ 的任意性，得到当 $x<0$ 时冻结区域内任意一点的温度表达式：

$$T = T_0 + \frac{\ln\left(\sqrt{\xi_1^2x^2 + \xi_2^2y^2}/\xi_1\xi_2\right)}{\ln\left[r_0\sqrt{\xi_1^2x^2 + \xi_2^2y^2}/\left(\xi_1\xi_2\sqrt{x^2 + y^2}\right)\right]}(T_f - T_0) \quad (x < 0) \tag{5-16}$$

当渗流速度 $v=0$ m/d 时，$\xi_1=\xi_2=\xi_3=\xi$。代入式(5-12)以及式(5-16)得：

$$T = T_0 + \frac{\ln(r/\xi)}{\ln(r_0/\xi)}(T_f - T_0) \tag{5-17}$$

式中，$r=\sqrt{x^2+y^2}$。

式(5-17)与无渗流场作用时的单管冻结温度场的 Trupak 公式相同。

基于式(5-12)和式(5-16)可以得到任意温度 T 的等温线表达式：

$$\begin{cases}\dfrac{(\xi_2^2 x^2+\xi_3^2 y^2)^{m-1}}{(x^2+y^2)^m}=A \quad (x>0)\\ \dfrac{(\xi_2^2 x^2+\xi_1^2 y^2)^{m-1}}{(x^2+y^2)^m}=B \quad (x<0)\end{cases} \tag{5-18}$$

式中，$A=\dfrac{(\xi_2\xi_3)^{2(m-1)}}{r_0^{2m}}$；$B=\dfrac{(\xi_1\xi_2)^{2(m-1)}}{r_0^{2m}}$；$m=\dfrac{T-T_0}{T_f-T_0}$。

在冻结管壁处，$T=T_f$，式(5-18)简化为：

$$\begin{cases}\dfrac{1}{(x^2+y^2)}=\dfrac{1}{r_0^2} \quad (x>0)\\ \dfrac{1}{(x^2+y^2)}=\dfrac{1}{r_0^2} \quad (x<0)\end{cases} \tag{5-19}$$

在冻结锋面处，$T=T_0$，式(5-19)简化为：

$$\begin{cases}\dfrac{1}{\xi_2^2 x^2+\xi_3^2 y^2}=\dfrac{1}{\xi_2^2\xi_3^2} \quad (x>0)\\ \dfrac{1}{\xi_2^2 x^2+\xi_1^2 y^2}=\dfrac{1}{\xi_1^2\xi_2^2} \quad (x<0)\end{cases} \tag{5-20}$$

基于式(5-18)得出任意温度 T 的等温线向不同方向的扩展半径的表达式：

$$\begin{cases}\xi_{1\text{-}T}=\dfrac{r_0^m}{\xi_1^{m-1}}\\ \xi_{2\text{-}T}=\dfrac{r_0^m}{\xi_2^{m-1}}\\ \xi_{3\text{-}T}=\dfrac{r_0^m}{\xi_3^{m-1}}\end{cases} \tag{5-21}$$

任意等温线包围的冻结区域的面积为：

$$S_T=\frac{\pi}{2}\frac{r_0^m}{\xi_2^{m-1}}\left(\frac{r_0^m}{\xi_1^{m-1}}+\frac{r_0^m}{\xi_3^{m-1}}\right)-\pi r_0^2 \tag{5-22}$$

任意温度区间$(T,T-\Delta)$的冻结区域的面积为：

$$S_{(T,T-\Delta)}=\frac{\pi}{2}\left[\frac{r_0^{m_T}}{\xi_2^{m_T-1}}\left(\frac{r_0^{m_T}}{\xi_1^{m_T-1}}+\frac{r_0^{m_T}}{\xi_3^{m_T-1}}\right)-\frac{r_0^{m_{T-\Delta}}}{\xi_2^{m_{T-\Delta}-1}}\left(\frac{r_0^{m_{T-\Delta}}}{\xi_1^{m_{T-\Delta}-1}}+\frac{r_0^m}{\xi_3^{m_{T-\Delta}-1}}\right)\right] \tag{5-23}$$

5.1.2 解析解的合理性验证

将不同渗流速度条件下平行于水流方向的轴线以及垂直于水流方向的轴线上的温度的公式计算结果和试验结果进行对比，如图 5-2 所示。

通过对比可以发现：公式计算结果与试验结果具有较高的吻合度，因此基于该公式可以对渗流场作用下的稳态温度场进行数学描述。

5.1.3 渗流作用下单管冻结稳态温度场的计算与分析

由于试验中测点的数量有限，因此试验的测试结果只能部分反映冻结温度场的分布规律，而基于本书推导得到的渗流场作用下的稳态冻结温度场的解析解，可以实现对冻结温

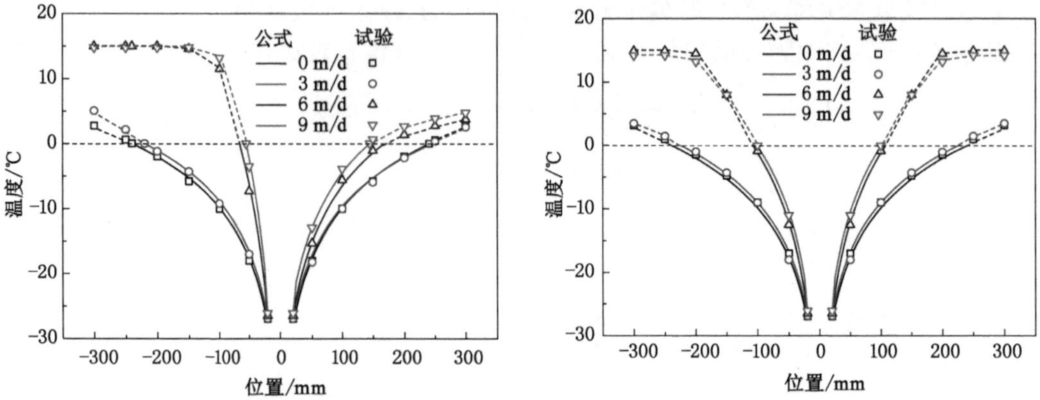

(a) 平行于水流方向　　(b) 垂直于水流方向

图 5-2　公式计算结果与试验结果对比

度场的分布规律进行全面描述。基于本书推导的公式得出不同渗流速度作用下冻结温度场的整体分布规律如图 5-3 所示。

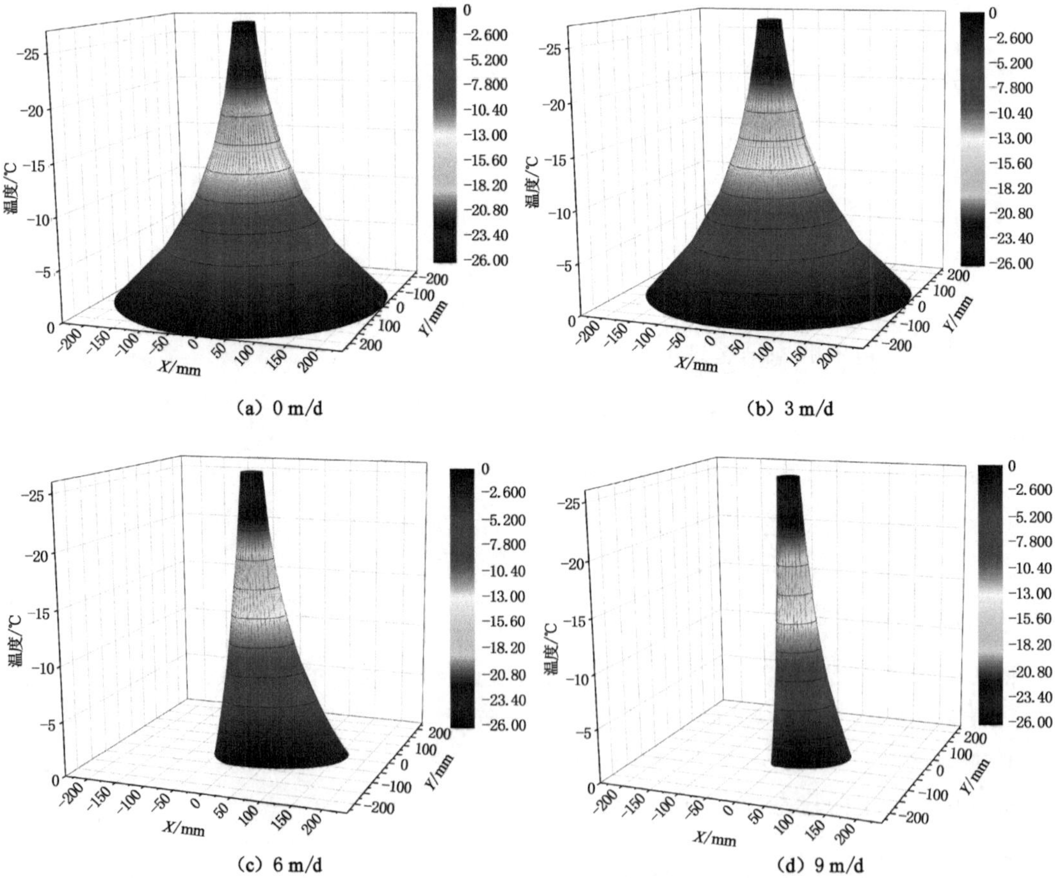

(a) 0 m/d　　(b) 3 m/d

(c) 6 m/d　　(d) 9 m/d

图 5-3　不同渗流速度作用下稳态冻结温度场计算结果

由图 5-3 可以得出：当无渗流场作用时，冻结区域向各个方向的扩展半径是相等的，随着与冻结管距离的减小，冻结区域的温度急剧下降；当渗流速度 $v=3$ m/d 时，在进入稳定冻结阶段之后，与无流速时相比，冻结管的上游以及两侧的冻结区域略有减小，而下游的冻结范围与无流速时大致相等，表明 3 m/d 的渗流速度虽然会降低冻结温度场的温降速率，但是并没有对稳态温度场的温度分布产生明显影响；当渗流速度为 6 m/d 时，水流与冻结区域之间的对流传热作用加剧，因此冻结区域的范围急剧减小，由于上游位置受到水流的正面冲击作用，因此上游的冻结区域明显小于下游以及两侧的冻结区域；当渗流速度为 9 m/d 时，冻结区域的范围进一步减小，但是温度场的整体分布规律与渗流速度为 6 m/d 时的较为接近。

基于式(5-21)可以计算出冻结温度场的任意一条等温线在各个方向上的扩展范围，基于式(5-22)可以得出任意等温线包含区域的面积，计算结果如图 5-4 所示。

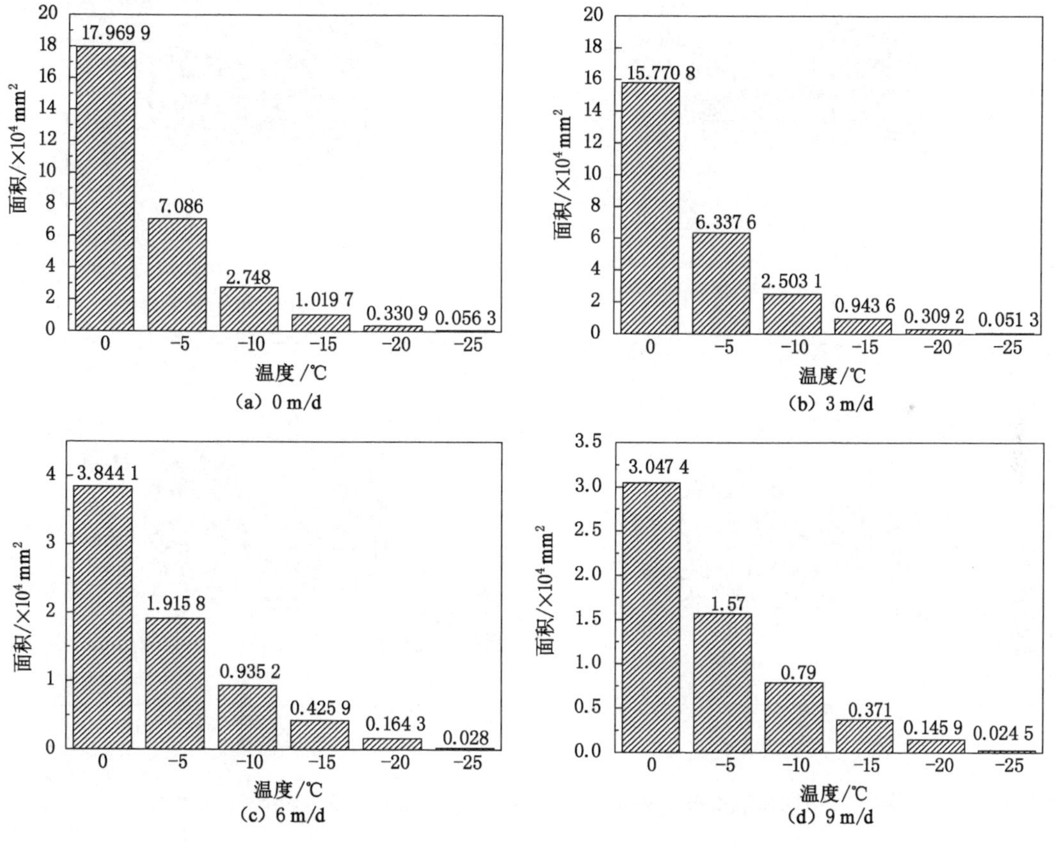

图 5-4 不同渗流速度作用下不同温度的等温线包围的区域的面积

由图 5-4 可知：当无渗流场作用时，0 ℃等温线包围的区域，即单根冻结管形成的冻结区域，面积为 17.97×10^4 mm^2。随着温度的降低，等温线包围的区域的面积急剧减小，其中 -5 ℃等温线包围的区域的面积为 7.09×10^4 mm^2，占整个冻结区域面积的 39.45%，而 -25 ℃等温线包围的区域的面积为 0.06×10^4 mm^2，仅占整个冻结区域面积的 0.31%。当砂层中存在渗流场时，等温线包围的区域的面积的变化规律与无渗流场时相同，即等温线包围区域的面积随着温度的降低而急剧下降，但是由于渗流场与温度场之间的对流传热作用，单根冻结管形成的冻结区域的面积较无流速时有所下降。当 v=3 m/d 时，0 ℃等温线包围的区域的面积为 15.77×10^4 mm^2，较无流速时降低了 12.24%。而当 v=6 m/d 以及 v=9 m/d 时，0 ℃等温线包围的区域的面积分别为 3.84×10^4 mm^2、3.05×10^4 mm^2，较无流速时分别降低了 78.63%和 83.03%，表明大于 6 m/d 的渗流速度对单管冻结稳态温度场的扩展范围产生了显著影响。

由式(5-23)计算出不同流速条件下介于温度区间(T，$T-\Delta$)的冻结区域的面积 $S_{(T,T-\Delta)}$ 与整个冻结区域的面积 $S_{T=0}$ 的关系，如图 5-5 所示。根据平均温度的计算公式，冻结区域的平均温度计算结果见表 5-1。

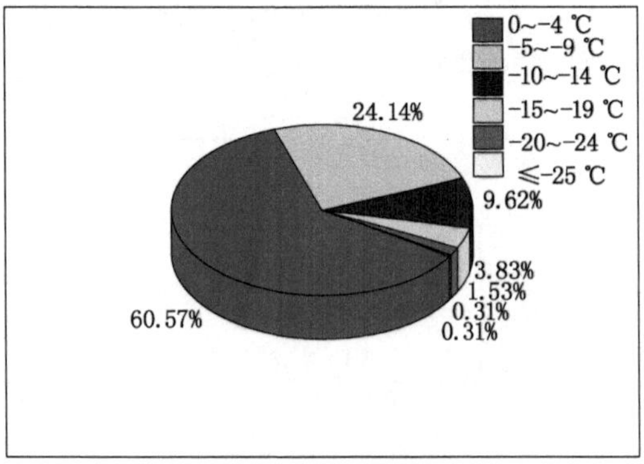

(a) 0 m/d

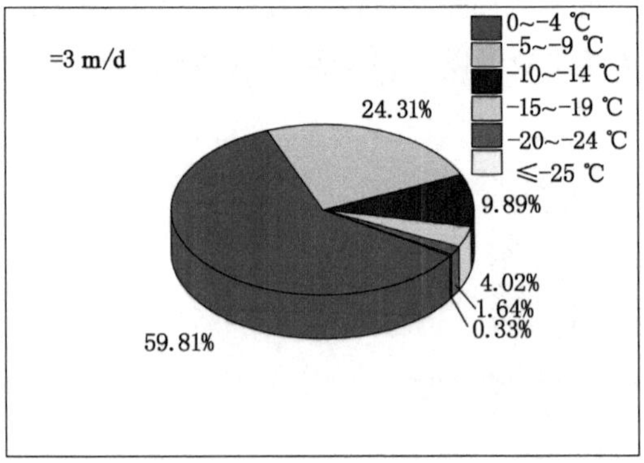

(b) 3 m/d

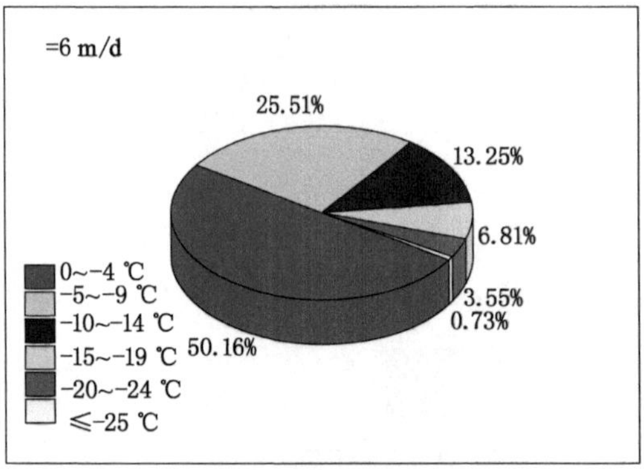

(c) 6 m/d

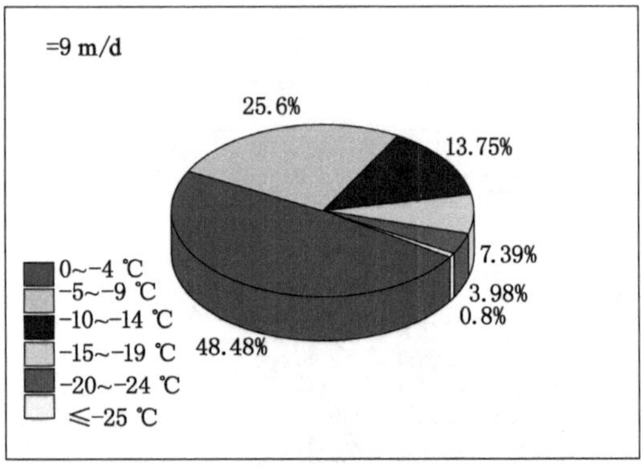

(d) 9 m/d

图 5-5　不同流速条件下各温度区域 $S_{(T,T-\Delta)}$ 占整个冻结区域 $S_{T=0}$ 的比例

表 5-1　不同渗流速度作用下冻结温度场的平均温度

v/(m/d)	$\bar{T}$/℃
0	−5.78
3	−5.86
6	−7.31
9	−7.50

由图 5-5 可知：与无流速时相比，当渗流速度分别为 3 m/d、6 m/d、9 m/d 时，介于 0～−4 ℃温度区间的冻结区域由 60.57%分别减少至 59.81%、50.16%、48.48%，而介于−5～−9 ℃、−10～−14 ℃、−15～−19 ℃、−20～−24 ℃温度区间的冻结区域的比例则由 24.14%、9.62%、3.83%、1.53%分别增大至 24.31%、9.89%、4.02%、1.64%、25.51%、13.25%、6.81%、3.55%、25.60%、13.75%、7.39%、3.98%；整个冻结温度场的平均温度由−5.78 ℃ 分别降低至−5.86 ℃、−7.31 ℃、−7.50 ℃。说明随着渗流速度的增大，单根冻结管形成的冻结区域中低温区域的比例增大，并且整个冻结温度场的平均温度降低。

5.2 渗流作用下多管冻结管稳态温度场解析解

5.2.1 解析解的推导

5.2.1.1 基本假设

① 冻结管为直线排列，管壁温度保持恒定；

② 渗流场的流速、流向、水温保持不变，水流方向与冻结管连线方向垂直，渗流速度低于冻结帷幕交圈的极限流速；

③ 被冻土体为均质材料（冻结范围内土体的热物理参数相等）；

④ 进入稳定冻结阶段后，认为冻结温度场的变化速率较慢，在某时刻冻结温度场保持不变；

⑤ 冻结帷幕向上游、下游以及两侧的扩展半径分别为 ξ_1^v、ξ_2^v、ξ_3^v，ξ_1^v、ξ_2^v、ξ_3^v 是渗流速度 v 的函数，对应同一种流速 v，进入稳定冻结阶段后 ξ_1^v、ξ_2^v、ξ_3^v 保持不变；

⑥ 直线单排冻结管最外侧的冻结锋面等效为两个轴长不同的 1/4 椭圆，如图 5-6 所示，该部分冻结锋面的轨迹方程为：

$$\begin{cases} \dfrac{x^2}{\xi_1^2} + \dfrac{(y-d)^2}{\xi_3^2} = 1 \quad (x \geqslant 0) \\ \dfrac{x^2}{\xi_3^2} + \dfrac{(y-d)^2}{\xi_2^2} = 1 \quad (x < 0) \end{cases} \tag{5-24}$$

式中，d 为冻结管间距。

⑦ 由于渗流场的作用，下游冻结帷幕的厚度不均匀，其中最大厚度为 $\xi_{1-\max}$，最小厚度为 $\xi_{1-\min}$，为了便于计算，假设下游冻结帷幕的厚度相等且 $\xi_1=(\xi_{1-\max}+\xi_{1-\min})/2$，上游冻结壁的厚度为 ξ_2。

5.2.1.2 渗流作用下多管冻结稳态温度场的解析解

不同流速条件下的温度场解析解的形式相同，渗流速度通过影响边界条件（冻结帷幕的扩展范围）来影响公式的计算结果，因此在公式推导过程中可以忽略流速。

（1）冻结帷幕中间部分温度场解析解

将渗流场作用下直线单排冻结管形成的冻结帷幕中间部分等效为直线单排非对称发展的冻土帷幕，温度场数学模型为：

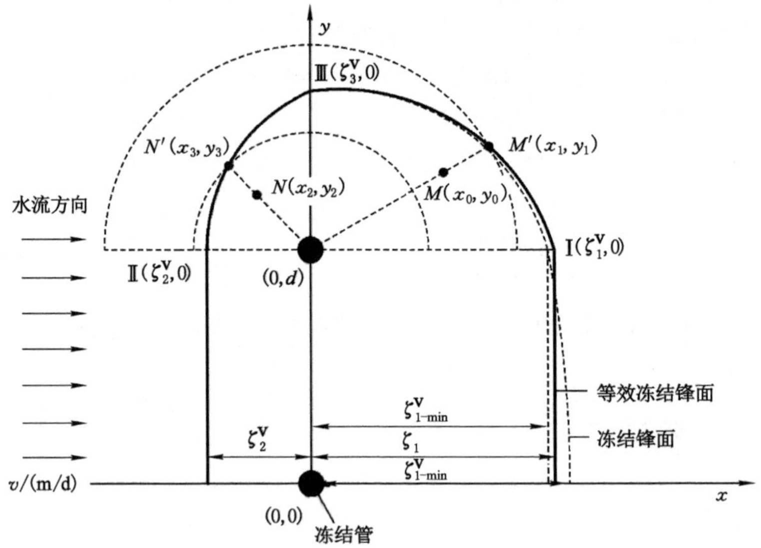

图 5-6　渗流场作用下三管冻结稳态温度场计算模型

$$\begin{cases}\dfrac{\partial^2 T}{\partial x^2}+\dfrac{\partial^2 T}{\partial y^2}=0\\ T(-\xi_2,y)=T_0\\ T(\xi_1,y)=T_0\\ T(r_0,id)=T_f\end{cases}\tag{5-25}$$

式中，ξ_1，ξ_2 分别为渗流场作用下冻结帷幕向下游以及上游的扩展厚度；T_0 为冻结温度；T_f 为冻结管壁温度；r_0 为冻结管半径。

当 $\xi_1=\xi_2$ 时，方程式(5-25)的解为 Bakholdin 解：

$$T=\frac{T_f-T_0}{\ln\dfrac{d}{2\pi r_0}+\dfrac{\pi\xi}{d}}\left[\frac{\pi\xi}{d}-m_1(x,y)\right]+T_0\tag{5-26}$$

式中，$m_1(x,y)=\dfrac{1}{2}\ln\left[2\left(\text{ch}\,\dfrac{2\pi x}{l}-\cos\dfrac{2\pi y}{l}\right)\right]$。

当 $\xi_1\neq\xi_2$ 时，由于给定的拉普拉斯方程是线性偏微分方程，边界条件可以线性分离，因此温度 T 可以分解为 T_1 和 T_2。温度场的计算公式可以表示为：

$$\begin{cases}\dfrac{\partial^2 T_1}{\partial x^2}+\dfrac{\partial^2 T_1}{\partial y^2}=0\\ T_1(\xi_1,y)=T_0\\ T_1(-\xi_2,y)=T_0-T_a\\ T_1(r_0,id)=T_f-T_b\end{cases}\tag{5-27}$$

$$\begin{cases}\dfrac{\partial^2 T_2}{\partial x^2}+\dfrac{\partial^2 T_2}{\partial y^2}=0\\ T_2(\xi_1,y)=0\\ T_2(-\xi_2,y)=T_a\\ T_2(r_0,id)=T_b\end{cases}\tag{5-28}$$

式中，T_a，T_b 为待定常数。

通过求解得出：

$$T_1(x,y)=\frac{T_f-T_0}{\ln\frac{2\pi r_0}{d}-\frac{\pi}{l}\frac{2\xi_1\xi_2}{\xi_1+\xi_2}}\left(A_1-\frac{\pi\xi_1}{d}\right)+T_0 \tag{5-29}$$

式中，$A_1=\frac{1}{2}\ln 2\left(\operatorname{ch}\frac{2\pi x}{d}-\cos\frac{2\pi y}{d}\right)$。

$$T_2(x,y)=\frac{T_f-T_0}{\ln\frac{2\pi r_0}{d}-\frac{\pi}{l}\frac{2\xi_1\xi_2}{\xi_1+\xi_2}}\frac{\xi_1-\xi_2}{\xi_1+\xi_2}\frac{\pi(\xi_1+x)}{d} \tag{5-30}$$

合并式(5-29)和式(5-30)，得出渗流场作用下直线单排管非对称冻结帷幕中间部分温度场的解析解为：

$$T=\frac{T_f-T_0}{\ln\frac{2\pi r_0}{d}-\frac{2\pi}{d}\frac{\xi_1\xi_2}{\xi_1+\xi_2}}\left(A_1-\frac{\pi}{d}\frac{2\xi_1\xi_2}{\xi_1+\xi_2}+\frac{\pi}{d}\frac{\xi_1-\xi_2}{\xi_1+\xi_2}x\right)+T_0 \tag{5-31}$$

式中，$A_1=\frac{1}{2}\ln 2\left(\operatorname{ch}\frac{2\pi x}{d}-\cos\frac{2\pi y}{d}\right)$。

(2) 冻结帷幕两侧部分温度场解析解

单管冻结稳态温度场的方程为：

$$T=T_0+\frac{\ln(r_i/L_i)}{\ln(r_0/L_i)}(T_f-T_0) \tag{5-32}$$

当地层中无渗流场作用时，单管冻结锋面的形状为圆形，L_i 为定值；当地层中存在渗流场时，单管冻结锋面的形状不再是圆形，L_i 随着流速和位置而改变，因此需要对 L_i 的表达式进行推导。

经过冻结区域内一点 $M(x_0,y_0)$ 以及最外侧冻结管$(0,d)$的直线方程为：

$$y=\frac{y_0-d}{x_0}x+d \tag{5-33}$$

联立式(5-24)、式(5-33)可以得出经过 $M(x_0,y_0)$ 的直线与冻结锋面的交点为：

$$\begin{cases} x_1=\dfrac{x_0\xi_1\xi_3}{\sqrt{\xi_3^2x_0^2+\xi_1^2(y_0-d)^2}} \\ y_1=\dfrac{(y_0-d)\xi_1\xi_3}{\sqrt{\xi_3^2x_0^2+\xi_1^2(y_0-d)^2}}+d \end{cases} \tag{5-34}$$

位于下游区域$(x>0)$的冻结锋面上的点到冻结管的距离为：

$$L_1=\sqrt{x_1^2+(y_1-d)^2}=\frac{\sqrt{x_0^2\xi_1^2\xi_3^2+(y_0-d)^2\xi_1^2\xi_3^2}}{\sqrt{\xi_3^2x_0^2+\xi_1^2(y_0-d)^2}} \tag{5-35}$$

冻结区域内的点 $M(x_0,y_0)$ 到冻结管的距离为：

$$r_1=\sqrt{x_0^2+(y_0-d)^2} \tag{5-36}$$

同理，可以得到上游区域$(x<0)$的冻结锋面到冻结管的距离为：

$$L_2=\sqrt{x_3^2+(y_3-d)^2}=\frac{\sqrt{x_2^2\xi_2^2\xi_3^2+(y_2-d)^2\xi_2^2\xi_3^2}}{\sqrt{\xi_3^2x_2^2+\xi_2^2(y_2-d)^2}} \tag{5-37}$$

冻结区域内点 $N(x_2,y_2)$ 到冻结管的距离为：

$$r_2 = \sqrt{x_2^2 + (y_2 - d)^2} \tag{5-38}$$

由于冻结锋面上的任意一点,同样可以视为半径为 L 的圆上的一点,将 L_1 和 L_2 分别代入式(5-32),考虑点 $M(x_0, y_0)$ 以及 $N(x_2, y_2)$ 选取的任意性,得出对应冻结区域的稳态冻结温度场的解析表达式:

$$T = \begin{cases} T_0 + \dfrac{\ln\left[\sqrt{x^2+(y-d)^2} \Big/ \dfrac{\sqrt{x^2\xi_1^2\xi_3^2+(y-d)^2\xi_1^2\xi_3^2}}{\sqrt{\xi_3^2x^2+\xi_1^2(y-d)^2}}\right]}{\ln\left[r_0 \Big/ \dfrac{\sqrt{x^2\xi_1^2\xi_3^2+(y-d)^2\xi_1^2\xi_3^2}}{\sqrt{\xi_3^2x^2+\xi_1^2(y-d)^2}}\right]}(T_f - T_0) & (x \geqslant 0) \\ T_0 + \dfrac{\ln\left[\sqrt{x^2+(y-d)^2} \Big/ \dfrac{\sqrt{x^2\xi_2^2\xi_3^2+(y-d)^2\xi_2^2\xi_3^2}}{\sqrt{\xi_3^2x^2+\xi_2^2(y-d)^2}}\right]}{\ln\left[r_0 \Big/ \dfrac{\sqrt{x^2\xi_2^2\xi_3^2+(y-d)^2\xi_2^2\xi_3^2}}{\sqrt{\xi_3^2x^2+\xi_2^2(y-d)^2}}\right]}(T_f - T_0) & (x < 0) \end{cases} \tag{5-39}$$

当 $\xi_1=\xi_2=\xi_3$ 且 $d=0$ 时,式(5-39)退化为单管冻结温度场的 Trupak 公式。

由于在推导式(5-31)过程中假定冻结壁的厚度与冻结管间距之间的比值为无穷大,但是在实际工程尤其是试验中无法满足该条件;而在推导式(5-39)的过程中没有对冻结帷幕的厚度进行限定,因此可以基于式(5-39)的计算结果对式(5-31)进行修正。

当 $y=d$ 时,基于式(5-32)的计算结果为:

$$T_c\big|_{y=d} = \frac{T_f - T_0}{\ln\dfrac{2\pi r_0}{d} - \dfrac{2\pi}{d}\dfrac{\xi_1\xi_2}{\xi_1+\xi_2}}\left\{\frac{1}{2}\ln\left[2\left(\cos h\,\frac{2\pi x}{d} - 1\right)\right] - \frac{\pi}{d}\frac{2\xi_1\xi_2}{\xi_1+\xi_2} + \frac{\pi}{d}\frac{\xi_1-\xi_2}{\xi_1+\xi_2}x\right\} + T_0 \tag{5-40}$$

基于式(5-39)的计算结果为:

$$T_s\big|_{y=d} = \begin{cases} T_0 + \dfrac{\ln(x/\xi_1)}{\ln(r_0/\xi_1)}(T_f - T_0) & (x \geqslant 0) \\ T_0 + \dfrac{\ln(x/\xi_2)}{\ln[r_0/(\xi_2)]}(T_f - T_0) & (x < 0) \end{cases} \tag{5-41}$$

两种修正系数的形式如下:

$$\gamma_1 = \frac{T_2\big|_{y=d}}{T_1\big|_{y=d}} \tag{5-42}$$

$$\gamma_2 = T_2\big|_{y=d} - T_1\big|_{y=d} \tag{5-43}$$

对两种修正系数的修正效果进行计算分析后发现:采用修正系数 γ_1 可以保证冻结锋面处的温度计算值与冻结温度 T_0 相等,但是当下游冻结壁厚度远大上游冻结壁厚度时,若采用 γ_1 进行修正,位于两根冻结管中间位置的温度计算数据会出现突变点,温度计算结果误差较大;采用 γ_2 进行修正时,温度变化曲线较平滑,但是不能保证冻结锋面处的温度与冻结温度 T_0 相等,并且上游最低温度计算值并不出现在冻结管管壁处。因此在上游区域($x<0$),采用修正系数 γ_1 进行修正,在下游区域($x>0$)采用修正系数 γ_2 进行修正。

修正后,渗流场作用下直线单排管非对称冻结帷幕稳态温度场中间部分的温度计算公式为：

$$T=\begin{cases}\left\{\dfrac{T_f-T_0}{\ln\dfrac{2\pi r_0}{d}-\dfrac{2\pi}{d}\dfrac{\xi_1\xi_2}{\xi_1+\xi_2}}\left(\dfrac{1}{2}\ln\left[2\left(\cos h\dfrac{2\pi x}{d}-\cos\dfrac{2\pi y}{d}\right)\right]-\dfrac{\pi}{d}\dfrac{2\xi_1\xi_2}{\xi_1+\xi_2}+\dfrac{\pi}{d}\dfrac{\xi_1-\xi_2}{\xi_1+\xi_2}x\right)+T_0\right\}\cdot\gamma_1 & (x\leqslant 0)\\ \left\{\dfrac{T_f-T_0}{\ln\dfrac{2\pi r_0}{d}-\dfrac{2\pi}{d}\dfrac{\xi_1\xi_2}{\xi_1+\xi_2}}\left(\dfrac{1}{2}\ln\left[2\left(\cos h\dfrac{2\pi x}{d}-\cos\dfrac{2\pi y}{d}\right)\right]-\dfrac{\pi}{d}\dfrac{2\xi_1\xi_2}{\xi_1+\xi_2}+\dfrac{\pi}{d}\dfrac{\xi_1-\xi_2}{\xi_1+\xi_2}x\right)+T_0\right\}\cdot\gamma_2 & (x>0)\end{cases}\tag{5-44}$$

(3) 冻结帷幕厚度计算公式

在实际工程中，经常需要根据测点的温度判断冻结帷幕的厚度，若在冻结壁的上游、下游各布置一个测温点，测温点坐标分别为(X_A,Y_A)、(X_B,Y_B)，对应的测点温度分别是T_A、T_B，对式(5-44)进行变换可以得出冻结壁厚度的计算公式：

$$\begin{cases}\xi_1=\dfrac{(H_A-X_A)(H_B+X_B)-(H_A+X_A)(H_B-X_B)}{2(M_B-1)(H_A-X_A)-2(M_A-1)(H_B-X_B)}\\ \xi_2=\dfrac{(H_A-X_A)(H_B+X_B)-(H_A+X_A)(H_B-X_B)}{2(M_B-1)(H_A+X_A)-2(M_A-1)(H_B+X_B)}\end{cases}\tag{5-45}$$

式中，

$$\begin{cases}H_A=\left(M_A\ln\dfrac{2\pi r_0}{d}-N_A\right)/\dfrac{\pi}{d}\\ H_B=\left(M_B\ln\dfrac{2\pi r_0}{d}-N_B\right)/\dfrac{\pi}{d}\\ M_A=\dfrac{T_A/\gamma_1-T_0}{T_f-T_0}\\ M_B=\dfrac{T_B-\gamma_2-T_0}{T_f-T_0}\\ N_A=\dfrac{1}{2}\ln\left[2\left(\cos h\dfrac{2\pi X_A}{d}-\cos\dfrac{2\pi Y_A}{d}\right)\right]\\ N_B=\dfrac{1}{2}\ln\left[2\left(\cos h\dfrac{2\pi X_B}{d}-\cos\dfrac{2\pi Y_B}{d}\right)\right]\end{cases}$$

(4) 冻结帷幕平均温度计算公式

平均温度是冻结帷幕的重要参数。若冻结孔的间距相等，冻结帷幕的平均温度等于区间$0\leqslant y\leqslant\dfrac{d}{2}$上冻结帷幕的平均温度，因此冻结帷幕的平均温度计算公式可以表示为：

$$\begin{cases}\overline{T_1}=\dfrac{2}{\xi_1 d}\displaystyle\int_0^{\frac{d}{2}}\int_0^{\xi_1}T_1(x,y)\mathrm{d}y\mathrm{d}x & (x\geqslant 0)\\ \overline{T_2}=\dfrac{2}{\xi_2 d}\displaystyle\int_0^{\frac{d}{2}}\int_0^{\xi_2}T_2(x,y)\mathrm{d}y\mathrm{d}x & (x<0)\end{cases}\tag{5-46}$$

式(5-46)的积分过程较为复杂，在实际工程中可以采用等效梯形法来计算直线单排管冻结帷幕的平均温度，由于在实际工程中冻结管的数量较多，因此在平均温度的计算过程中可以忽略冻结帷幕两侧形状不规则对计算结果的影响。目前已有研究成果证明[23]距离冻结管$d/5$的截面的平均温度可以近似等效为整个冻结帷幕的平均温度，因此冻结帷幕的平均温度计算公式简化为：

$$\bar{T} = \frac{r_0 + (\xi_1 + \xi_2)}{2(\xi_1 + \xi_2)} T_K \Big|_{y=\frac{d}{5}} \tag{5-47}$$

5.2.2 解析解合理性验证

为了验证本书推导的解析解的准确性，将进入稳定冻结阶段后的 B、C 以及 I 轴的温度计算结果与模型试验结果进行对比，如图 5-7 至图 5-9 所示。

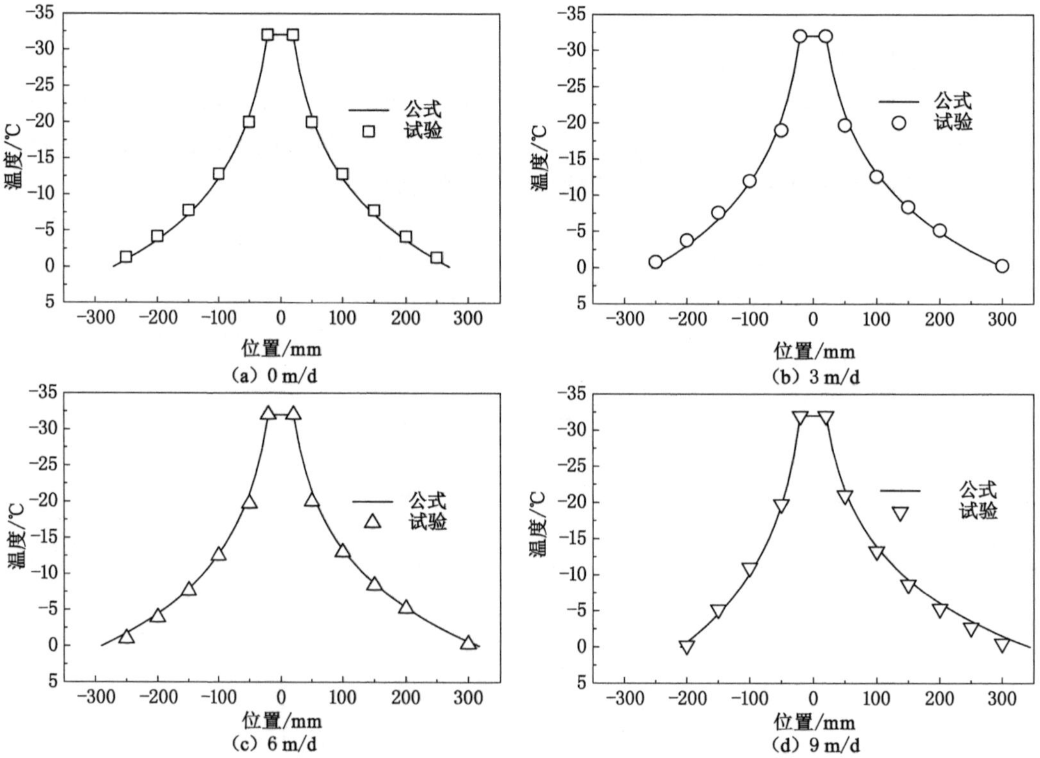

图 5-7　B 轴线上测点温度的计算结果与试验结果对比

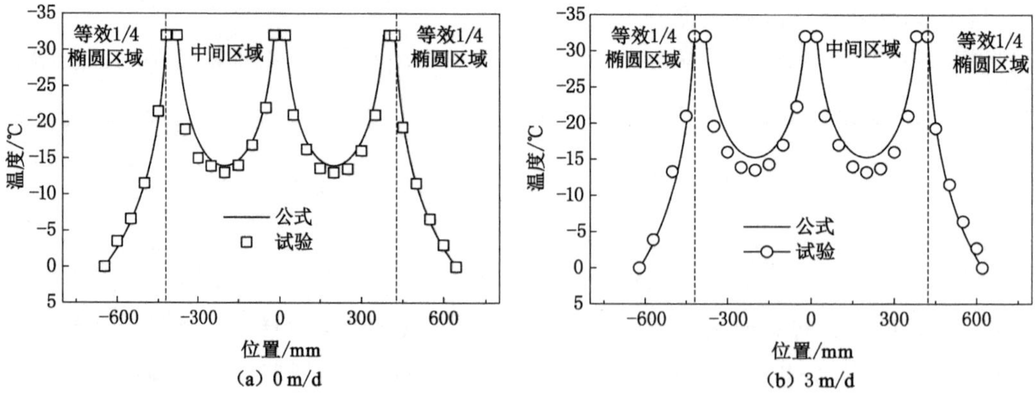

图 5-8　I 轴线上测点温度的计算结果与试验结果对比

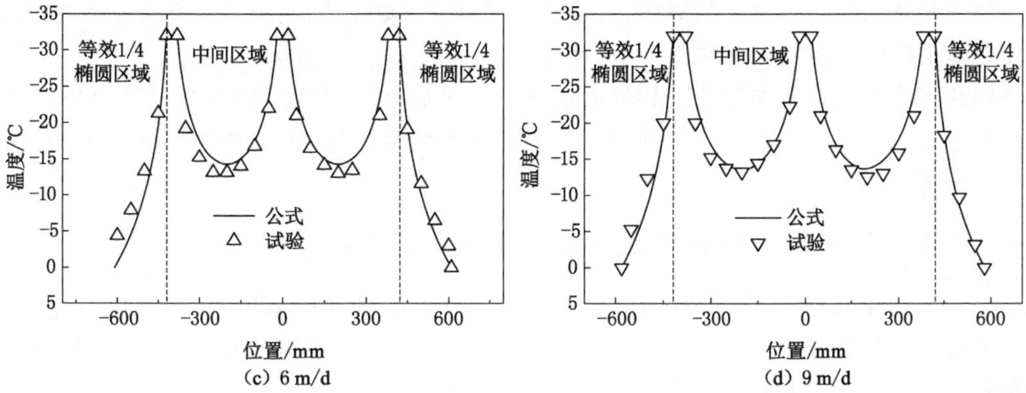

图 5-8 （续）

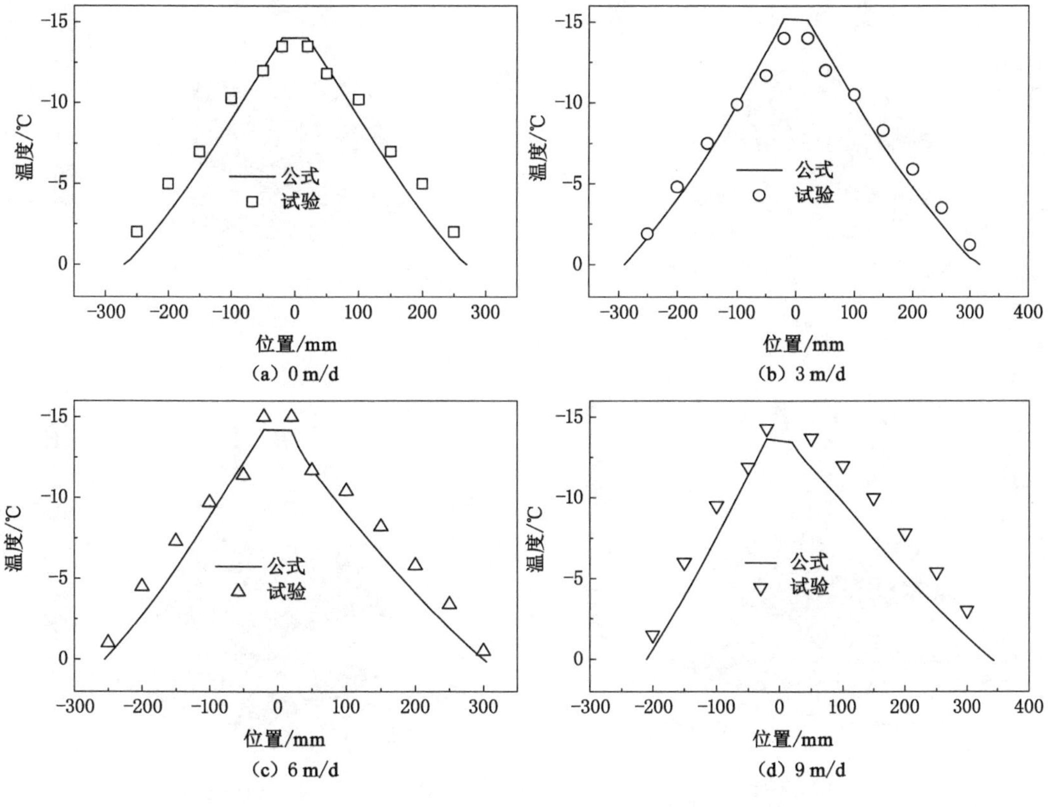

图 5-9 C 轴线上测点温度的计算结果与试验结果对比

通过对比发现：B 轴上测点温度的计算结果与试验结果吻合度较高，仅少数测点的误差大于 1 ℃。I 轴线上位于冻结管外侧（等效为 2 个 1/4 椭圆部分）的测点的温度计算结果与试验结果的吻合度较高，但是该轴线上位于冻结管中间部分的测点的计算结果的误差较大，个别测点的误差超过 2 ℃。C 轴线上测点温度计算结果的整体分布规律与试验结果一致，但是温度数值存在一定误差，其中，下游区域的计算结果的误差大于上游区域的，并且随着水流速度的增大，计算结果的误差增大。

公式计算结果出现误差的原因：位于整个 B 轴和 I 轴外侧的测点主要受单根冻结管的热传导和地层中水流对流传热的影响，而整个 C 轴和 I 轴中间部分测点受多根冻结管热传导叠加和水流对流传热的影响。相邻冻结管中间区域砂层冻结过程更加复杂，稳态温度场计算公式无法同时考虑多管热传导叠加和水流对流传热作用，因此两管中间区域的计算结果存在一定误差。

5.2.3 渗流作用下多管冻结稳态温度场的计算与分析

已知冻结帷幕向上游、下游的扩展厚度以及冻结管管壁的温度，求得不同流速条件下直线单排三管稳态冻结温度场的分布规律如图 5-10 所示，并得到冻结帷幕各个截面的温度分布规律，如图 5-11 所示。

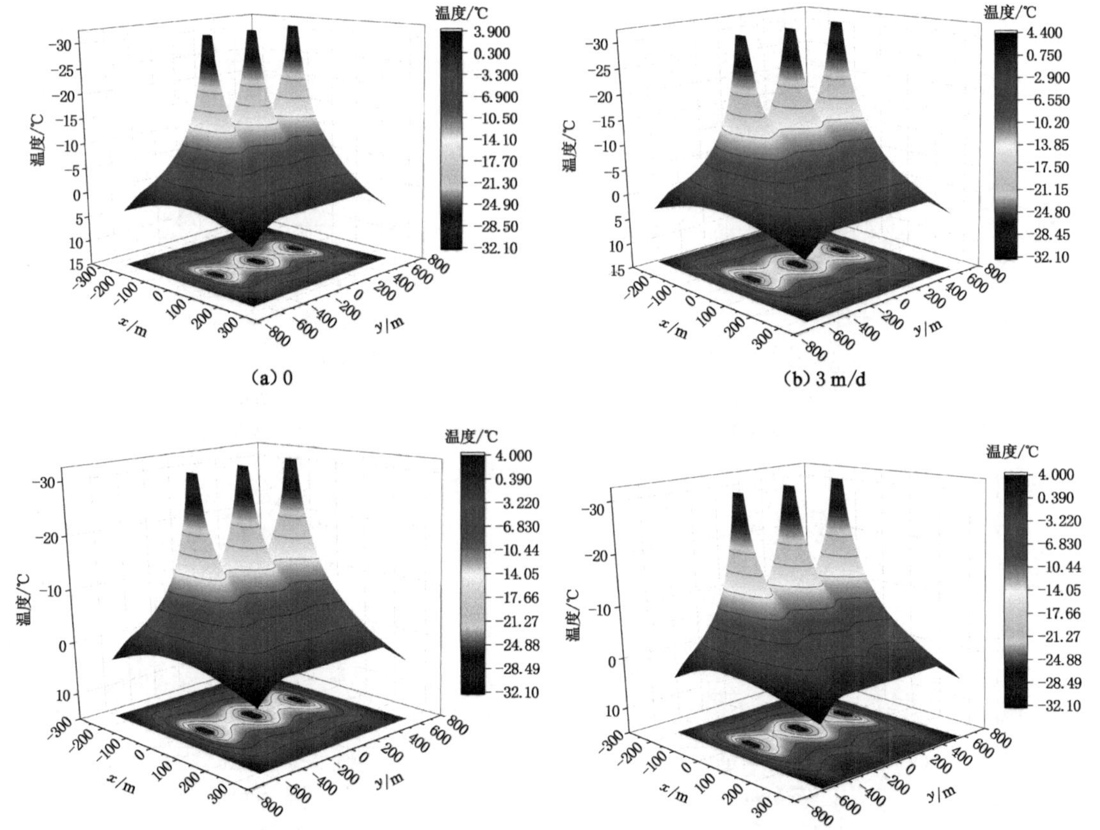

图 5-10 不同流速条件下三管冻结稳态温度场计算结果

由图 5-13 和图 5-14 可知：冻结帷幕各个截面的温度随着与冻结管距离的增大而升高，越靠近冻结壁中间位置，各个截面的温差越大，除冻结管所在截面（$y=0$）外，其他截面的温度分布曲线都类似“梯形”。随着水流速度的增大，冻结壁的不对称性加剧，但是截面上温度变化规律较为接近，距离冻结管所在轴线的距离越远，温度曲线趋于平缓，即距离冻结管距离越远，温降速率越低。

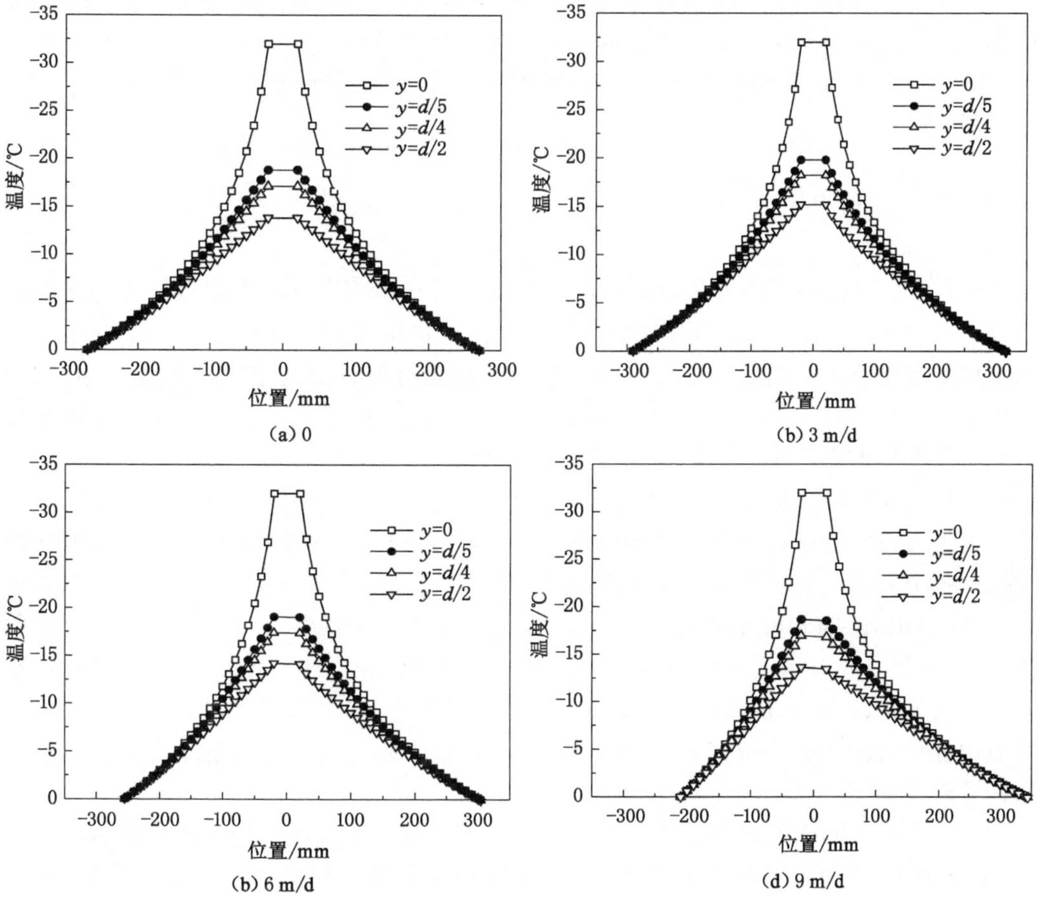

图 5-11 沿着水流方向不同截面温度分布规律

根据冻结帷幕平均温度计算公式，得出试验中不同流速条件下冻结帷幕的平均温度，见表 5-2。

表 5-2 冻结帷幕平均温度计算结果

流速/(m/d)	冻结时间/h	厚度/mm	平均温度/℃
0	32	540	−10.10
3	44	607	−10.54
6	48	559	−10.22
9	96	551	−10.00

在冻结试验中，由于流速越大，对应冻结帷幕的交圈时间越长，因此每个流速对应的冻结试验持续时间并不相同，其中无流速时试验持续时间为 32 h，流速为 9 m/d 时，试验持续时间为 96 h。当地层中无渗流场时，冻结 32 h 后，冻结帷幕的平均温度为−10.10 ℃。当地层中存在渗流场时，由于水流的对流传热作用，冻结管的传热路径发生了变化，大量冷量在下游集聚，此时冻结帷幕的厚度受到渗流速度和冻结时间的影响，冻结帷幕的平均温度

变化过程较为复杂，但是整体仍然表现出随着冻结壁厚度的增大而降低，当渗流速度为 3 m/d、6 m/d、9 m/d 时，冻结试验持续时间分别为 44 h、48 h、96 h，对应的冻结壁厚度分别为 607 mm、559 mm、551 mm，通过计算得出冻结壁的平均温度分别为 −10.54 ℃、−10.22 ℃以及 −10.00 ℃。

5.3 本章小节

（1）采用“分段等效”的方法对渗流场作用下单管和多管冻结稳态温度场的冻结锋面的形状进行了简化，并基于稳态温度场的求解方法推导得出不同渗流速度作用下的单管和多管冻结稳态温度场的解析表达式。通过物理模型试验对解析解的准确性进行了验证，验证结果显示解析解的计算结果与试验结果高度吻合，因此基于该公式可以实现对渗流场作用下的稳态温度场的数学描述。

（2）模型试验的结果显示：当渗流速度分别为 0 m/d、3 m/d、6 m/d、9 m/d 时，单管冻结温度场进入稳定冻结阶段需要的时间分别为 28 h、40 h、24 h、20 h；稳态冻结温度场的冻结锋面向各个方向的扩展半径 ξ_i 随着渗流速度 v 的变化规律具有明显的阶段性，当渗流速度 $v<3$ m/d 时，ξ_i 随着流速的变化幅度较小，并且各个方向的扩展半径 ξ_1、ξ_2、ξ_3 之间的差别较小；当 v 由 3 m/d 增大到 6 m/d 时，ξ_1、ξ_2、ξ_3 由 220 mm、220 mm、240 mm 急剧减小至 65 mm、108 mm、169 mm，减小比例分别达到 70.45%、50.90%、29.58%；$v\geqslant 6$ m/d 时，冻结区域向各个方向的扩展范围 ξ_i 进一步减小，但是整体的变化幅度和各个方向的扩展半径之间的差距变小。

（3）采用本书推导得到的公式对渗流场作用下多管冻结温度场的分布规律进行了计算分析，结果表明：当地层中存在渗流场时，多管冻结温度场变化过程较为复杂，但是平均温度整体上仍表现出随着冻结帷幕厚度的增大而降低的规律。

6 大流速渗透地层人工冻结壁力学特性分析

冻结壁作为拟开挖土体周围的临时支护结构，其受力特性分析一直是人工地层冻结法研究领域的重要问题。在该问题的研究初期，冻结壁被视为均质材料，其力学分析过程被简化为厚壁圆筒的受力问题[130]，该分析方法较为简单，因此在工程中广为应用[131-132]。然而由于受到冻结管热传导距离的影响，冻结壁内部的温度并不相等，而是随着与冻结管的距离的变化而变化，这导致冻结壁内部的强度是不均匀的，因此将冻结壁视为均质材料进行计算存在一定的误差。胡向东首次提出将冻结壁视为功能梯度材料，并基于莫尔-库仑强度准则推导出了单排管和双排管冻结壁的应力计算公式[133-134]，笔者根据该思路并基于D-P强度准则也对单排管和双排管冻结壁的应力公式进行了推导[135-136]，并首次提出了三排管非均质冻结壁的应力计算公式[137]。曹雪叶基于双剪统一强度准则推导得出材料性质呈抛物线变化的FGM冻结壁的应力计算公式[138-139]。由于冻结壁并不是单独存在于土体中，因此冻结壁周围的未冻土体与冻结壁之间存在相互作用，并且冻结壁内部土体开挖会对冻结壁的受力状态产生一定的影响，杨维好[140-145]推导得出考虑与围岩相互作用的冻结壁弹性、弹塑性以及塑性应力解；胡向东[146-148]推导得出考虑开挖卸载作用的冻结壁承载力计算公式；笔者基于上述理论，推导得出考虑卸载作用以及与周围未冻土体的相互作用的非均质冻结壁的应力计算公式[149]。

渗流场作用下人工冻结温度场的分布规律与无流速时相比存在较大差异，其中位于上游区域的冻结壁厚度明显小于下游区域，冻结壁不再是一个规则的厚壁圆筒，因此“厚壁圆筒”的分析方法不再适用，并且冻结壁内部的温度分布规律也发生了较大变化，位于冻结管布置圈上游和下游的温度场存在明显差异，因此现有的温度曲线等效方法也不再适用。

本章将基于渗流场作用下人工冻结温度场的分布规律，考虑不同的屈服准则，对渗流场作用下人工冻结壁的应力计算公式进行了推导，并结合工程算例对冻结壁的应力进行了计算和分析。

6.1 地下水流速对单圈冻结温度场和冻结壁厚度的影响规律

在采用人工地层冻结法施工过程中，为了保证后续的开挖工作顺利进行，拟开挖边界的温度通常被控制在−3 ℃。在流动的地下水作用下，由于水流与冻结锋面之间存在对流传热作用，冻结管的热传导路径发生改变，因此冻结壁的形状发生较大变化。当拟开挖边界的温度达到设计值时，不同流速地下水作用下冻结壁的形状如图6-1所示。

由图6-1可知：在流动的地下水作用下，位于上游位置的冻结壁最迟交圈，对应相同的冻结时间，该位置处的冻结壁厚度最小，且同时受到地层压力和水压的作用，因此该位置为

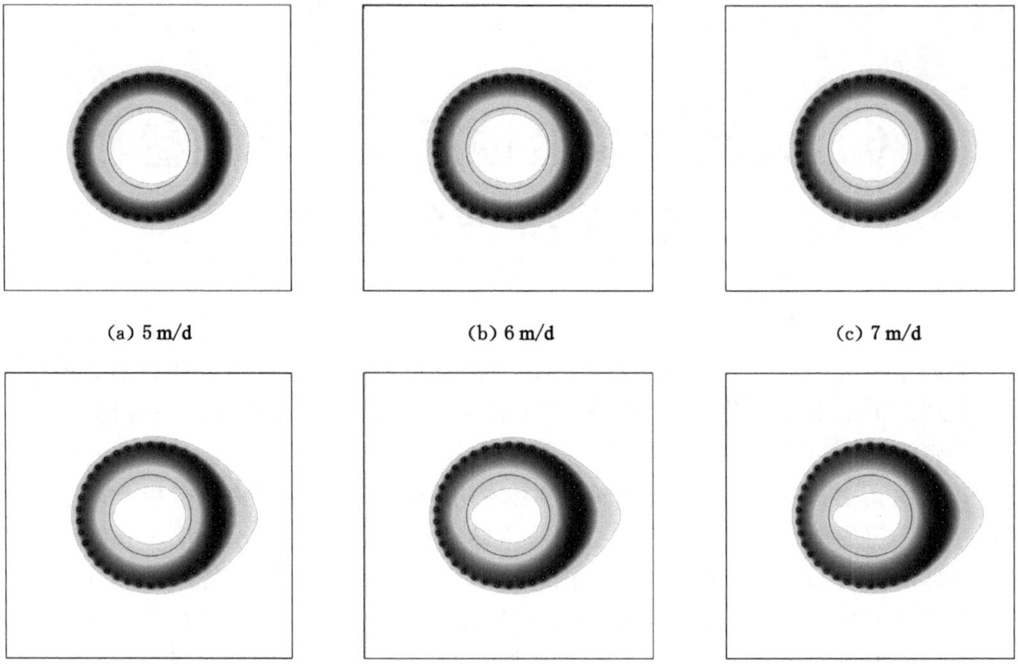

(a) 5 m/d (b) 6 m/d (c) 7 m/d

(d) 8 m/d (e) 9 m/d (f) 10 m/d

图 6-1 不同地下水流速下冻结壁形状的变化规律

整个冻结壁的“最危险位置”，该位置冻结壁的强度决定了整个冻结壁的强度。

不同流速地下水作用下，冻结壁“危险位置”截面的温度分布规律如图 6-2 所示。

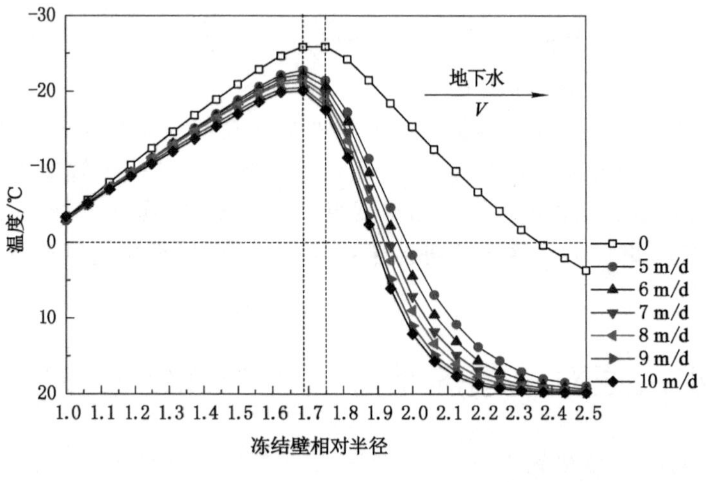

图 6-2 不同流速地下水作用下冻结壁“危险截面”的温度分布规律

由图 6-2 可知：在流动的地下水作用下，位于冻结管布置圈上游位置的冻结范围与无流速时相比明显减小；随着水流速度的增大，冻结壁向上游的扩展范围不断减小。在无流速时，冻结壁截面的温度最低点位于冻结管布置圈上；在流动的地下水作用下，冻结壁截面的温度最低点位于冻结管布置圈下游 0.25 m。为了便于采用数理方程来描述“危险截面”的温度分布规律，以冻结温度场最低温度点所在位置为分界线，用两段二次函数曲线等效温度场的分布曲线。

不同流速地下水作用下冻结壁“危险截面”的温度分布计算模型如图 6-3 所示。将拟开挖边界即冻结壁的内径，用 R_0 表示，冻结壁的外径用 R_H 表示，冻结壁截面上任意一点的半径用 R 表示。为了便于后续公式的推导，用相对半径 $r=R/R_0$ 表示冻结壁截面内的任意一点。

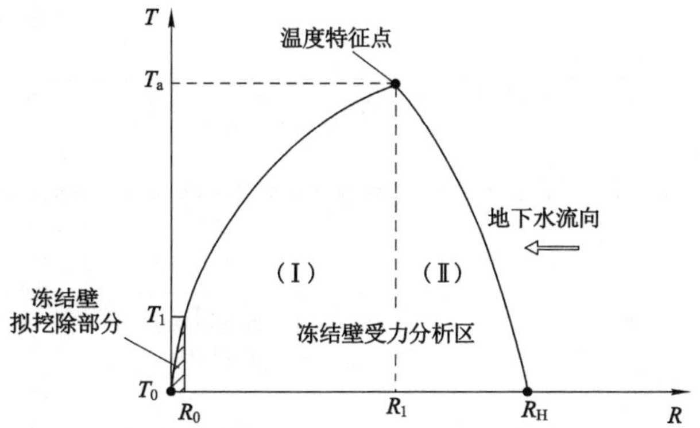

图 6-3　不同流速地下水作用下冻结壁温度分布模型

在冻结壁内径处：$R_0/R_0=1$；

在冻结壁外径处：$R_H/R_0=r_H$。

假设冻结壁“危险截面”的温度分布规律满足以下二次函数表达式：

$$T = a(r - r_1)^2 + c \tag{6-1}$$

温度场的边界条件为：

$$T_{r=r_0} = T_0 \tag{6-2}$$

$$T_{r=r_1} = T_1 \tag{6-3}$$

$$T_{r=r_H} = T_H \tag{6-4}$$

式中，T_0 为冻结壁拟开挖边界的控制温度，为了防止冻结温度过低而导致开挖难度增大，将该温度控制在－3 ℃；T_H 为冻结锋面的温度；T_1 为冻结壁截面的最低温度，T_1 是流速 V 的函数。

T_1 随着流速 V 的变化规律如图 6-4 所示。

通过拟合得出 T_1 与 V 的关系式：

$$T_1(V) = 0.56V - 25.59 \tag{6-5}$$

当开挖边界达到设计温度时，冻结壁的厚度和冻结时间随着流速的变化规律如图 6-5 所示。由图 6-5 可知：随着地下水流速的增大，冻结壁的厚度逐渐减小，而开挖边界温度达到设计值时需要的时间逐渐增大。

对开挖前冻结壁的厚度随流速的变化规律进行拟合，得到了冻结壁厚度 L 与地下水流速 V 的关系式：

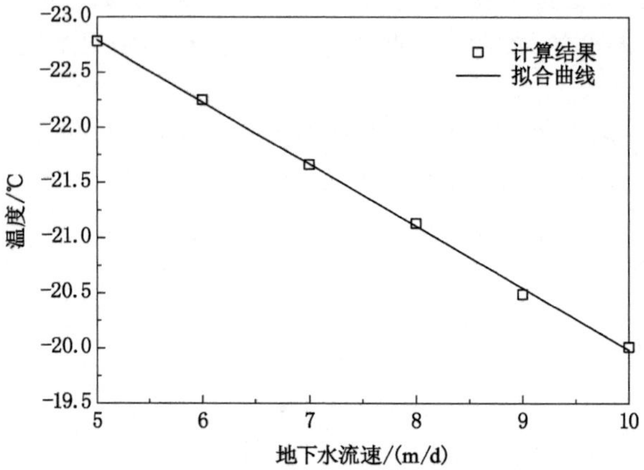

图 6-4　冻结壁“危险截面”最低温度随流速的变化规律

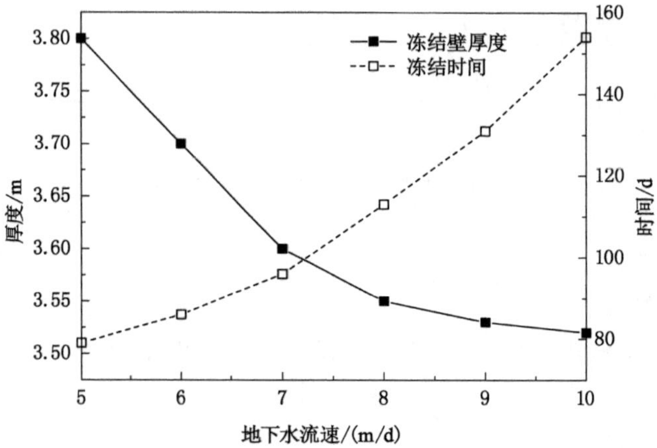

图 6-5　冻结壁厚度和冻结时间随地下水流速的变化规律

$$L(V)=L_0+\frac{A}{w\sqrt{\pi/2}}e^{-2\frac{(V-V_c)^2}{w^2}} \tag{6-6}$$

式中，L_0，A，w，V_c 为拟合参数。

冻结壁的厚度也可以表示为：

$$L(V)=R_H-R_0 \tag{6-7}$$

将边界条件代入式(6-1)可得到冻结温度场的二次函数曲线表达式：

$$T=\begin{cases}-\dfrac{[T_1(V)-T_0]}{(1-r_1)^2}r^2+\dfrac{2[T_1(V)-T_0]r_1}{(1-r_1)^2}r-\dfrac{[T_1(V)-T_0]r_1^2-(1-r_1)^2T_1(V)}{(1-r_1)^2} & (r\in[1,r_1))\\ \dfrac{[T_H-T_1(V)]}{[r_H(V)-r_1]^2}r^2-\dfrac{2[T_H-T_1(V)]r_1}{[r_H(V)-r_1]^2}r+\dfrac{(T_H-T_0)r_1^2+(1-r_1)^2T_1(V)}{[r_H(V)-r_1]^2} & (r\in[r_1,r_H])\end{cases} \tag{6-8}$$

通过计算得出不同流速地下水作用下冻结温度场的计算参数，见表 6-1。

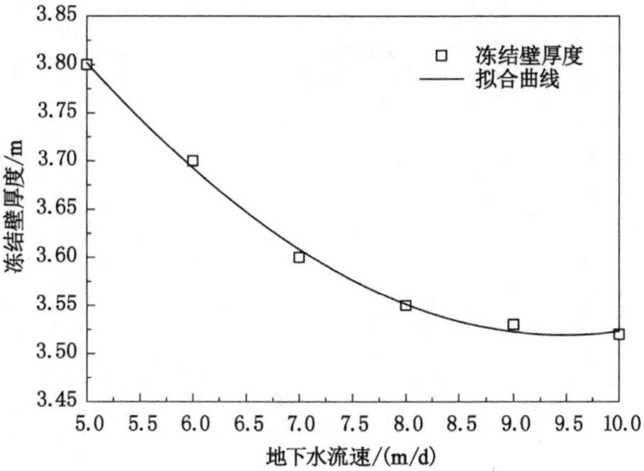

图 6-6 冻结壁厚度随地下水流速变化规律的拟合曲线

表 6-1 温度场计算参数

V	T_1	r_H	区域 1			区域 2		
			A_1	B_1	C_1	A_2	B_2	C_2
5	−22.78	1.760	42.154 62	−142.061	96.906 44	3 872.0	−13 048.6	10970.7
6	−22.25	1.740	41.025 09	−138.255	94.229 47	7 024.793	−23 673.6	19 922.72
7	−21.66	1.720	39.767 7	−134.017	91.249 45	16 865.31	−56 836.1	47 862.74
8	−21.23	1.710	38.851 3	−130.929	89.077 57	32 368.10	−109 080	91 878.8
9	−20.49	1.706	37.274 23	−125.614	85.339 92	44 195.01	−148 937	125 459.1
10	−20.05	1.704	36.336 51	−122.454	83.117 53	52 770.08	−177 835	149 806.1

6.2 冻土力学参数与强度准则

6.2.1 冻土弹性模量和黏聚力与温度的关系

选取不同矿区 400 m 深度处土体进行冻土物理力学参数试验，试验结果如图 6-7 和图 6-8 所示，可以发现不同土层冻土的弹性模量 E、黏聚力 c 与温度存在近似的一次函数关系。

结合冻结壁截面温度场的分布规律，可以将冻结壁的弹性模量和黏聚力用二次函数表示：

$$E(r)=\begin{cases}a_1r^2+b_1r+d_1 & (r\in[1,r_1))\\ a_2r^2+b_2r+d_2 & (r\in[r_1,r_H])\end{cases} \tag{6-9}$$

$$c(r)=\begin{cases}m_1r^2+n_1r+l_1 & (r\in[1,r_1))\\ m_2r^2+n_1r+l_1 & (r\in[r_1,r_H])\end{cases} \tag{6-10}$$

式中，a_1，a_2，b_1，b_2，d_1，d_2，m_1，m_2，n_1，n_2，l_1，l_2 为与温度分布曲线相关的参数，都是地下水流速 V 的函数。

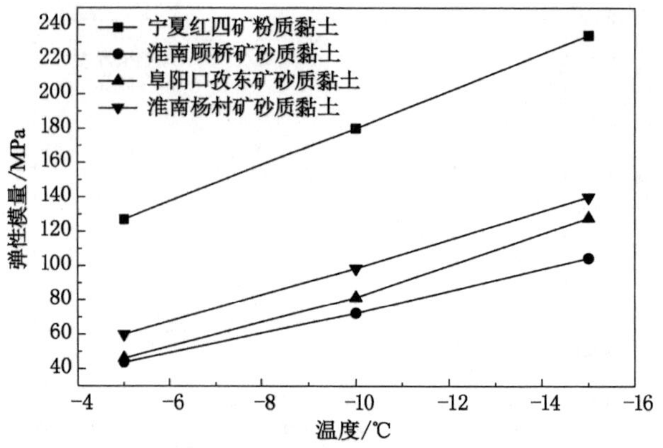

图 6-7 弹性模量随温度变化曲线

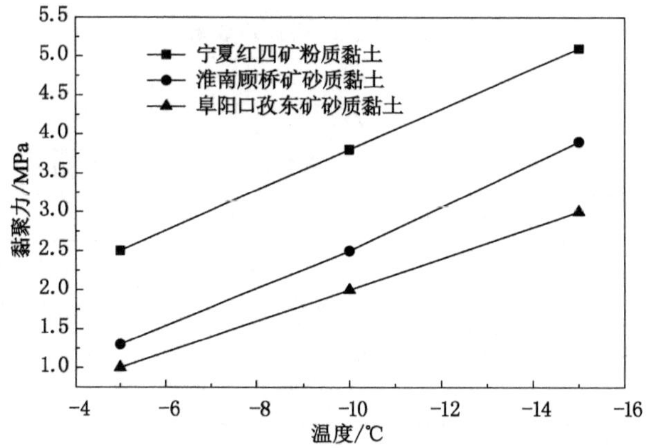

图 6-8 黏聚力随温度变化曲线

6.2.2 冻土强度准则

认为冻结壁进入塑性后不可压缩，对于轴对称平面应变问题有：

$$\sigma_z = (\sigma_r + \sigma_\theta)/2 \tag{6-11}$$

因此几种常用的强度准则可以用下式表示：

$$\sigma_\theta = \eta \cdot \sigma_r^i + \omega \cdot c_i(r) \tag{6-12}$$

η 和 ω 的表达式见表 6-2。

表 6-2 不同屈服准则中 η 和 ω 的表达式

屈服准则	η	ω
Coulomb-Mohr 准则	$\frac{1+\sin\varphi}{1-\sin\varphi}$	$-\frac{2\cos\varphi}{1-\sin\varphi}$
Druker-Prager 准则	$\frac{1+3\alpha}{1-3\alpha}$	$-\frac{2\kappa}{1-3\alpha}$

表 6-2(续)

屈服准则	η	ω
广义 Tresca 准则	$\dfrac{1+2\sqrt{3}\alpha}{1-2\sqrt{3}\alpha}$	$-\dfrac{4\sqrt{3}\kappa}{3(1-2\sqrt{3}\alpha)}$
双剪统一强度准则	$\dfrac{2(1+b)(1+\sin\varphi)-(1-\sin\varphi)b}{(1-\sin\varphi)(b+2)}$	$-\dfrac{2(1+b)}{(b+2)}\dfrac{2\cos\varphi}{1-\sin\varphi}$

注：φ 为冻土的内摩擦角；c 为冻土的黏聚力；$\alpha=\dfrac{\sin\varphi}{\sqrt{3(3+\sin^2\varphi)}}$；$\kappa=-\dfrac{\sqrt{3}c\cos\varphi}{\sqrt{3+\sin^2\varphi}}$。

6.3　冻结壁力学计算模型

为了便于计算，将受流动的地下水影响形成的不规则的冻结锋面简化为厚度与“危险截面”相等的厚壁圆筒。考虑开挖卸载对冻结壁受力状态的影响，冻结壁“危险截面”的力学模型如图 6-9 所示。

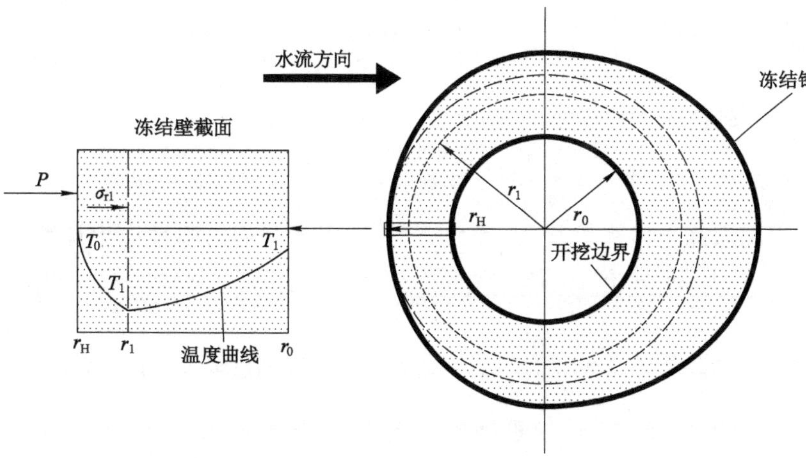

图 6-9　地下水作用下冻结壁“危险截面”力学模型

考虑开挖卸载作用后，无穷远处未冻土体的等效应力[146-147]为：

$$P_{eq}=\frac{P}{2(1-\mu_0)} \tag{6-13}$$

式中，P 为土体的原始水平应力；μ_0 为土体的泊松比。

由该力学模型可知冻结壁的应力场边界条件为：

$$\sigma_r=\begin{cases}P_{eq} & (r=r_\infty)\\ P_1 & (r=r_H)\\ \sigma_{r1} & (r=r_1)\\ 0 & (r=1)\end{cases} \tag{6-14}$$

6.4 弹性应力计算公式

当冻结壁处于弹性平面应变状态时满足以下基本方程：

平衡方程：

$$\frac{\mathrm{d}\sigma_r}{\mathrm{d}r}+\frac{\sigma_r-\sigma_\theta}{r}=0 \tag{6-15}$$

几何方程：

$$\begin{cases}\varepsilon_r=\mathrm{d}u_r/\mathrm{d}r\\ \varepsilon_r=u_r/r\end{cases} \tag{6-16}$$

平面应变状态下的物理方程：

$$\begin{cases}\varepsilon_r=\dfrac{1-\mu^2}{E(r)}\sigma_r-\dfrac{\mu(1+\mu)}{E(r)}\sigma_\theta\\ \varepsilon_r=-\dfrac{\mu(1+\mu)}{E(r)}\sigma_r+\dfrac{1-\mu^2}{E(r)}\sigma_\theta\end{cases} \tag{6-17}$$

引入应力函数 ψ，将 σ_r，σ_θ 用 ψ 表示：

$$\begin{cases}\sigma_r=\psi/r\\ \sigma_\theta=\dot{\psi}\end{cases} \tag{6-18}$$

结合式(6-15)至式(6-18)可知：

$$r^2\psi''+r\left[1-\frac{E'(r)}{E(r)}r\right]\psi'+\left[\frac{E'(r)}{E(r)}r-1\right]\psi=0 \tag{6-19}$$

将冻结壁周围未冻土体视为均匀、弹性介质，则周围土体的弹性应力计算公式为：

$$\sigma_{r(\mathrm{SE})}=\frac{r_H^2r_\infty^2}{r_\infty^2-r_H^2}\frac{P_1-P_{\mathrm{eq}}}{r^2}+\frac{r_\infty^2P_{\mathrm{eq}}-r_H^2P_1}{r_\infty^2-r_H^2}=\left(1-\frac{r_H^2}{r^2}\right)P_{\mathrm{eq}}+\frac{r_H^2}{r^2}P_1 \tag{6-20}$$

$$\sigma_{\theta(\mathrm{SE})}=\frac{r_H^2r_\infty^2}{r_\infty^2-r_H^2}\frac{P_{\mathrm{eq}}-P_1}{r^2}+\frac{r_\infty^2P_{\mathrm{eq}}-r_H^2P_1}{r_\infty^2-r_H^2}=\left(1+\frac{r_H^2}{r^2}\right)P_{\mathrm{eq}}-\frac{r_H^2}{r^2}P_1 \tag{6-21}$$

由式(6-9)可知冻结壁的弹性模量随着 r 变化，将弹性模量 $E(r)$ 表达式代入式(6-19)可得：

$$r^2\psi''-r\frac{a_ir^2-d_i}{a_ir^2+b_ir+d_i}\psi'+\frac{a_ir^2-d_i}{a_ir^2+b_ir+d_i}\psi=0 \tag{6-22}$$

通过求解可以得出式(6-22)的通解：

$$\psi=r\cdot M\cdot\left(a_i\ln r-b_i\frac{1}{r}-\frac{d_i}{2}\frac{1}{r^2}\right)+Nr \tag{6-23}$$

式中，$i=1,2$ 分别表示靠近开挖边界一侧和靠近未冻土体一侧。

将边界条件代入式(6-23)可以得到靠近开挖边界一侧的冻结壁弹性应力计算公式：

$$\begin{cases}\sigma_{1r}^{\mathrm{e}}=\dfrac{A_2+A_3}{A_1}\\ \sigma_{1\theta}^{\mathrm{e}}=\dfrac{A_4+A_3}{A_1}\end{cases}\quad(r\in[1,r_1)) \tag{6-24}$$

式中，$A_1=a_1\ln r_1+b_1\left(1-\dfrac{1}{r_1}\right)+\dfrac{d_1}{2}\left(1-\dfrac{1}{r_1^2}\right)$；

$A_2 = \sigma_{r_1}\left(a_1 \ln r - b_1 \dfrac{1}{r} - \dfrac{d_1}{2}\dfrac{1}{r^2}\right)$；

$A_3 = \sigma_{r_1}\left(b_1 + \dfrac{d_1}{2}\right)$；

$A_4 = \sigma_{r_1}\left(a_1 \ln r + \dfrac{d_1}{2}\dfrac{1}{r^2} + a_1\right)$。

同理，可以得到靠近未冻土体一侧的冻结壁弹性应力计算公式：

$$\begin{cases}\sigma_{2r}^{e} = \dfrac{(P_1 - \sigma_{r_1})B_2 + B_3 + B_4}{B_1} \\ \sigma_{2\theta}^{e} = \dfrac{(P_1 - \sigma_{r_1})B_5 + B_3 + B_4}{B_1}\end{cases} \quad (r \in [r_1, r_H]) \tag{6-25}$$

式中，$B_1 = a_2 \ln \dfrac{r_H}{r_1} + b_2\left(\dfrac{1}{r_1} - \dfrac{1}{r_H}\right) + \dfrac{d_1}{2}\left(\dfrac{1}{r_1^2} - \dfrac{1}{r_H^2}\right)$；

$B_2 = \left(a_2 \ln r - b_2 \dfrac{1}{r} - \dfrac{d_2}{2}\dfrac{1}{r^2}\right)$；

$B_3 = a_2 \sigma_{r_1} \ln r_H - a_2 P_1 \ln r_1$；

$B_4 = b_2\left(\dfrac{P_1}{r_1} - \dfrac{\sigma_{r_1}}{r_H}\right) + \dfrac{d_2}{2}\left(\dfrac{P_1}{r_1^2} - \dfrac{\sigma_{r_1}}{r_H^2}\right)$；

$B_5 = a_2 \ln r + \dfrac{d_2}{2}\dfrac{1}{r^2} + a_2$。

冻结壁 r_H 和 r_1 处的位移连续条件为：

$$\begin{cases}u_{SE}^{-} = u_2^{+} & (r = r_H) \\ u_2^{-} = u_1^{+} & (r = r_1)\end{cases} \tag{6-26}$$

在平面轴对称问题中，有：

$$u_r = \frac{(1+\mu)r}{E}[-\mu\sigma_r + (1-\mu)\sigma_\theta] \tag{6-27}$$

因此可以得出下式：

$$\begin{cases}-\mu\sigma_r^{(SE)} + (1-\mu)\sigma_\theta^{(SE)} = -\mu\sigma_r^{(2)} + (1-\mu)\sigma_\theta^{(2)} & (r = r_H) \\ -\mu\sigma_r^{(2)} + (1-\mu)\sigma_\theta^{(2)} = -\mu\sigma_r^{(1)} + (1-\mu)\sigma_\theta^{(1)} & (r = r_1)\end{cases} \tag{6-28}$$

由方程式(6-28)可以求得 P_1 和 σ_{r_1}。

6.5 弹塑性应力计算公式

当冻结壁的荷载 P_1 大于冻结壁的弹性极限荷载时，冻结壁进入弹塑性状态，沿着冻结壁“危险截面”由内向外依次为塑性区和弹性区。

塑性区应力平衡方程为：

$$\frac{d\sigma_r^{p}}{dr} + \frac{\sigma_r^{p} - \sigma_\theta^{p}}{r} = 0 \tag{6-29}$$

将强度准则代入式(6-29)得：

$$\frac{d\sigma_r^{p}}{dr} + \frac{(1-\eta)\sigma_r^{p} - \omega c(r)}{r} = 0 \tag{6-30}$$

通过求解可以得出冻结壁塑性径向应力的通解为：

$$\sigma_r^{\mathrm{p}}=\begin{cases}El_1r^2+Fm_1r+Gn_1+C_1\cdot r^{\eta-1} & (r\in[1,r_1)) \\ El_2r^2+Fm_2r+Gn_2+C_2\cdot r^{\eta-1} & (r\in[r_1,r_H])\end{cases} \tag{6-31}$$

式中，$E=\dfrac{\omega}{3-\eta}$；$F=\dfrac{\omega}{2-\eta}$；$G=\dfrac{\omega}{1-\eta}$。

根据 $r=1$ 和 $r=r_1$ 处的应力边界条件可以求得 C_i 的值为：

$$C_1=-(El_1+Fm_1+Gn_1)$$

$$C_2=E(l_1-l_2)r_1^{3-\eta}+F(m_1-m_2)r_1^{2-\eta}+G(n_1-n_2)r_1^{1-\eta}-(El_1+Fm_1+Gn_1)$$

冻结壁塑性区的环向应力可以通过下式求得：

$$\sigma_\theta^{\mathrm{p}}=\begin{cases}\eta\sigma_r^{p(1)}+\omega c_1(r) & (r\in[1,r_1)) \\ \eta\sigma_r^{p(2)}+\omega c_2(r) & (r\in[r_1,r_H])\end{cases} \tag{6-32}$$

假设冻结壁塑性区半径为 ρ，当 $\rho\in[1,r_1)$ 时，在区间 $[1,\rho)$ 上，冻结壁处于塑性状态；在区间 $[\rho,r_H]$ 上，冻结壁处于弹性状态。冻结壁的应力计算公式为：

$$\begin{cases}\sigma_{1r}^{\mathrm{p}}=El_1r^2+Fm_1r+Gn_1+C_1\cdot r^{\eta-1} \\ \sigma_{1\theta}^{\mathrm{p}}=\eta\sigma_r^{\mathrm{p}}+\omega\cdot c_1(r)\end{cases}\quad (r\in[1,\rho)) \tag{6-33}$$

$$\begin{cases}\sigma_{1r}^{\mathrm{e}}=\dfrac{(\sigma_{r_1}-\sigma_\rho)H_2+H_3+H_4}{H_1} \\ \sigma_{1\theta}^{\mathrm{e}}=\dfrac{(\sigma_{r_1}-\sigma_\rho)H_5+H_3+H_4}{H_1}\end{cases}\quad (r\in[\rho,r_1)) \tag{6-34}$$

$$\begin{cases}\sigma_{2r}^{\mathrm{e}}=\dfrac{(P_1-\sigma_{r_1})B_2+B_3+B_4}{B_1} \\ \sigma_{2\theta}^{\mathrm{e}}=\dfrac{(P_1-\sigma_{r_1})B_5+B_3+B_4}{B_1}\end{cases}\quad (r\in[r_1,r_H]) \tag{6-35}$$

式中，$H_1=a_1\ln\dfrac{r_1}{\rho}+b_1\left(\dfrac{1}{\rho}-\dfrac{1}{r_1}\right)+\dfrac{d_1}{2}\left(\dfrac{1}{\rho^2}-\dfrac{1}{r_1^2}\right)$；

$H_2=a_1\ln r-b_1\dfrac{1}{r^2}-\dfrac{d_1}{2}\dfrac{1}{r^2}$；

$H_3=\sigma_\rho a_1\ln r_1-\sigma_{r_1}a_1\ln\rho$；

$H_4=b_1\left(\dfrac{\sigma_{r_1}}{\rho}-\dfrac{\sigma_\rho}{r_1}\right)+\dfrac{d_1}{2}\left(\dfrac{\sigma_{r_1}}{\rho^2}-\dfrac{\sigma_\rho}{r_1^2}\right)$；

$H_5=a_1\ln r+a_1+\dfrac{d_1}{2}\dfrac{1}{r^2}$。

当 $\rho\in[r_1,r_H]$ 时，在区间 $[1,\rho)$ 上，冻结壁处于塑性状态；在区间 $[r_1,r_H]$ 上，冻结壁处于弹性状态。冻结壁的应力计算公式为：

$$\begin{cases}\sigma_{1r}^{\mathrm{p}}=El_1r^2+Fm_1r+Gn_1+C_1\cdot r^{\eta-1} \\ \sigma_{1\theta}^{\mathrm{p}}=\eta\sigma_{1r}^{\mathrm{p}}+\omega\cdot c_1(r)\end{cases}\quad (r\in[1,r_1)) \tag{6-36}$$

$$\begin{cases}\sigma_{2r}^{\mathrm{p}}=El_2r^2+Fm_2r+Gn_{12}+C_2\cdot r^{\eta-1} \\ \sigma_{2\theta}^{\mathrm{p}}=\eta\sigma_{2r}^{\mathrm{p}}+\omega\cdot c_2(r)\end{cases}\quad (r\in[r_1,\rho]) \tag{6-37}$$

$$\begin{cases} \sigma_{2r}^{e} = \dfrac{(P_1 - \sigma_\rho) I_2 + I_3 + I_4}{I_1} \\ \sigma_{2\theta}^{e} = \dfrac{(P_1 - \sigma_\rho) I_5 + I_3 + I_4}{I_1} \end{cases} \quad (r \in [r_1, r_H]) \tag{6-38}$$

式中，$I_1 = a_2 \ln \dfrac{r_H}{\rho} + b_2 \left(\dfrac{1}{\rho} - \dfrac{1}{r_H} \right) + \dfrac{d_2}{2} \left(\dfrac{1}{\rho^2} - \dfrac{1}{r_H^2} \right)$；

$I_2 = a_2 \ln r - b_2 \dfrac{1}{r^2} - \dfrac{d_2}{2} \dfrac{1}{r^2}$；

$I_3 = \sigma_\rho a_2 \ln r_H - \sigma_{r_H} a_2 \ln \rho$；

$I_4 = b_2 \left(\dfrac{\sigma_{r_H}}{\rho} - \dfrac{\sigma_\rho}{r_H} \right) + \dfrac{d_2}{2} \left(\dfrac{\sigma_{r_H}}{\rho^2} - \dfrac{\sigma_\rho}{r_H^2} \right)$；

$I_5 = a_2 \ln r + a_2 + \dfrac{d_2}{2} \dfrac{1}{r^2}$。

当 $\rho=1$ 和 $\rho=r_H$ 时，对应的冻结壁外荷载分别是冻结壁的弹性极限承载力和塑性极限承载力。

6.6 工程算例分析

通过室内试验得出冻结砂层的力学参数，见表 6-3。

表 6-3 冻土力学参数

弹性模量 E/MPa	黏聚力 c/MPa	内摩擦角 φ/(°)	泊松比
$-8.074T+35.41$	$-0.174T+0.803$	3.5	0.27

不同流速下冻结温度场的计算参数见表 6-4；不同屈服准则中，η 和 ω 的数值见表 6-5；基于冻结砂层的力学参数和温度场的分布规律得出冻结壁不同区域的弹性模量和黏聚力的计算参数见表 6-6 和表 6-7。

表 6-4 冻结温度场计算参数

流速/(m/d)	5	6	7	8	9	10
T_1/℃	−22.78	−22.25	−21.66	−21.23	−20.49	−20.05
r_H/m	1.760	1.740	1.720	1.710	1.706	1.704

表 6-5 不同屈服准则中 η 和 ω 的数值

屈服准则	η	ω
Coulomb-Mohr 准则	1.130	−2.126
Druker-Prager 准则	1.130	−2.124
广义 Tresca 准则	1.151	−2.242
双剪统一强度准则	1.173	−2.834

表 6-6　区域Ⅰ冻土的弹性模量及黏聚力

V	$E_1(r)$			$c_1(r)$		
	a_1	b_1	d_1	m_1	l_1	n_1
5	−340.356	1 147.001	−747.013	−7.334 9	24.718 62	−16.058 7
6	−331.237	1 116.267	−725.399	−7.138 37	24.056 29	−15.592 9
7	−321.084	1 082.055	−701.338	−6.919 58	23.318 99	−15.074 4
8	−313.685	1 057.12	−683.802	−6.760 13	22.781 62	−14.696 5
9	−300.952	1 014.209	−653.625	−6.485 72	21.856 86	−14.0461
10	−293.381	988.694	−635.681	−6.322 55	21.307	−13.659 5

表 6-7　区域Ⅱ冻土的弹性模量和黏聚力

V	$E_2(r)$			$c_2(r)$		
	a_2	b_2	d_2	m_2	l_2	n_2
5	−31 262.5	105 354.7	−88 542	−673.728	2 270.463	−1 908.1
6	−56 718.2	191 140.3	−160 821	−1 222.31	4 119.198	−3 465.75
7	−136 170	458 894.5	−386 408	−2 934.56	9 889.478	−8 327.31
8	−261 339	880 713.2	−741 794	−5 632.03	18 979.95	−15 986.1
9	−356 831	1 202 519	−1 012 921	−7 689.93	25 915.07	−21 829.1
10	−426 066	1 435 841	−1 209 499	−9 181.99	30 943.32	−26 065.5

为了便于计算获得不同流速下冻结壁的应力分布规律，首先通过计算得出地下水流速 V 为 5 m/d、6 m/d、7 m/d、8 m/d、9 m/d、10 m/d 时冻结壁应力计算公式的参数，如附录所示。基于冻结壁的应力计算公式分别对冻结壁的弹性极限承载力，塑性极限承载力以及弹性状态、塑性状态下的应力分布规律进行计算。

不同流速地下水作用下冻结壁的弹性极限承载力和塑性极限承载力的计算结果见表 6-8、表 6-9 和图 6-10。通过分析可以发现：基于不同屈服准则的冻结壁的承载力的计算结果存在一定差异，其中基于 M-C 准则和 D-P 准则的计算结果基本一致，基于广义 Tresca 准则的结果略大于 M-C 准则和 D-P 准则的计算结果，而基于双剪强度准则的计算结果则明显偏大。冻结壁的承载力随着水流速度的增大而减小，当地下水流速为 5 m/d 时，基于 M-C 准则、D-P 准则、广义 Tresca 准则、双剪统一强度准则计算得出的弹性极限承载力和塑性极限承载力分别为 2.480 MPa、2.462 MPa、2.741 MPa、3.202 MPa 以及 4.349 MPa、4.318 MPa、4.561 MPa、5.779 MPa，当地下水流速增大到 10 m/d 时，对应的弹性极限承载力和塑性极限承载力降低至 2.087 MPa、2.085 MPa、2.203 MPa、2.784 MPa 以及 3.700 MPa、3.707 MPa、3.908 MPa、4.939 MPa。

表 6-8 冻结壁弹性极限承载力计算结果

V	M-C 准则	D-P 准则	广义 Tresca 准则	双剪统一强度准则
5	2.480	2.462	2.741	3.202
6	2.325	2.322	2.451	3.099
7	2.180	2.177	2.299	2.906
8	2.141	2.138	2.258	2.856
9	2.088	2.086	2.203	2.784
10	2.087	2.085	2.203	2.784

表 6-9 冻结壁塑性极限承载力计算结果

V	M-C 准则	D-P 准则	广义 Tresca 准则	双剪统一强度准则
5	4.349	4.318	4.561	5.779
6	4.120	4.120	4.361	5.530
7	3.951	3.954	4.180	5.296
8	3.875	3.881	4.096	5.181
9	3.773	3.781	3.986	5.036
10	3.700	3.707	3.908	4.939

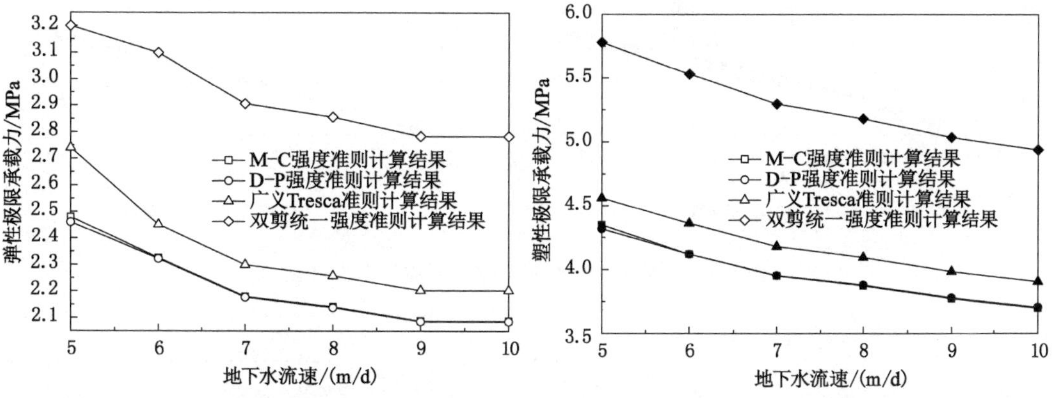

(a) 弹性极限承载力　　(b) 塑性极限承载力

图 6-10 冻结壁极限承载力随地下水流速的变化规律

弹性极限状态和塑性极限状态下冻结壁的应力分布曲线如图 6-11 和图 6-12 所示。由于位于冻结壁分区界线(r=1.685)两侧的冻土力学参数存在较大差异,因此位于分界线两侧的冻结壁的应力分布规律存在较大差异。当冻结壁处于弹性极限状态时,冻结壁的径向应力随着相对半径 r 的增大而增大,环向应力的分布则具有明显的区域性。当 r<1.685 时,环向应力曲线呈抛物线形,曲线随着相对半径 r 的变化较为缓慢;当 r>1.685 时,由于受地下水的影响,该区域冻结壁的厚度较小,温度变化梯度较大,因此该区域冻结壁的环向应力随着相对半径的增大而急剧降低;弹性极限状态下,冻结壁的环向应力的最大值出现在靠近冻结壁中间。当冻结壁处于塑性极限状态时,冻结壁的径向应力随着相对半径 r 的增大而增大,环向应力的分布具有明显的区域性。当 $r<1.685$ 时,环向应力随着相对半径 r 的增大而增大;当 $r>1.685$ 时,冻结壁的环向应力随着相对半径的增大急剧降低;塑性极限状态下,冻结壁环向应力最大值出现在冻结壁的分区界线 $r=1.685$ 处。

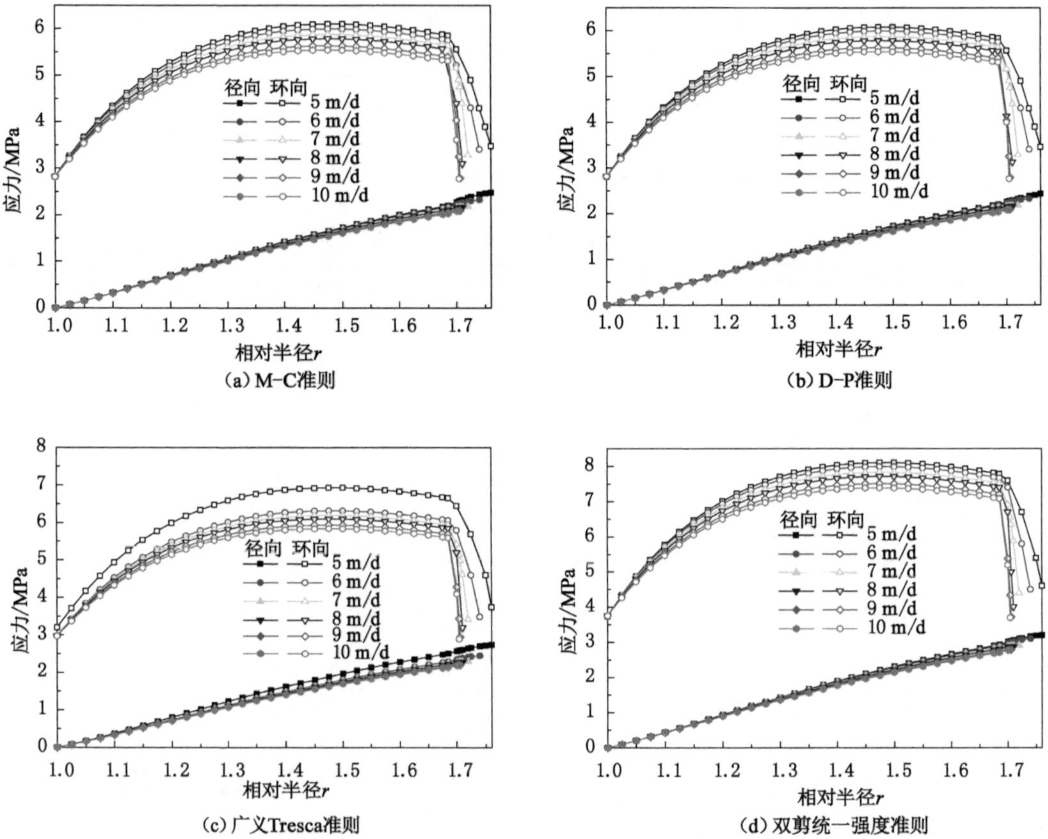

(a) M-C准则 (b) D-P准则

(c) 广义Tresca准则 (d) 双剪统一强度准则

图 6-11 弹性极限状态下冻结壁应力分布曲线

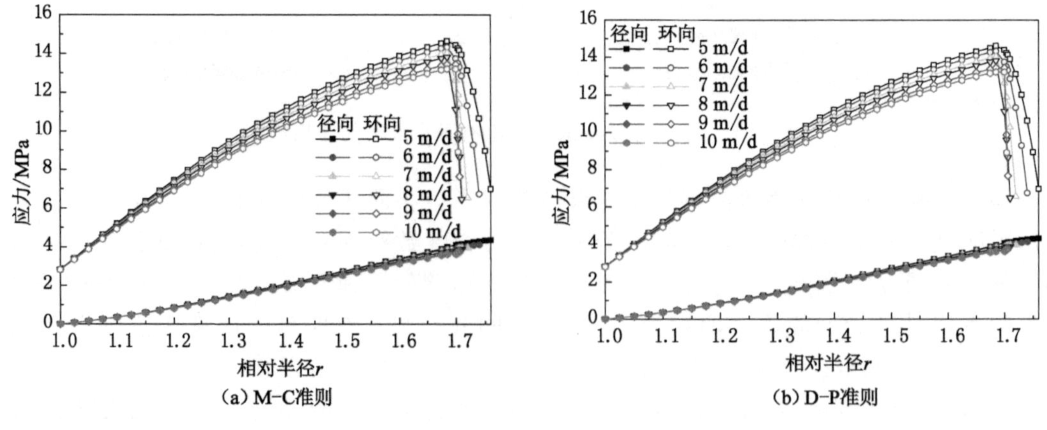

(a) M-C准则 (b) D-P准则

图 6-12 塑性极限状态下冻结壁应力分布曲线

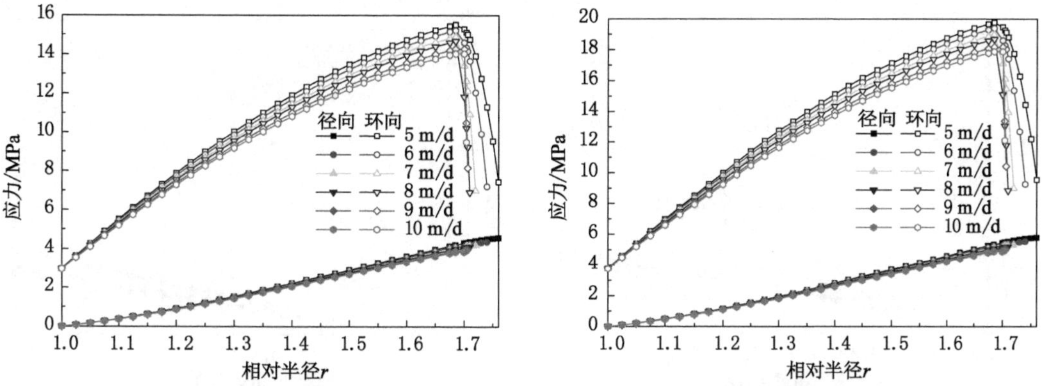

(c) 广义Tresca准则　(d) 双剪统一强度准则

图 6-12 （续）

基于不同屈服准则的冻结壁应力分布曲线如图 6-13 所示。通过对比可以发现：基于M-C准则、D-P准则、广义 Tresca 准则的冻结壁应力分布计算结果较接近，而基于双剪统一强度准则的应力计算结果偏大。

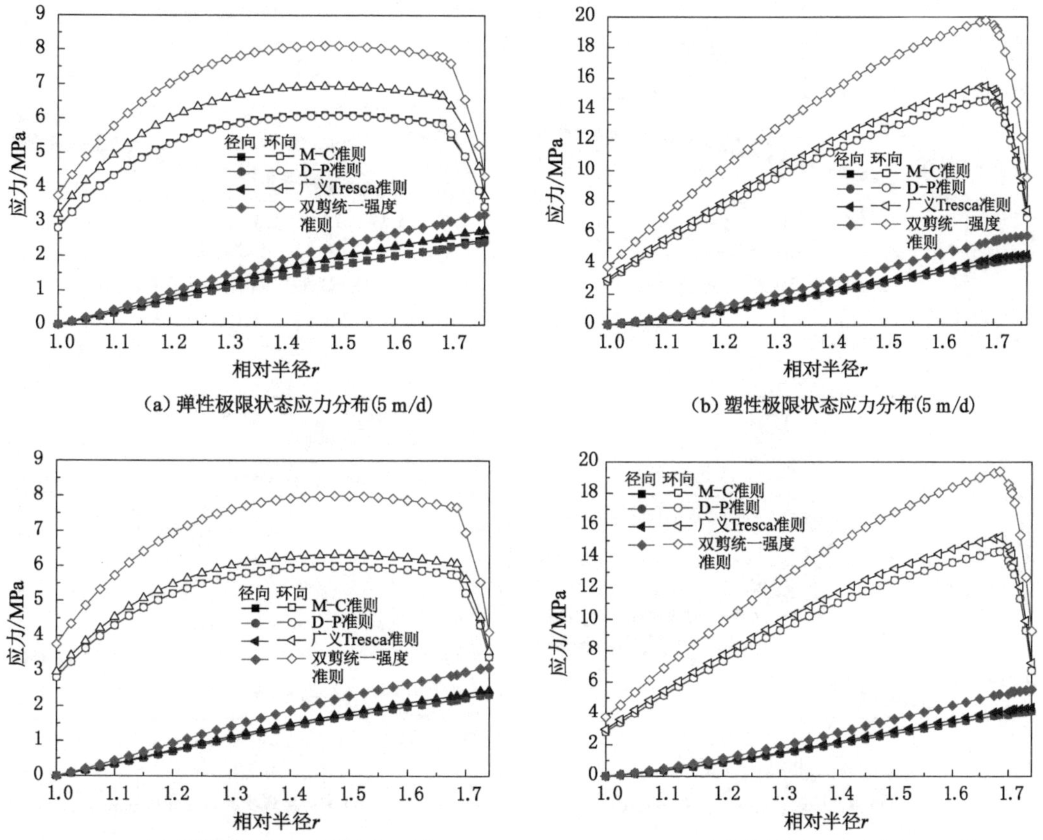

(a) 弹性极限状态应力分布(5 m/d)　(b) 塑性极限状态应力分布(5 m/d)

(e) 弹性极限状态应力分布(6 m/d)　(d) 塑性极限状态应力分布(6 m/d)

图 6-13 基于不同强度准则的冻结壁应力分布曲线对比

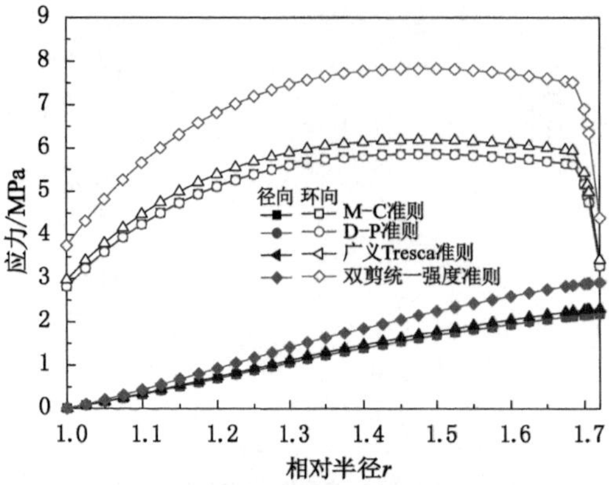

(e) 弹性极限状态应力分布(7 m/d)

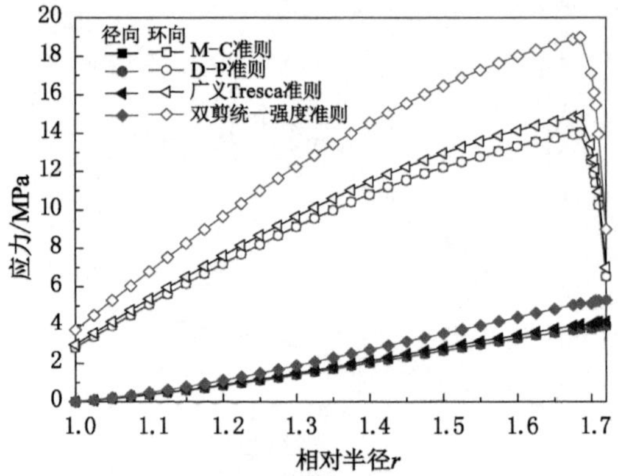

(f) 塑性极限状态应力分布(7 m/d)

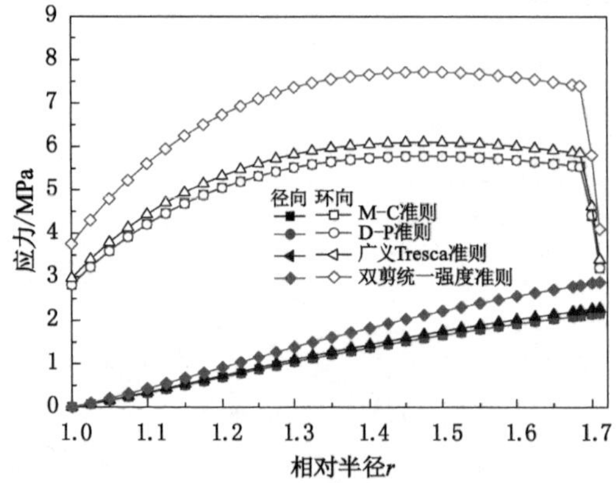

(g) 弹性极限状态应力分布(8 m/d)

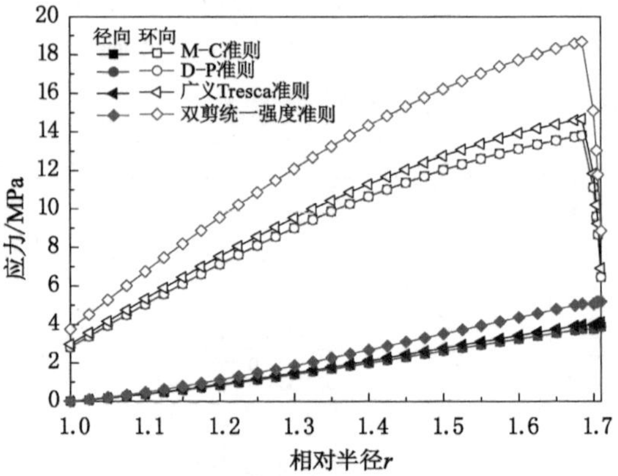

(h) 塑性极限状态应力分布(8 m/d)

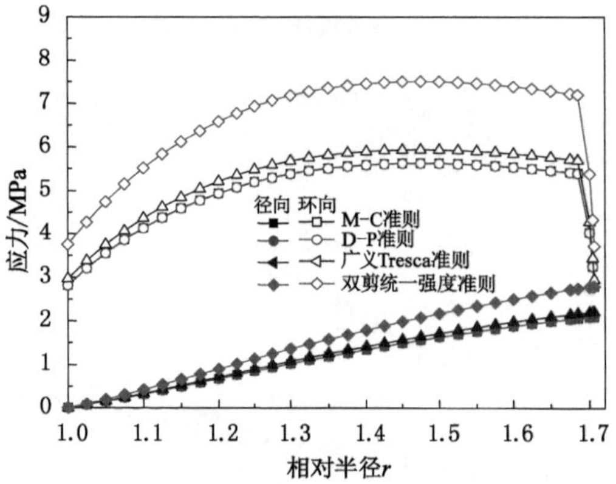

(i) 弹性极限状态应力分布(9 m/d)

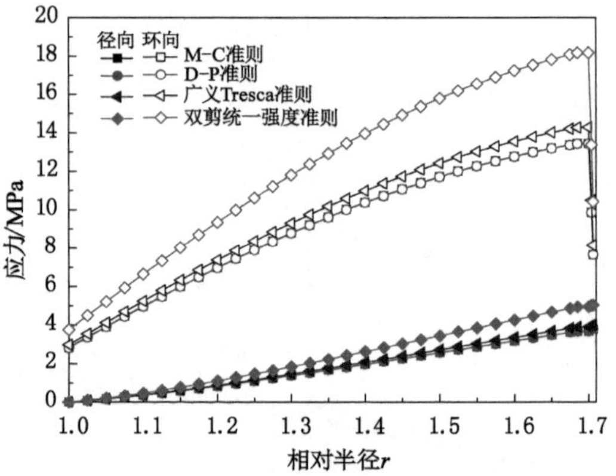

(j) 塑性极限状态应力分布(9 m/d)

图 6-13 (续)

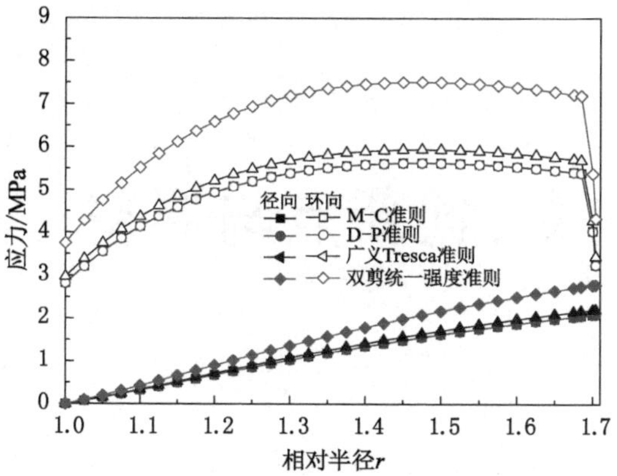

(k) 弹性极限状态应力分布(10 m/d)

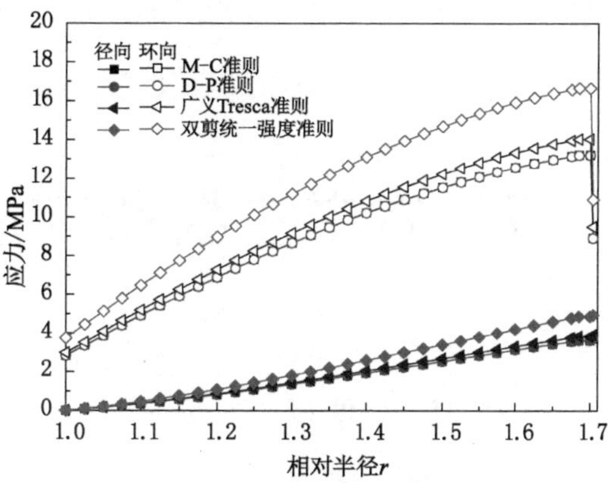

(l) 塑性极限状态应力分布(10 m/d)

图 6-13 (续)

6.7 本章小结

(1) 将渗流场作用下冻结壁最迟交圈的位置作为“危险截面”来对冻结壁进行力学特性分析。根据渗流场作用下冻结壁“危险截面”的温度分布规律,将温度场等效为两段抛物线,并根据温度特征点,得出渗流场作用下温度分布曲线的方程式。根据冻土弹性模量和黏聚力与冻结温度的线性关系,将冻结壁视为随着半径呈二次函数变化的材料,分别基于 M-C 准则、D-P 准则、广义 Tresca 准则以及双剪统一强度准则,推导得出冻结壁的应力计算公式。

(2) 基于不同屈服准则的冻结壁承载力的计算结果存在一定的差异,其中基于 M-C 准则和 D-P 准则的计算结果基本一致,基于广义 Tresca 准则得到的结果略大于基于 M-C 准则以及 D-P 准则的计算结果,而基于双剪统一强度准则的计算结果则明显偏大。

(3) 冻结壁的承载力随着水流速度的增大而减小,当地下水流速为 5 m/d 时,基于 M-C 准则、D-P 准则、广义 Tresca 准则、双剪统一强度准则计算得出的弹性极限承载力以及塑性极限承载力分别为 2.480 MPa、2.462 MPa、2.741 MPa、3.202 MPa 以及 4.349 MPa、4.318 MPa、4.561 MPa、5.779 MPa,当地下水流速增大至 10 m/d 时,对应的弹性极限承载力以及塑性极限承载力降低至 2.087 MPa、2.085 MPa、2.203 MPa、2.784 MPa 以及 3.700 MPa、3.707 MPa、3.908 MPa、4.939 MPa。

(4) 当冻结壁处于弹性极限状态时,冻结壁的径向应力随着相对半径 r 的增大而增大,环向应力的分布具有明显的区域性。当 $r<1.685$ 时,环向应力曲线呈抛物线形,应力曲线随着相对半径 r 的变化较为缓慢;当 $r>1.685$ 时,由于受地下水的影响,该区域冻结壁的厚度较小,温度变化梯度较大,因此该区域冻结壁的环向应力随着相对半径的增大而急剧降低;弹性极限状态下,冻结壁的环向应力的最大值出现在靠近冻结壁中间。

(5) 当冻结壁处于塑性极限状态时,冻结壁的径向应力随着相对半径 r 的增大而增大,环向应力的分布具有明显的区域性。当 $r<1.685$ 时,环向应力随着相对半径 r 的增大而增大;当 $r>1.685$ 时,冻结壁的环向应力随着相对半径的增大而急剧降低;塑性极限状态下,冻结壁的环向应力的最大值出现在冻结壁的分区界线 $r=1.685$ 处。

7 本书主要研究成果、创新点与展望

7.1 本书主要研究成果

针对大流速渗透地层人工冻结法施工过程中遇到的一系列工程问题，本书对渗流场作用下人工冻结壁的形成机理及其力学特性进行了系统研究，主要研究成果如下：

(1) 采用粒径为(1±0.15) mm 圆粒砂来模拟渗透地层，通过室内试验对砂样的物理参数进行了测试，重点通过核磁共振技术对砂样的未冻水含量随温度的变化规律进行了研究。基于该试验结果，对常用的 4 种未冻水含量数学模型对饱和砂样试验结果的适用性进行了分析，并对模型的拟合参数对计算结果的影响规律进行了研究。通过对比发现：Kozlowski 模型可以较好地反映本砂样未冻水含量的变化规律，并且当 $\delta=-1.48$、$\varepsilon=1.06$ 时，Kozlowski 模型的计算结果与试验结果的吻合度最高。

(2) 在单管冻结模型试验中，当渗流速度 $v=3$ m/d 时，位于冻结管上游的测点的初期温降速率较低，而后期的温降速率较高，在进入稳定冻结阶段之后上游测点的温度与下游测点的温度较接近，且整体的温度和冻结区域的形状与无流速状态时的差距较小。当 $v=6$ m/d 和 $v=9$ m/d 时，测点的温降阶段持续时间较短，位于上游的测点的温度明显高于下游测点的温度，且测点整体的温度与无流速状态时的存在较大的差异。在持续冻结 24 h 后，$v=3$ m/d 时，R_u、R_s、R_d 较无流速时分别降低了 34.87%、25.76%、13.87%；$v=6$ m/d 时，R_u、R_s、R_d 较无流速时分别降低了 72.27%、52.83%、27.73%；$v=9$ m/d 时，R_u、R_s、R_d 较无流速时分别降低了 76.89%、55.89%、39.07%。说明大于 $v=6$ m/d 的渗流速度会对单管冻结温度场的最终发展状态产生明显的影响。

(3) 在三管冻结模型试验中，当无渗流场作用时，相邻冻结管的中间位置处(C7/E7 测点)最先交圈，交圈时间约为 700 min/720 min；当渗流速度 v 达到 3 m/d 时，相邻冻结管的中间位置处(C7/E7 测点)最先交圈，交圈时间为 800 min/805 min；当渗流速度 v 达到 6 m/d 时，C 轴线上 C8 测点的交圈时间(1 760 min)略早于中间点 C7 测点的(1 770 min)，E 轴线上 E7 测点与 E8 测点的交圈时间相等，都是 1 760 min，这表明在该流速条件下冻结壁的最早交圈的位置向冻结管的中间点的下游偏移；当渗流速度 v 达到 9 m/d 时，温度曲线没有明显的相变阶段，整个轴线上测点的温度在冻结开始后较长时间内保持相对稳定，当冻结时间达到 4 100 min 时，温度变化曲线出现“拐点”，两条轴线上距离中间点 50 mm 处(C8/E8)的下游位置最早交圈，交圈时间为 4 225 min/4 290 min。

(4) 在多管冻结试验中，当相邻冻结锋面之间的距离减小至临界值 L_c 后会产生群管效应，该效应会加快冻结锋面的扩展速度，缩短冻结壁的交圈时间。由于水流的对流传热作用会抵消部分群管效应，因此 L_c 会随着渗流速度的增大而减小。其中渗流速度 v 小于 3 m/d 时，

L_c 为 400 mm；渗流速度 v 为 6 m/d 和 9 m/d 时，L_c 分别减小至 154 mm、130 mm。

(5) 数值计算结果显示：在本研究中，单圈冻结管的布置方案适用于地下水流速 V 小于 10 m/d 的地层冻结，而双圈冻结管的布置方案适用于地下水流速 V 小于 20 m/d 的地层冻结。针对单圈冻结，采取局部加密或者在水流上游增设辅助冻结管的优化方式后，冻结壁能够交圈的极限地下水流速由 11 m/d 增大至 12 m/d；针对双圈冻结，在保持冻结管数量不变的情况下，按照水流对冻结温度场的影响程度对不同区域的冻结管的间距进行优化调整，优化后冻结壁能够交圈的极限地下水流速由 20 m/d 增大至 26 m/d。

(6) 稳态冻结温度场公式的计算结果显示：与无渗流场作用时相比，当渗流速度 v 分别为 3 m/d、6 m/d、9 m/d 时，单管冻结温度场中介于 0～−5 ℃温度区间的冻结区域由 60.57%分别减小至 59.81%、50.16%、48.48%，而介于−5～−10 ℃、−10～−15 ℃、−15～−20 ℃、−20～−25 ℃温度区间的冻结区域的比例则由 24.14%、9.62%、3.83%、1.53%分别增大至 24.31%、9.89%、4.02%、1.64%、25.51%、13.25%、6.81%、3.55%、25.60%、13.75%、7.39%、3.98%；同时整个冻结温度场的平均温度由−5.78 ℃ 分别降低至−5.86 ℃、−7.31 ℃、−7.50 ℃。由此说明随着渗流速度的增大，单管冻结区域的面积减小，而低温区域的比例增大，温度场的平均温度降低。

(7) 冻结壁应力公式的计算结果显示：冻结壁的承载力随着水流速度的增大而减小，当地下水流速 V 为 5 m/d 时，基于 M-C 准则、D-P 准则、广义 Tresca 准则、双剪统一强度准则计算得到的弹性极限承载力、塑性极限承载力分别为 2.480 MPa、2.462 MPa、2.741 MPa、3.202 MPa 以及 4.349 MPa、4.318 MPa、4.561 MPa、5.779 MPa，当地下水流速 V 增大至 10 m/d 时，对应的弹性极限承载力以及塑性极限承载力降低至 2.087 MPa、2.085 MPa、2.203 MPa、2.784 MPa 以及 3.700 MPa、3.707 MPa、3.908 MPa、4.939 MPa。冻结壁的径向应力随着相对半径 r 的增大而增大，环向应力的分布则具有明显的区域性。在弹性极限状态下，冻结壁的环向应力的最大值出现在靠近冻结壁中间；在塑性极限状态下，冻结壁的环向应力最大值出现在冻结壁的分区界线 $r=1.685$ 处。

7.2 创新点

(1) 通过准确控制渗流场的流速和方向，并充分考虑边界条件的影响，构建了一套大型水热耦合物理模型试验系统。基于模型试验的结果，建立了水热耦合计算模型，提出了大流速渗透地层人工冻结孔的优化布置方法。

(2) 基于稳态温度场的求解方法，推导出大流速渗透地层单管冻结稳态温度场的解析表达式，揭示了不同流速条件下单管冻结稳态温度场的分布规律。

(3) 将地下水作用下冻结壁最迟交圈的位置作为“危险截面”，分别基于 M-C 准则、D-P 准则、广义 Tresca 准则以及双剪统一强度准则，对冻结壁力学特性进行理论分析，获得了大流速渗透地层人工冻结壁极限承载力的解析解及其弹塑性应力计算公式。

7.3 展望

随着我国经济的发展，沿海地区城市地铁建设如火如荼。在天津、广州、深圳、杭州、宁波等城市地铁隧道建设中，冻结法在地铁联络通道施工、盾构进出洞口土层加固等工程中得到了广泛应用。由于受海相沉积环境、海水浸渍和潮汐影响，该地层具有地下水矿化度高、流速大等特点，采用冻结法施工时，严重影响冻结壁的形成和发展，危及施工安全。本书已经对大流速渗透人工地层冻结温度场形成规律进行了系统研究，但同时考虑盐渍和地下水流速对人工冻结壁形成机理及其力学特性影响的研究尚属空白，为了解决该问题，拟在以后的工作中从以下几个方面展开研究：

（1）盐渍地层土体可冻性与力学性能研究

结合工程背景，测试典型盐渍地层不同土质的盐化度及其热力学参数，分析其可冻性；试验研究不同盐化度土质试样的冻土力学特性，构建盐渍地层人工冻土本构模型。

（2）不同流速地下水作用下盐渍地层冻结温度场形成机理研究

开展不同流速地下水作用下盐渍地层冻结相似模型试验，探究地下水流速对盐渍地层冻结温度场形成影响的机理；采用热力学、渗流力学和随机介质理论，建立随机多孔介质渗流冻结耦合三维数学模型，研究不同流速地下水作用下盐渍地层冻结温度场形成机理。

（3）不同流速地下水作用下盐渍地层人工冻结壁力学特性研究

考虑盐渍地层中溶质对冻结温度场分布规律的影响，基于盐渍地层冻土本构模型，给出盐渍地层冻结壁应力变形理论解；建立人工冻结地层在水、热、力、盐（THMC）四场耦合作用下的数学模型，数值计算分析水流速度和水中溶质对冻结壁力学特性的影响机理。

参考文献

[1] 程桦.深厚冲积层冻结法凿井理论与技术[M].北京:科学出版社,2016.

[2] HABETA H,SCH√§FERS P. Application of ground freezing for underground construction in soft ground[M]//Geotechnical Aspects of Underground Construction in Soft Ground. Beijing:Taylor & Francis Group,2006.

[3] HU X D,HAN L,HAN Y G. Analytical solution to temperature distribution of frozen soil wall by multi-row-piped freezing with the boundary separation method[J]. Appliedthermal engineering,2019,149:702-711.

[4] YAO Z S,CAI H B,XUE W P,et al. Numerical simulation and measurement analysis of the temperature field of artificial freezing shaft sinking in Cretaceous strata[J]. AIP advances,2019,9(2):025209.

[5] 郑立夫,高永涛,周喻,等.浅埋隧道冻结法施工地表冻胀融沉规律及冻结壁厚度优化研究[J].岩土力学,2020,41(6):2110-2121.

[6] 杨平,陈瑾,张尚贵,等.软弱地层联络通道冻结法施工温度及位移场全程实测研究[J].岩土工程学报,2017,39(12):2226-2234.

[7] HU X D,DENG S J. Ground freezing application of intake installing construction of an underwater tunnel[J]. Procedia engineering,2016,165:633-640.

[8] 胡向东,李忻轶,吴元昊,等.拱北隧道管幕冻结法管间冻结封水效果实测研究[J].岩土工程学报,2019,41(12):2207-2214.

[9] WANG B,RONG C X,CHENG H,et al. Research and application of the local differential freezing technology in deep alluvium[J]. Advances in civil engineering,2020,2020(1):1-16.

[10] 蔡海兵,程桦,姚直书,等.基于冻土正交各向异性冻胀变形的隧道冻结期地层位移数值分析[J].岩石力学与工程学报,2015,34(8):1667-1676.

[11] LI D W,ZHANG C C,DING G S,et al. Fractional derivative-based creep constitutive model of deep artificial frozen soil[J]. Coldregions science and technology,2020,170:102942.

[12] 周晓敏,苏立凡,贺长俊,等.北京地铁隧道水平冻结法施工[J].岩土工程学报,1999,21(3):319-322.

[13] 岳丰田,仇培云,杨国祥,等.复杂条件下隧道联络通道冻结施工设计与实践[J].岩土工程学报,2006,28(5):660-663.

[14] 李大勇,吕爱钟,张庆贺,等.南京地铁旁通道冻结实测分析研究[J].岩石力学与工程学报,2004,23(2):334-338.

[15] 蔡海兵，程桦，彭立敏，等. 地铁双线隧道水平冻结位移场的模型试验[J]. 岩石力学与工程学报，2009，28(10)：2088-2095.

[16] 周晓敏，王梦恕，张绪忠. 渗流作用下地层冻结壁形成的模型试验研究[J]. 煤炭学报，2005，30(2)：196-201.

[17] 王朝晖，朱向荣，曾国熙，等. 动水条件下土层液氮冻结模型试验的研究[J]. 浙江大学学报(自然科学版)，1998(5)：24-30.

[18] 胡双平，张晓峰，胡智民，等. 富水卵砾石地层地铁联络通道冻结壁厚度设计研究[J]. 公路，2019，64(5)：272-281.

[19] CAI H B，LI S，LIANG Y，et al. Model test and numerical simulation of frost heave during twin-tunnel construction using artificial ground-freezing technique [J]. Computers andgeotechnics，2019，115：103155.

[20] CAI H B，LIU Z，LI S，et al. Improved analytical prediction of ground frost heave during tunnel construction using artificial ground freezing technique[J]. Tunnelling andunderground space technology incorporating trenchless technology research，2019，92：103050.

[21] 陈鑫，张泽，李东庆，等. 无充填裂隙岩体渗流地层冻结温度场演化规律研究[J]. 现代隧道技术，2019，56(4)：135-142.

[22] 胡小荣，饶志强，汪日堂. 南昌地铁联络通道冻结法模拟[J]. 地下空间与工程学报，2019，15(增 1)：286-292，399.

[23] 仇培云，石荣剑. 隧道冷板冻结温度场数值模型构建及分析[J]. 现代隧道技术，2019，56(4)：143-148，181.

[24] HU X D，DENG S J，REN H. In situ test study on freezing scheme of freeze-sealing pipe roof applied to the Gongbei tunnel in the Hong Kong-Zhuhai-Macau bridge[J]. Applied sciences，2017，7(1)：27.

[25] 邴慧，马巍. 盐渍土冻结温度的试验研究[J]. 冰川冻土，2011，33(5)：1106-1113.

[26] BING H，MA W. Laboratory investigation of the freezing point of saline soil[J]. Coldregions science and technology，2011，67(1/2)：79-88.

[27] WU M S，TAN X，HUANG J S，et al. Solute and water effects on soil freezing characteristics based on laboratory experiments[J]. Coldregions science and technology，2015，115：22-29.

[28] 张婷，杨平. 不同因素对浅表土冻结温度的影响[J]. 南京林业大学学报(自然科学版)，2009，33(4)：132-134.

[29] AZMATCH T F，SEGO D C，ARENSON L U，et al. Using soil freezing characteristic curve to estimate the hydraulic conductivity function of partially frozen soils[J]. Coldregions science and technology，2012，83/84：103-109.

[30] 邴慧，何平. 不同冻结方式下盐渍土水盐重分布规律的试验研究[J]. 岩土力学，2011，32(8)：2307-2312.

[31] 肖泽岸，赖远明，尤哲敏. 单向冻结过程中 NaCl 盐渍土水盐运移及变形机理研究[J]. 岩土工程学报，2017，39(11)：1992-2001.

[32] WEN H Y，BI J，GUO D. Evaluation of the calculated unfrozen water contents

determined by different measured subzero temperature ranges[J]. Coldregions science and technology,2020,170:102927.

[33] LU J G,PEI W S,ZHANG X Y,et al. Evaluation of calculation models for the unfrozen water content of freezing soils[J]. Journal of hydrology,2019,575:976-985.

[34] XU F,ZHANG Y N,LIANG S,et al. Model development for infiltration of unfrozen water in saturated frozen soil using lattice Boltzmann method[J]. International journal of heat and mass transfer,2019,141:748-756.

[35] HU D,YU W B,LU Y,et al. Experimental study on unfrozen water and soil matric suction of the aeolian sand sampled from Tibet Plateau[J]. Coldregions science and technology,2019,164:102784.

[36] LI H P,YANG Z H,WANG J H. Unfrozen water content of permafrost during thawing by the capacitance technique[J]. Coldregions science and technology,2018,152:15-22.

[37] TANG L Y,WANG K,JIN L,et al. A resistivity model for testing unfrozen water content of frozen soil[J]. Coldregions science and technology,2018,153:55-63.

[38] LIU B,LI D Y. A simple test method to measure unfrozen water content in clay-water systems[J]. Coldregions science and technology,2012,78:97-106.

[39] 杨成松,何平,程国栋,等.含盐冻结粉质粘土单轴抗压强度试验研究[J].工程力学,2006,23(1):144-148.

[40] 陈锦,李东庆,郇慧,等.含盐量对冻结粉土单轴抗压强度影响的试验研究[J].工程力学,2013,30(12):18-23.

[41] 牛江宇,靳鹏伟,李栋伟,等.冻结盐渍砂土单轴强度特性研究[J].冰川冻土,2015,37(2):428-433.

[42] 杨成松,何平,程国栋,等.含盐冻结粉质黏土应力-应变关系及强度特性研究[J].岩土力学,2008,29(12):3282-3286.

[43] LI D W,YANG X,CHEN J H. A study of Triaxial creep test and yield criterion of artificial frozen soil under unloading stress paths[J]. Cold regions science and technology,2017,141:163-170.

[44] MA D D,MA Q Y,YAO Z M,et al. Static-dynamic coupling mechanical properties and constitutive model of artificial frozen silty clay under triaxial compression[J]. Coldregions science and technology,2019,167:102858.

[45] 周晓敏,王梦恕,张绪忠.渗流作用下地层冻结壁形成的模型试验研究[J].煤炭学报,2005,30(2):196-201.

[46] 王朝晖,朱向荣,曾国熙,等.动水条件下土层液氮冻结模型试验的研究[J].浙江大学学报(自然科学版),1998(5):24-30.

[47] HUANGA R C,CHANGB M,TSAIC Y S,et al. Influence of seepage flow on temperature field around an artificial frozen soil through model testing and numerical simulations[C]//Proceedings of the 18th Southeast Asian Geotechnical Conference (18SEAGC) & Inaugural AGSSEA Conference (1AGSSEA). Singapore: Research

Publishing Services,2013:56-66.

[48] PIMENTEL E,SRES A,ANAGNOSTOU G. Large-scale laboratory tests on artificial ground freezing under seepage-flow conditions[J]. Géotechnique,2012,62(3):227-241.

[49] SUDISMAN R A,OSADA M,YAMABE T. Experimental investigation on effects of water flow to freezing sandaround vertically buried freezing pipe[J]. Journal of cold regions engineering,2019,33(3):04019004.

[50] LI Y L,ZHI Q J,LIANG L H,et al. Research on the temperature field of a partially freezing sand barrier with groundwater seepage[J]. Sciences in cold and arid regions, 2017,9(3):280-288.

[51] 荣传新,张翔,程桦,等. 地下水流速对冻结温度场影响的试验研究[J]. 广西大学学报(自然科学版),2018,43(2):656-664.

[52] 李方政,丁航,张绪忠. 渗流作用下富水砂层双排管冻结壁形成规律模型试验研究[J]. 岩石力学与工程学报,2019,38(2):386-395.

[53] 刘伟俊,张晋勋,单仁亮,等. 渗流作用下北京砂卵石地层多排管局部水平冻结体温度场试验[J]. 岩土力学,2019,40(9):3425-3434.

[54] HARLAN R L. Analysis of coupled heat-fluid transport in partially frozen soil[J]. Water resources research,1973,9(5):1314-1323.

[55] 徐光苗. 寒区岩体低温、冻融损伤力学特性及多场耦合研究[J]. 岩石力学与工程学报, 2007,26(5):1078.

[56] 徐光苗,刘泉声,张秀丽. 冻结温度下岩体 THM 完全耦合的理论初步分析[J]. 岩石力学与工程学报,2004,23(21):3709-3713.

[57] LAI Y M,WU Z W,ZHU Y L,et al. Nonlinear analysis for the coupled problem of temperature and seepage fields in cold regions tunnels[J]. Science in Chinaseries d: earth sciences,1999,42(1):23-29.

[58] 周晓敏,于兰. 竖井冻结过程中渗流场变化的分析研究[J]. 煤炭学报,2001,26(2): 141-144.

[59] 杨平,皮爱如. 高流速地下水流地层冻结壁形成的研究[J]. 岩土工程学报,2001, 23(2):167-171.

[60] GAO J,FENG M M,YANG W H. Research on distribution law of frozen temperature field of fractured rock mass with groundwater seepage[J]. Journal of mining and safety engineering,2013,30(1):68-73.

[61] LIU J G,LIU Q,ZHOU D D,et al. Influence of groundwater transverse horizontal flow velocity on the formation of artificial horizontal freezing wall[J]. Journal of basic science and engineering,2017(2):258-265.

[62] HUANG S B,GUO Y L,LIU Y Z,et al. Study on the influence of water flow on temperature around freeze pipes and its distribution optimization during artificial ground freezing[J]. Applied thermal engineering,2018,135:435-445.

[63] HUANG S B,LIU Q S,CHENG A P,et al. A fully coupled thermo-hydro-mechanical model including the determination of coupling parameters for freezing rock[J].

International journal of rock mechanics and mining sciences, 2018, 103: 205-214.

[64] HUANG S B, LIU Q S, CHENG A P, et al. A coupled hydro-thermal model of fractured rock mass under low temperature and its numerical analysis[J]. Rock & soil mechanics, 2018, 39(2): 735-744.

[65] MARWAN A, ZHOU M M, ZAKI ABDELREHIM M, et al. Optimization of artificial ground freezing in tunneling in the presence of seepage flow[J]. Computers and geotechnics, 2016, 75: 112-125.

[66] VITEL M, ROUABHI A, TIJANI M, et al. Modeling heat transfer between a freeze pipe and the surrounding ground during artificial ground freezing activities[J]. Computers andgeotechnics, 2015, 63: 99-111.

[67] VITEL M, ROUABHI A, TIJANI M, et al. Modeling heat and mass transfer during ground freezing subjected to high seepage velocities[J]. Computers and geotechnics, 2016, 73: 1-15.

[68] VITEL M, ROUABHI A, TIJANI M, et al. Thermo-hydraulic modeling of artificial ground freezing: application to an underground mine in fractured sandstone[J]. Computers and geotechnics, 2016, 75: 80-92.

[69] ALZOUBI M A, NIE-ROUQUETTE A, SASMITO A P. Conjugate heat transfer in artificial ground freezing using enthalpy-porosity method: experiments and model validation[J]. International journal of heat and mass transfer, 2018, 126: 740-752.

[70] ALZOUBI M A, SASMITO A P. Development and validation of enthalpy-porosity method for artificial ground freezing under seepage conditions[C]//Proceedings of ASME 2018 5th Joint US-European Fluids Engineering Division Summer Meeting, July 15-20, 2018, Montreal, Quebec, Canada. 2018.

[71] ALZOUBI M A, MADISEH A, HASSANI F P, et al. Heat transfer analysis in artificial ground freezing under high seepage: validation and heatlines visualization [J]. International journal of thermal sciences, 2019, 139: 232-245.

[72] WANG B, RONG C X, LIN J, et al. Study on the formation law of the freezing temperature field of freezing shaft sinking under the action of large-flow-rate groundwater[J]. Advances in materials science and engineering, 2019: 1670820.

[73] LIN J, CHENG H, CAI H B, et al. Effect of seepage velocity on formation of shaft frozen wall in loose aquifer[J]. Advances inmaterials science and engineering, 2018 (1): 2307157.

[74] HU R, LIU Q, XING Y X. Case study of heat transfer during artificial ground freezing with groundwater flow[J]. Water, 2018, 10(10): 1322.

[75] BEJAN A. Convection heat transfer[M]. 4th ed. Hoboken, NJ: Wiley, 2013.

[76] YANG S M, TAO W Q. Heat Transfer[M]. Beijing: Higher Education Press, 2006.

[77] 杨青，荣传新. 深部膨胀性黏土层冻结温度场与冻胀力形成规律研究[J]. 冰川冻土，1998(8): 1-12.

[78] 荣传新，尹建辉，王彬，等. 深厚冲积层破损井筒修复过程中的控制冻结技术[J]. 煤炭

科学技术,2020,48(1):157-166.
[79] YANG R S, WANG Q X, YANG L Y. Closed-form elastic solution for irregular frozen wall of inclined shaft considering the interaction with ground[J]. International journal of rock mechanics and mining sciences,2017,100:62-72.
[80] MA W,CHANG X X. Analyses of strength and deformation of an artificially frozen soil wall in underground engineering[J]. Cold regions science and technology,2002, 34(1):11-17.
[81] YANG X, JI Z Q, PEI Z, et al. Model test and numerical simulation on the development of artificially freezing wall in sandy layers considering water seepage [J]. Transportation geotechnics,2019,21(10):100293.
[82] HU X D, HAN L, HAN Y G. Analytical solution to temperature distribution of frozen soil wall by multi-row-piped freezing with the boundary separation method [J]. Applied thermal engineering,2019,149:702-711.
[83] ALZOUBI M A, MADISEH A, HASSANI F P, et al. Heat transfer analysis in artificial ground freezing under high seepage: validation and heatlines visualization [J]. International journal of thermal sciences,2019,139:232-245.
[84] HOSSEINI S M, AKHLAGHI M, SHAKERI M. Transient heat conduction in functionally graded thick hollow cylinders by analytical method[J]. Heat and mass transfer,2007,43(7):669-675.
[85] LUNARDINI V J. Cylindrical phase change approximation with effective thermal diffusivity[J]. Coldregions science and technology,1981,4(2):147-154.
[86] 陈军浩,刘桐宇,张潮潮,等. 超长联络通道冻结温度场发展特性研究[J]. 铁道科学与工程学报,2019,16(12):3059-3067.
[87] 姚直书,程桦,荣传新. 西部地区深基岩冻结井筒井壁结构设计与优化[J]. 煤炭学报,2010,35(5):760-764.
[88] 杨更社,屈永龙,奚家米,等. 西部白垩系富水基岩立井冻结压力实测研究[J]. 采矿与安全工程学报,2014,31(6):982-986.
[89] 杨更社,屈永龙,奚家米. 白垩系地层煤矿立井冻结壁的力学特性及温度场研究[J]. 岩石力学与工程学报,2014,33(9):1873-1879.
[90] 袁文伯,马英明,陈宽德. 非均质弹性冻结壁应力分析[J]. 煤炭学报,1983(2):44-50.
[91] 钟贵荣,周国庆,王建州,等. 深厚表土层非均质冻结壁黏弹性分析[J]. 煤炭学报,2010,35(3):397-401.
[92] 胡向东,郭晓东. 直线排管冻结冻土帷幕平均温度通用公式[J]. 煤炭学报,2016,41(4):850-857.
[93] 王鹏,林斌,侯海杰,等. 冻结管布置形式对冻结壁温度场发展规律影响研究[J]. 煤炭科学技术,2019,47(12):38-44.
[94] 陈军浩,刘桐宇,张潮潮,等. 超长联络通道冻结温度场发展特性研究[J]. 铁道科学与工程学报,2019,16(12):3059-3067.
[95] 胡双平,张晓峰,胡智民,等. 富水卵砾石地层地铁联络通道冻结壁厚度设计研究[J].

公路,2019,64(5):272-281.

[96] 王海,王晓东,曹祖宝,等.冻结井壁解冻过程中突水溃砂机理及防治技术[J].煤炭科学技术,2019,47(2):21-26.

[97] 林斌,王鹏,侯海杰,等.深厚黏土层多圈管冻结壁温度场发展规律[J].煤田地质与勘探,2018,46(4):135-141.

[98] 陈鑫,张泽,李东庆,等.无充填裂隙岩体渗流地层冻结温度场演化规律研究[J].现代隧道技术,2019,56(4):135-142.

[99] 荣传新,王秀喜,程桦.深厚冲积层冻结壁和井壁共同作用机理研究[J].工程力学,2009,26(3):235-239.

[100] HAN L,YE G L,LI Y H,et al. In situ monitoring of frost heave pressure during cross passage construction using ground-freezing method[J]. Canadian geotechnical journal,2016,53(3):530-539.

[101] KONRAD J M,MORGENSTERN N R. The segregation potential of a freezing soil [J]. Canadian geotechnical journal,1981,18(4):482-491.

[102] LACKNER R,AMON A,LAGGER H. Artificial ground freezing of fully saturated soil:thermal problem[J]. Journal of engineering mechanics,2005,131(2):211-220.

[103] LACKNER R,PICHLER C,KLOIBER A. Artificial ground freezing of fully saturated soil:viscoelastic behavior[J]. Journal of engineering mechanics,2008,134(1):1-11.

[104] WATANABE K,MIZOGUCHI M. Amount of unfrozen water in frozen porous media saturated with solution[J]. Cold regions science and technology,2002,34(2):103-110.

[105] 林键.西部含水基岩段冻结立井井壁外荷载形成机理研究[D].淮南:安徽理工大学,2019.

[106] 徐光苗.寒区岩体低温、冻融损伤力学特性及多场耦合研究[D].武汉:中国科学院研究生院(武汉岩土力学研究所),2006.

[107] 杨昊.饱冰裂隙岩体力学特性及破坏形态试验研究[D].北京:中国矿业大学(北京),2015.

[108] 管华栋.基于短掘长套施工工艺的高水压基岩段冻结立井支护力学理论研究[D].北京:北京科技大学,2018.

[109] 肖朝昀.人工地层冻结冻土帷幕形成与解冻规律研究[D].上海:同济大学,2007.

[110] 蔡海兵.地铁隧道水平冻结工程地层冻胀融沉的预测方法及工程应用[D].中南大学,2012.

[111] LUNARDINI V J. Cylindrical phase change approximation with effective thermal diffusivity[J]. Cold regions science and technology,1981,4(2):147-154.

[112] 蒋斌松,沈春儒,冯强.外壁恒温条件下单管冻结温度场解析计算[J].煤炭学报,2010,35(6):923-927.

[113] CAI H B,XU L X,YANG Y G,et al. Analytical solution and numerical simulation of the liquid nitrogen freezing-temperature field of a single pipe[J]. AIP advances,2018,8(5):055119.

[114] HOSSEINI S M,AKHLAGHI M,SHAKERI M. Transient heat conduction in

functionally graded thick hollow cylinders by analytical method[J]. Heat andmass transfer,2007,43(7):669-675.

[115] VICTOR H. Die Frostausbreitung beim künstlichen Gefrieren von Böden unter dem Einfluss strömenden Grundwassers [M]. Univ., Inst. f. Bodenmechanik u. Felsmechanik,1969.

[116] SRES A. Theoretische und experimentelle Untersuchungenzur ku¨nstlichen Bodenvereisung im stro¨menden Grundwasser[D]. Zurich:ETH Zurich,2009.

[117] TRUPAK N G. Ground Freezing in Shaft Sinking[M]. Moscow:Coal Technology Press,1954.

[118] BAKHOLDIN B V. Selection of optimized mode of ground freezing for construction purpose[M]. Moscow:State Construction Press,1963.

[119] SANGER F J. Ground freezing in construction[J]. Journal of the soil mechanics and foundations division,1968,94(1):131-158.

[120] 戸部暢,秋元攻. 凍土内温度分布計算式と,その応用[J]. 冷凍,1979,54(622):665-673.

[121] HU X D,GUO W,ZHANG L Y,et al. Mathematical models of steady-state temperature fields produced by multi-piped freezing [J]. Journal of Zhejiang University:Science A,2016,17(9):702-723.

[122] HU X D,ZHANG L Y. Analytical solution to steady-state temperature field of two freezing pipes with different temperatures [J]. Journal of Shanghai Jiaotong University (Science),2013,18(6):706-711.

[123] 胡向东,郭旺,张洛瑜. 无限大区域内少量冻结管稳态温度场解析解[J]. 煤炭学报,2013,38(11):1953-1960.

[124] 胡向东. 直线形单排管冻土帷幕平均温度计算方法[J]. 冰川冻土,2010,32(4):778-785.

[125] 胡向东,赵飞,佘思源,等. 直线双排管冻结壁平均温度的等效抛物弓形模型[J]. 煤炭学报,2012,37(1):28-32.

[126] 胡向东,韩延广,虞兴福. 双排管冻结稳态温度场广义解析解[J]. 同济大学学报(自然科学版),2015,43(3):386-391.

[127] 胡向东,汪洋. 三排管冻结温度场的势函数叠加法解析解[J]. 岩石力学与工程学报,2012,31(5):1071-1080.

[128] 胡向东,韩延广. 环形单圈管冻结稳态温度场一般解析解[J]. 中南大学学报(自然科学版),2015,46(6):2342-2349.

[129] 胡向东,方涛,韩延广. 环形双圈管冻结稳态温度场广义解析解[J]. 煤炭学报,2017,42(9):2287-2294.

[130] 马芹永. 人工冻结法的理论与施工技术[M]. 北京:人民交通出版社,2007.

[131] 陈湘生. 地层冻结法[M]. 北京:人民交通出版社,2013.

[132] 袁亮,程桦,唐永志. 淮南矿区特殊凿井技术与工程实践[M]. 北京:煤炭工业出版社,2018.

[133] 胡向东,舒畅,佘思源.均布荷载下抛物线形 FGM 冻结壁弹塑性解[J].煤炭学报,2012,37(3):379-384.

[134] 胡向东,舒畅.考虑 FGM 特性的双排管竖井冻结壁应力场分析[J].工程力学,2014,31(1):145-153.

[135] 荣传新,王彬,彭世龙,等.基于 DP 准则的功能梯度材料冻结壁受力分析[J].广西大学学报(自然科学版),2015,40(6):1339-1344.

[136] 王彬,荣传新,程桦,等.基于 DP 准则双排管冻结壁力学特性理论分析[J].科学技术与工程,2016,16(25):44-50,62.

[137] 王彬,荣传新,程桦.三排管非均质冻结壁弹塑性分析[J].长江科学院院报,2019,36(8):104-111.

[138] 曹雪叶,赵均海,张常光.基于统一强度理论的冻结壁弹塑性应力分析[J].岩土力学,2017,38(3):769-774,809.

[139] 曹雪叶.人工冻土粘弹塑性蠕变本构理论及冻结壁力学特性研究[D].西安:长安大学,2017.

[140] 杨维好,杨志江,韩涛,等.基于与围岩相互作用的冻结壁弹性设计理论[J].岩土工程学报,2012,34(3):516-519.

[141] 杨维好,杨志江,柏东良.基于与围岩相互作用的冻结壁弹塑性设计理论[J].岩土工程学报,2013,35(1):175-180.

[142] 杨维好,杜子博,杨志江,等.基于与围岩相互作用的冻结壁塑性设计理论[J].岩土工程学报,2013,35(10):1857-1862.

[143] 王勇,杨维好.圆形水平冻结壁弹性设计理论[J].煤炭学报,2015,40(9):2049-2056.

[144] 王勇,杨维好.卸载条件下二向不均等地应力场中圆形冻结壁弹性应力分析[J].采矿与安全工程学报,2016,33(3):486-493.

[145] 张博,杨维好,王宝生.考虑大变形特征的超深冻结壁弹塑性设计理论[J].岩土工程学报,2019,41(7):1288-1295.

[146] 胡向东.卸载状态下与周围土体共同作用的冻结壁力学模型[J].煤炭学报,2001,26(5):507-511.

[147] 胡向东.卸载状态下冻结壁外载的确定[J].同济大学学报(自然科学版),2002,30(1):6-10.

[148] 刘阳辉,胡向东.卸载状态下立井冻结壁的力学分析[J].岩土力学,2018,39(增 2):344-350.

[149] 王彬,荣传新,程桦.考虑与周围土体相互作用的非均质冻结壁力学特性分析[J].煤炭学报,2017,42(增 2):354-361.

[150] BRONFENBRENER L,KORIN E. Experimental studies of water crystallization in porous media[J]. Chemical engineering and processing:process intensification,2002,41(4):357-363.

[151] AZMATCH T F,SEGO D C,ARENSON L U,et al. Using soil freezing characteristic curve to estimate the hydraulic conductivity function of partially frozen soils[J]. Cold regions science and technology,2012,83/84:103-109.

[152] 李东阳.冻土未冻水含量测试新方法的试验和理论研究[D].北京:中国矿业大学(北京),2011.

[153] WEN Z,MA W,FENG W J,et al. Experimental study on unfrozen water content and soil matric potential of Qinghai-Tibetan silty clay[J]. Environmental earth sciences,2012,66(5):1467-1476.

[154] 汪红志,张学龙,武杰.核磁共振成像技术实验教程[M].北京:科学出版社,2008.

[155] 谭龙,韦昌富,田慧会,等.冻土未冻水含量的低场核磁共振试验研究[J].岩土力学,2015,36(6):1566-1572.

[156] 周科平,李杰林,许玉娟,等.冻融循环条件下岩石核磁共振特性的试验研究[J].岩石力学与工程学报,2012,31(4):731-737.

[157] 李杰林.基于核磁共振技术的寒区岩石冻融损伤机理试验研究[D].长沙:中南大学,2012.

[158] 中华人民共和国住房和城乡建设部.土工试验方法标准:GB/T 50123—2019[S].北京:中国计划出版社,2019.

[159] 杜洋,唐丽云,杨柳君,等.基于核磁共振下的冻土-结构正融过程界面特性研究[J].岩土工程学报,2019,41(12):2316-2322.

[160] 白松涛,程道解,万金彬,等.砂岩岩石核磁共振 T2 谱定量表征[J].石油学报,2016,37(3):382-391,414.

[161] 路建国,张明义,张熙胤,等.冻融过程中未冻水含量及冻结温度的试验研究[J].岩石力学与工程学报,2017,36(7):1803-1812.

[162] TOKORO T,ISHIKAWA T. Measurement of unfrozen water in unsaturated soil with pulse NMR[J]. Japanese geotechnical society special publication,2019,7(2):582-586.

[163] LU J G,PEI W S,ZHANG X Y,et al. Evaluation of calculation models for the unfrozen water content of freezing soils[J]. Journal of hydrology,2019,575:976-985.

[164] MCKENZIE J,VOSS C,SIEGEL D. Groundwater flow with energy transport and water-ice phase change: numerical simulations, benchmarks, and application to freezing in peat bogs[J]. Advances inwater resources,2007,30(4):966-983.

[165] ZHANG M Y,PEI W S,LI S Y,et al. Experimental and numerical analyses of thethermo-mechanical stability of an embankment with shady and sunny slopes in apermafrost region[J]. Applied thermal engineering. 2017,127:1478-1487.

[166] KOZLOWSKI T. A semi-empirical model for phase composition of water in clay-water systems[J]. Cold regions science and technology,2007,49(3):226-236.

[167] 崔广心.相似理论与模型试验[M].徐州:中国矿业大学出版社,1990.

[168] 袁文忠.相似理论与静力学模型试验[M].成都:西南交通大学出版社,1998.

[169] 姚直书,赵丽霞,程桦,等.深厚表土层冻结井筒高强钢筋混凝土内壁设计优化与实测分析[J].煤炭学报,2019,44(7):2125-2132.

[170] 姚直书,程桦,居宪博.深厚冲积层井筒修复内层钢板高强钢纤维混凝土复合井壁研究及应用[J].煤炭学报,2017,42(9):2295-2301.

附　录

附表　不同流速条件下应力计算公式参数表

V/(m/d)	区域 Ⅰ	区域 Ⅱ
5	$A_1 = 46.7494$	$B_1 = 2.388765$
	$A_2 = \sigma_{r_1}\left(-340.356\ln r - \frac{1147.001}{r} + \frac{373.506}{r^2}\right)$	$B_2 = -31262.5\ln r - \frac{105354.7}{r} + \frac{44271.007}{r^2}$
	$A_3 = 773.4947\sigma_{r_1}$	$B_3 = -17673.139\sigma_{r_1} + 16311.711P_1$
	$A_4 = \sigma_{r_1}\left(-340.356\ln r - 340.356 - \frac{373.506}{r^2}\right)$	$B_4 = 105354.7\left(\frac{P_1}{1.685} - \frac{\sigma_{r_1}}{1.76}\right) - 44271.007\left(\frac{P_1}{2.839} - \frac{\sigma_{r_1}}{3.098}\right)$
		$B_5 = -31262.5\ln r - 31262.5 - \frac{44271.007}{r^2}$
	$H_1 = -340.356\ln\frac{1.685}{\rho} + 1147.0\left(\frac{1}{\rho} - \frac{1}{1.685}\right) - 373.51\left(\frac{1}{\rho^2} - \frac{1}{1.685^2}\right)$	$I_1 = -31262.53\ln\frac{1.76}{\rho} + 105354.72\left(\frac{1}{\rho} - \frac{1}{1.76}\right) - 44271.007\left(\frac{1}{\rho^2} - \frac{1}{1.76^2}\right)$
	$H_2 = -340.356\ln r - \frac{1147}{r^2} + \frac{373.506}{r^2}$	$I_2 = -31262.53\ln r - \frac{105354.72}{r^2} + \frac{44271.007}{r^2}$
	$H_3 = -177.586\sigma_\rho + 340.256\sigma_{r_1}\ln\rho$	$I_3 = -17673.1\sigma_\rho + 31262.53P_1\ln\rho$
	$H_4 = 1147.001\left(\frac{\sigma_{r_1}}{\rho} - \frac{\sigma_\rho}{1.685}\right) - 373.506\left(\frac{\sigma_{r_1}}{\rho^2} - \frac{\sigma_\rho}{1.685^2}\right)$	$I_4 = 105354.72\left(\frac{P_1}{\rho} - \frac{\sigma_\rho}{1.76}\right) - 44271.007\left(\frac{P_1}{\rho^2} - \frac{\sigma_\rho}{1.76^2}\right)$
	$H_5 = -340.356\ln r - 340.356 - \frac{373.506}{r^2}$	$I_5 = -31262.53\ln r - 31262.53 - \frac{44271.007}{r^2}$

附表(续)

V/(m/d)	区域Ⅰ	区域Ⅱ
6	$A_1=46.012$	$B_1=1.745$
	$A_2=\sigma_{r_1}\left(-331.237\ln r-\frac{1\ 116.267}{r}+\frac{362.699}{r^2}\right)$	$B_2=-56718.182\ln r-\frac{191140.273}{r}+\frac{80\ 410.312}{r^2}$
	$A_3=753.568\sigma_{r_1}$	$B_3=-31\ 415.356\sigma_{r_1}+29\ 593.594P_1$
	$A_4=\sigma_{r_1}\left(-331.237\ln r-331.237-\frac{362.699}{r^2}\right)$	$B_4=191\ 140.273\left(\frac{P_1}{1.685}-\frac{\sigma_{r_1}}{1.74}\right)-80\ 410.312\left(\frac{P_1}{2.839}-\frac{\sigma_{r_1}}{1.74^2}\right)$
		$B_5=-56\ 718.182\ln r-56\ 718.182-\frac{80\ 410.312}{r^2}$
	$H_1=-331.237\ln\frac{1.685}{\rho}+1\ 116.267\left(\frac{1}{\rho}-\frac{1}{1.685}\right)-362.699\left(\frac{1}{\rho^2}-\frac{1}{1.685^2}\right)$	$I_1=-56\ 718.182\ln\frac{1.76}{\rho}+191\ 140.273\left(\frac{1}{\rho}-\frac{1}{1.76}\right)-80\ 410.312\left(\frac{1}{\rho^2}-\frac{1}{1.76^2}\right)$
	$H_2=-331.237\ln r-\frac{1\ 116.267}{r^2}+\frac{362.699}{r^2}$	$I_2=-5\ 6718.182\ln r-\frac{191\ 140.273}{r^2}+\frac{80\ 410.312}{r^2}$
	$H_3=-331.237(\sigma_\rho\ln 1.685-\sigma_{r_1}\ln\rho)$	$I_3=-56\ 718.182(\sigma_\rho\ln 1.74-P_1\ln\rho)$
	$H_4=1\ 116.267\left(\frac{\sigma_{r_1}}{\rho}-\frac{\sigma_\rho}{1.685}\right)-362.699\left(\frac{\sigma_{r_1}}{\rho^2}-\frac{\sigma_\rho}{1.685^2}\right)$	$I_4=191\ 140.273\left(\frac{P_1}{\rho}-\frac{\sigma_\rho}{1.74}\right)-80\ 410.312\left(\frac{P_1}{\rho^2}-\frac{\sigma_\rho}{1.74^2}\right)$
	$H_5=-331.237\ln r-331.237-\frac{362.699}{r^2}$	$I_5=-56\ 718.182\ln r-56\ 718.182-\frac{80\ 410.312}{r^2}$

附表(续)

V/(m/d)		
7	$A_1=45.195$	$B_1=1.103$
	$A_2=\sigma_{r_1}\left(-321.084\ln r-\frac{1\,082.055}{r}+\frac{350.699}{r^2}\right)$	$B_2=-136\,170.482\ln r-\frac{458\,894.523}{r}+\frac{193\,204.171}{r^2}$
	$A_3=731.386\sigma_{r_1}$	$B_3=-136\,170.482(\sigma_{r_1}\ln 1.72-P_1\ln 1.685)$
	$A_4=\sigma_{r_1}\left(-321.084\ln r-321.084-\frac{350.669}{r^2}\right)$	$B_4=458\,894.523\left(\frac{P_1}{1.685}-\frac{\sigma_{r_1}}{1.72}\right)-193\,204.171\left(\frac{P_1}{1.685^2}-\frac{\sigma_{r_1}}{1.72^2}\right)$
		$B_5=-136\,170.482\ln r-136\,170.482-\frac{193\,204.171}{r^2}$
	$H_1=-321.084\ln\frac{1.685}{\rho}+1\,082.054\left(\frac{1}{\rho}-\frac{1}{1.685}\right)-350.699\left(\frac{1}{\rho^2}-\frac{1}{1.685^2}\right)$	$I_1=-136\,170.482\ln\frac{1.72}{\rho}+458\,894.523\left(\frac{1}{\rho}-\frac{1}{1.72}\right)-193\,204.171\left(\frac{1}{\rho^2}-\frac{1}{1.72^2}\right)$
	$H_2=-340.356\ln r-\frac{1147}{r^2}+\frac{373.506}{r^2}$	$I_2=-136\,170.482\ln r-\frac{458\,894.523}{r^2}+\frac{193\,204.171}{r^2}$
	$H_3=-321.084(\sigma_\rho\ln 1.685-\sigma_{r_1}\ln\rho)$	$I_3=-136\,170.482(\sigma_{r_1}\ln 1.72-P_1\ln\rho)$
	$H_4=1\,082.054\left(\frac{\sigma_{r_1}}{\rho}-\frac{\sigma_\rho}{1.685}\right)-350.669\left(\frac{\sigma_{r_1}}{\rho^2}-\frac{\sigma_\rho}{1.685^2}\right)$	$I_4=458\,894.523\left(\frac{P_1}{\rho}-\frac{\sigma_\rho}{1.72}\right)-193\,204.171\left(\frac{P_1}{\rho^2}-\frac{\sigma_\rho}{1.72^2}\right)$
	$H_5=-321.084\ln r-321.084-\frac{350.669}{r^2}$	$I_5=-136\,170.482\ln r-136\,170.482-\frac{193\,204.171}{r^2}$

附表(续)

V/(m/d)		
8	$A_1=44.598$	$B_1=0.782$
	$A_2=\sigma_{r_1}\left(-313.685\ln r-\frac{1\ 057.120}{r}+\frac{341.901}{r^2}\right)$	$B_2=-261\ 339.232\ln r-\frac{880\ 713.212}{r}+\frac{370\ 897.030}{r^2}$
	$A_3=715.219\sigma_{r_1}$	$B_3=-261\ 339.232(\sigma_{r_1}\ln 1.71-P_1\ln 1.685)$
	$A_4=\sigma_{r_1}\left(-313.685\ln r-313.685-\frac{341.901}{r^2}\right)$	$B_4=880\ 713.212\left(\frac{P_1}{1.685}-\frac{\sigma_{r_1}}{1.71}\right)-370\ 897.030\left(\frac{P_1}{1.685^2}-\frac{\sigma_{r_1}}{1.71^2}\right)$
		$B_5=-261\ 339.232\ln r-261\ 339.232-\frac{370\ 897.030}{r^2}$
	$H_1=-313.685\ln\frac{1.685}{\rho}+1\ 057.120\left(\frac{1}{\rho}-\frac{1}{1.685}\right)-341.901\left(\frac{1}{\rho^2}-\frac{1}{1.685^2}\right)$	$I_1=-261\ 339.232\ln\frac{1.71}{\rho}+880\ 713.212\left(\frac{1}{\rho}-\frac{1}{1.71}\right)-370\ 897.030\left(\frac{1}{\rho^2}-\frac{1}{1.71^2}\right)$
	$H_2=-331.685\ln r-\frac{1\ 057.120}{r^2}+\frac{341.901}{r^2}$	$I_2=-261\ 339.232\ln r-\frac{880\ 713.212}{r^2}+\frac{370\ 897.030}{r^2}$
	$H_3=-313.685(\sigma_\rho\ln 1.685-\sigma_{r_1}\ln\rho)$	$I_3=-261\ 339.232(\sigma_{r_1}\ln 1.71-P_1\ln\rho)$
	$H_4=1\ 057.120\left(\frac{\sigma_{r_1}}{\rho}-\frac{\sigma_\rho}{1.685}\right)-341.901\left(\frac{\sigma_{r_1}}{\rho^2}-\frac{\sigma_\rho}{1.685^2}\right)$	$I_4=880\ 713.212\left(\frac{P_1}{\rho}-\frac{\sigma_\rho}{1.71}\right)-370\ 897.030\left(\frac{P_1}{\rho^2}-\frac{\sigma_\rho}{1.71^2}\right)$
	$H_5=-331.685\ln r-331.685-\frac{341.901}{r^2}$	$I_5=-2\ 613\ 39.232\ln r-261\ 339.232-\frac{370\ 897.030}{r^2}$

附表(续)

V/(m/d)	区域 I	区域 II
9	$A_1=43.572$	$B_1=0.641$
	$A_2=\sigma_{r_1}\left(-300.952\ln r-\frac{1\,014.209}{r}+\frac{326.812}{r^2}\right)$	$B_2=-356\,830.522\ln r-\frac{1\,202\,518.858}{r}+\frac{506\,460.656}{r^2}$
	$A_3=687.396\sigma_{r_1}$	$B_3=-356\,830.522(\sigma_{r_1}\ln 1.706-P_1\ln 1.685)$
	$A_4=\sigma_{r_1}\left(-300.952\ln r-300.952-\frac{326.812}{r^2}\right)$	$B_4=1\,202\,518.858\left(\frac{P_1}{1.685}-\frac{\sigma_{r_1}}{1.706}\right)-506\,460.646\left(\frac{P_1}{1.685^2}-\frac{\sigma_{r_1}}{1.706^2}\right)$
		$B_5=-356\,830.522\ln r-356\,830.522-\frac{506\,460.646}{r^2}$
	$H_1=-300.952\ln\frac{1.685}{\rho}+1\,014.209\left(\frac{1}{\rho}-\frac{1}{1.685}\right)-326.812\left(\frac{1}{\rho^2}-\frac{1}{1.685^2}\right)$	$I_1=-356\,830.522\ln\frac{1.706}{\rho}+1\,202\,518.858\left(\frac{1}{\rho}-\frac{1}{1.706}\right)-506\,460.646\left(\frac{1}{\rho^2}-\frac{1}{1.706^2}\right)$
	$H_2=-300.952\ln r-\frac{1\,041.209}{r^2}+\frac{326.812}{r^2}$	$I_2=-356\,830.522\ln r-\frac{1\,202\,518.858}{r^2}+\frac{506\,460.646}{r^2}$
	$H_3=-300.952(\sigma_\rho\ln 1.685-\sigma_{r_1}\ln\rho)$	$I_3=-356\,830.522(\sigma_{r_1}\ln 1.706-P_1\ln\rho)$
	$H_4=1\,057.120\left(\frac{\sigma_{r_1}}{\rho}-\frac{\sigma_\rho}{1.685}\right)-326.812\left(\frac{\sigma_{r_1}}{\rho^2}-\frac{\sigma_\rho}{1.685^2}\right)$	$I_4=1\,202\,518.858\left(\frac{P_1}{\rho}-\frac{\sigma_\rho}{1.706}\right)-506\,460.646\left(\frac{P_1}{\rho^2}-\frac{\sigma_\rho}{1.706^2}\right)$
	$H_5=-300.952\ln r-300.952-\frac{326.812}{r^2}$	$I_5=-356830.522\ln r-356\,830.522-\frac{506\,460.646}{r^2}$

附表(续)

$V/(\mathrm{m/d})$	区域Ⅰ	区域Ⅱ
10	$A_1=42.962$	$B_1=0.572$
	$A_2=\sigma_{r_1}\left(-293.381\ln r-\frac{988.684}{r}+\frac{317.840}{r^2}\right)$	$B_2=-426\,065.651\ln r-\frac{1\,435\,841.244}{r}+\frac{604\,749.477}{r^2}$
	$A_3=670.853\sigma_{r_1}$	$B_3=-426\,065.651(\sigma_{r_1}\ln 1.704-P_1\ln 1.685)$
	$A_4=\sigma_{r_1}\left(-293.381\ln r-293.381-\frac{317.840}{r^2}\right)$	$B_4=1\,435\,841.244\left(\frac{P_1}{1.685}-\frac{\sigma_{r_1}}{1.704}\right)-604\,749.477\left(\frac{P_1}{1.685^2}-\frac{\sigma_{r_1}}{1.704^2}\right)$
		$B_5=-426\,065.651\ln r-426\,065.651-\frac{604\,749.477}{r^2}$
	$H_1=-293.381\ln\frac{1.685}{\rho}+988.694\left(\frac{1}{\rho}-\frac{1}{1.685}\right)-317.840\left(\frac{1}{\rho^2}-\frac{1}{1.685^2}\right)$	$I_1=-426\,065.651\ln\frac{1.704}{\rho}+1\,435\,841.244\left(\frac{1}{\rho}-\frac{1}{1.704}\right)-604\,749.477\left(\frac{1}{\rho^2}-\frac{1}{1.704^2}\right)$
	$H_2=-293.381\ln r-\frac{988.694}{r^2}+\frac{317.840}{r^2}$	$I_2=-426\,065.651\ln r-\frac{1\,435\,841.244}{r^2}+\frac{604\,749.477}{r^2}$
	$H_3=-293.381(\sigma_\rho\ln 1.685-\sigma_{r_1}\ln\rho)$	$I_3=-426\,065.651(\sigma_{r_1}\ln 1.704-P_1\ln\rho)$
	$H_4=988.694\left(\frac{\sigma_{r_1}}{\rho}-\frac{\sigma_\rho}{1.685}\right)-317.840\left(\frac{\sigma_{r_1}}{\rho^2}-\frac{\sigma_\rho}{1.685^2}\right)$	$I_4=1\,435\,841.244\left(\frac{P_1}{\rho}-\frac{\sigma_\rho}{1.704}\right)-604\,749.477\left(\frac{P_1}{\rho^2}-\frac{\sigma_\rho}{1.704^2}\right)$
	$H_5=-293.381\ln r-293.381-\frac{317.840}{r^2}$	$I_5=-426\,065.651\ln r-426\,065.651-\frac{604\,749.477}{r^2}$